21世纪高职高专规划教材·电子商务系列

网络贸易综合实训教程

主 编 / 甘志兰

中国人民大学出版社
·北京·

电子商务从20世纪90年代中期进入我国，一直持续快速健康发展。艾瑞咨询等研究机构提供的数据显示，近年来，电子商务的三种主要经营模式之一——B2B电子商务，在我国电子商务市场交易总额中的占比都在七成以上，B2B网络贸易始终是我国电子商务的主体。

“互联网+”、供给侧改革、“一带一路”推出的相关政策，更是为B2B网络贸易提供了更为广阔的发展空间；我国经济稳中有进、稳中向好的发展势头也在促成企业深化B2B网络贸易业务；日渐成熟的互联网消费环境和企业信息化的普及正推动互联网消费环节向产业链上游传导；云计算、大数据、物联网和移动终端技术的应用在提升企业B2B网络贸易运营效率的同时，进一步拓展了企业商务渠道；以在线交易、数据服务、供应链服务等为主的B2B电子商务已进入高速发展的3.0时代，随着物流和仓储的供应链协同体系的进一步完善，在网上零售蓬勃发展的背景下，B2B网络贸易不但不会被企业所忽视，反而是传统企业转型、拓展发展空间的机遇和必然选择。

电子商务是新兴产业，企业要发展电子商务需要既熟悉企业业务又擅长电子商务的人才。由于电子商务是一个综合性很强的行业，集合了互联网和商业两部分知识，因此电子商务的专业人才需要将理论和实践相结合，需要将课本中的理论知识与实际企业运营的知识结合起来，真正运用到实践当中。本书正是在这样的背景下编写出版的。

本书旨在培养学生从事B2B网络内贸经营活动的素养，即在具备B2B网络内贸职业素养一般能力的基础上，具备自主创建企业旺铺（网站）、装修旺铺、发布与管理商品、交易管理、营销与推广商品、物流管理等一系列能力，从而为学生“零距离”“零适应期”承担阿里巴巴网站（www.1688.com）等第三方B2B网络内贸日常运营与管理工作奠定坚实的基础。本课程实训教学在厦门优优汇联B2B网络内贸实训平台上进行。

本书的编写得到了厦门优优汇联信息科技有限公司苗春总经理、钟贤灵副总经理的大力支持，以及中国人民大学出版社编辑的大力支持与指导，在此表示衷心的感谢。在编写过程中，编者还参考了不少教材和文献资料，在此一并向其作者表示衷心的感谢。

广西国际商务职业技术学院甘志兰老师编写全书知识准备、拓展学习和习题部分，厦门优优汇联信息科技有限公司研发中心吴彩端编写实训任务。甘志兰老师负责统稿与审稿工作。

由于互联网、信息技术以及电子商务正在持续不断快速发展中，各种新的网络贸易工具和服务不断涌现，网络贸易平台也在不断发展和变化，加上编者水平有限，书中不足之处在所难免，敬请各位行业专家、读者批评指正。

编　者

目录

在阿里巴巴中国站注册与管理账号

知识准备

一、阿里巴巴中国站简介

阿里巴巴中国站是由阿里巴巴集团创建的第三方 B2B 网络贸易平台，又称为阿里巴巴国内贸易交易市场。它创立于 1999 年，专门为中国从事国内网络贸易的中小型企业提供完善的 B2B 网络贸易服务。该平台创建 14 年后，行业范围覆盖了原材料、工业品、服装服饰、家居百货、小商品等 16 个行业大类，其中，49 个一级行业，1 709 个二级行业，1 000 万家以上企业开通企业旺铺，提供原料采购、生产加工、现货批发等一系列的供应服务，详见图 1-1。阿里巴巴中国站的网址为 www.1688.com，因此又称为 1688 网站或 1688 平台。

图 1-1　1688 网站简介

二、1688 网站会员类型

1688 网站主要用户有两类：企业用户和个人用户。

企业用户主要有生产企业、贸易公司和服务型企业。生产企业在 1688 网站既可以找到其生产所需的国内原材料供应商，又可以找到产品采购商；贸易公司可以在 1688 网站找到货源；服务型企业，如广告公司、物流公司以及各种技术服务公司，也能在 1688 网站找到客户。无论何种企业用户都可以阿里巴巴国内贸易市场为媒介，找到商业机会。

个人用户主要有：在 1688 网站做生意的个体经营者，在 1688 网站上获取商业信息的创业者、公司管理人员、公司业务人员，以及一些电子商务专业的学生和教师等专业人士。

自 2017 年 9 月 1 日起，在 1688 网站新注册的免费个人认证会员无法开通旺铺，要注册成为卖家必须拥有企业营业执照，个人身份只能注册成为买家。

1688 网站的会员有两种，即普通会员和诚信通会员。在 1688 网站上通过注册即可成为普通会员。1688 网站对普通会员不收取任何费用，但普通会员只能获得 1688 网站基础的商务服务。

如果 1688 网站会员想要获得更多网络贸易运营服务，则需要通过申请和认证并支付服务费后成为诚信通会员，诚信通会员需要按年支付服务费。

1688 网站的企业身份的普通会员享有的服务包括：发布产品供求信息，吸引买家（采购商）或卖家（供应商）；开通旺铺入门版，发布公司信息，加入公司库，树立公司新形象，获得更多商业机会；加入商人论坛，在以商会友频道里交流经营经验，和业内人士交朋友；使用千牛（即时通信工具）与交易对象在互联网上实时洽谈生意；等等。

1688 网站诚信通会员享有比普通会员更多的增值服务，包括：超级旺铺（含企业官网、移动旺铺）；营销特权（生意参谋、精准营销等）；全网特权（企业官微、钉钉工作台等）；市场特权（优先展示、优先报价、优先报名）；信用特权（第三方权威认证、信用体系）；等等。

三、注册成为 1688 网站会员

打开 1688 网站首页，单击“免费注册”，在弹出的窗口中选择注册的账户类型，单击“同意协议”按钮进入下一步注册窗口，过程如图 1-2、图 1-3 所示。

图 1-2 阿里巴巴网站注册入口

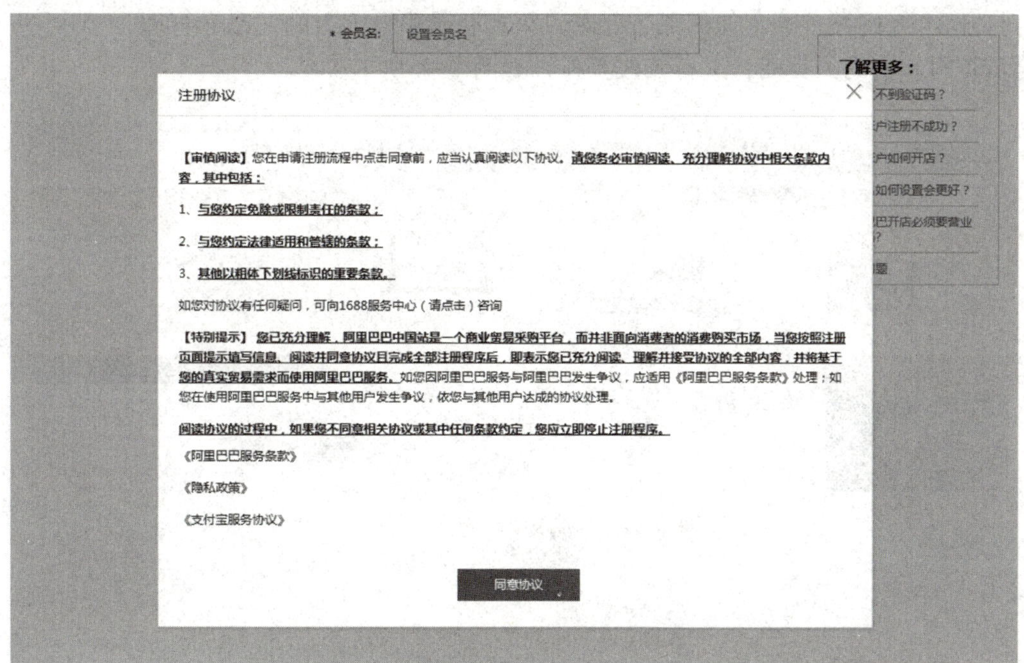

图 1-3　选择阿里巴巴网站注册账户类型

按照提示填写会员名、密码等信息即可完成注册。

四、申请成为诚信通会员

申请成为诚信通会员的基本流程为：提交申请信息、支付费用、在线确认认证信息、第三方认证、开通成功。具体流程如下：

（1）打开阿里巴巴网站首页，单击右上角的“诚信通官网”进入诚信通首页。

（2）单击“加入诚信通”按钮。

（3）勾选“已经阅读并同意以下协议：诚信通协议”和“已拥有中国大陆工商营业执照”后，单击“确认订单”。

（4）进入付款页面后，选择使用通用资金账户余额、网上银行和线下付款三种付款方式中的任何一种付款。

（5）在线确认认证信息。付款并到账后，进入“我的阿里”，找到并进入“应用市场”，在“我的订单—已付款订单”中单击“确认认证信息”即可进入认证信息确认页面，确认并提交认证信息。

（6）第三方认证。提交的认证信息会在 2 ～ 3 个小时内送至认证公司，认证公司接手后，页面上会显示负责申请者的认证公司及其联系方式。款项到账后的 5 ～ 7 个工作日为认证周期，这期间认证公司会对申请者进行认证。认证通过后，开通诚信通服务的信件将会发送到注册邮箱。

五、修改会员资料和密码

打开 1688 网站首页，使用账号登录，单击登录账号下方的“账号管理”，即可进入修改会员资料和密码的页面，进行修改操作，如图 1-4 所示。

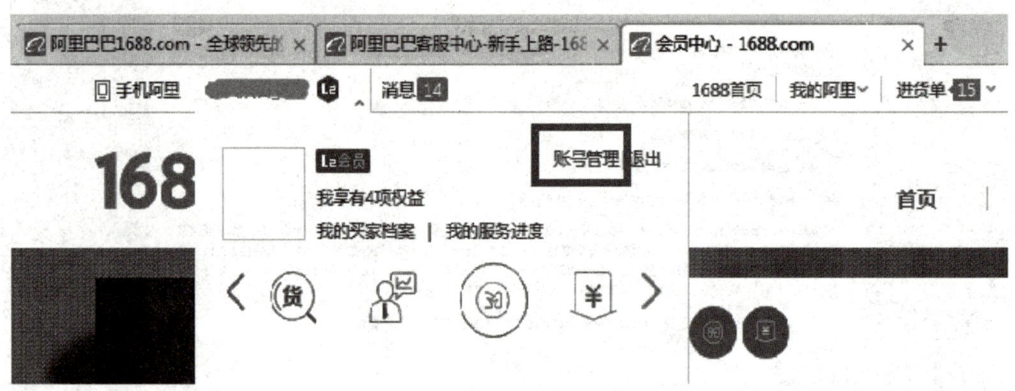

图 1-4 修改会员资料和密码入口

实训任务

一、注册账号

1. 任务描述

在 B2B 内贸实训教学系统上注册一个企业账号。

2. 任务目的

通过在 B2B 内贸实训教学系统上进行本任务的操作练习，学生可掌握 1688 平台会员注册的操作流程和方法。

3. 操作流程

步骤一：在浏览器中输入实训教学系统网址，单击实训教学系统首页（如图 1-5 所示）左上角的“免费注册”按钮，即可跳转至注册页面。

步骤二：在注册页面按提示输入相应信息，单击“同意以下服务条款，提交”按钮即完成注册，如图 1-6 所示。

4. 注册项目填写说明

（1）账户信息。

会员类型：企业会员。

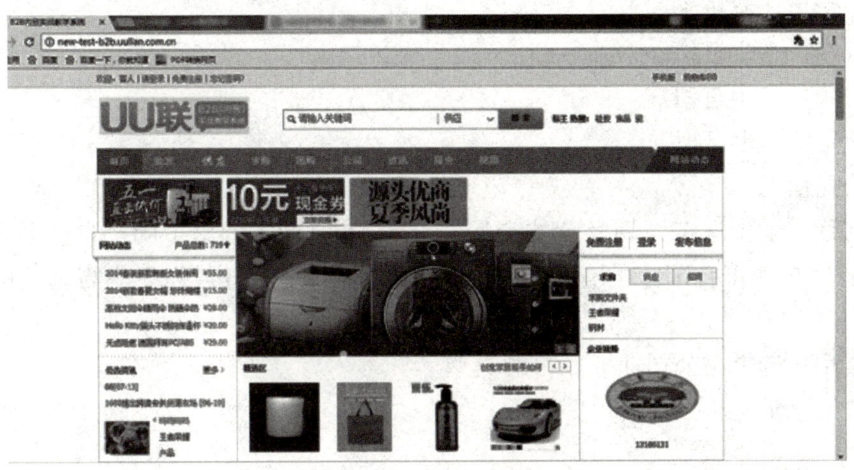

图 1-5　实训教学系统首页

收藏本页　手机版　购物车(0)　欢迎，客人 | 请登录 | 免费注册 | 忘记密码?

账户信息

会员类型 *　企业会员　个人会员

会员名 *　shgsgl

登录密码 *　••••••　6-20个字符，区分大小写，推荐使用数字、字母和特殊符号组合

重复输入密码 *　••••••

联系方式

真实姓名 *　张东　先生　女士

所在地区 *　吉林　长春市

班级 *　1班

电子邮箱 *　qazxsw@qq.com

手机号码　15522411425

QQ号码

公司信息

公司名称 *　净化信息有限公司

公司类型 *　个体经营

公司电话 *　05569985421

同意以下服务条款，提交

请阅读本站服务条款

欢迎阅读B2B(中文) 实战教学系统服务条款协议(下称"本协议")。本协议阐述之条款和条件适用于您使用B2B(中文

图 1-6　注册页面

会员名：学号（注意，不能只填写学号后两位，应填写完整的学号）。

登录密码：学生自拟。

重复输入密码：学生自拟。

（2）联系方式。

真实姓名：学生的姓名。

所在地区：学生自拟。

班级：学生所属班级。

电子邮箱：学生自拟。

手机号码：学生自拟。

QQ 号码：学生自拟。

（3）公司信息。

公司名称：学生选定计划经营的产品，参考 1688 网站的虚拟同行自拟公司名称，但所拟公司名称必须符合国家的有关规定。注意，拟定的公司名称不能与真实的公司名称相同。

公司类型：选择与公司业务相符的类型。

公司电话：学生自拟。

二、完善公司信息

1. 任务描述

在 B2B 内贸实训教学系统上完善公司信息。

2. 任务目的

通过在 B2B 内贸实训教学系统上进行本任务的操作练习，学生可了解和掌握在 1688 平台上完善公司信息的操作方法。

3. 操作流程

步骤一：在浏览器中输入实训教学系统网址，单击“登录”按钮，填写账户信息，完成登录。

步骤二：单击网站首页的“我的内贸”即可进入“我的内贸”后台管理系统，单击“现在就去完善”，如图 1-7 所示，即可进入修改公司资料页面。

图 1-7 修改公司资料入口

步骤三：在修改公司资料页面添加主营行业、主要经营范围、公司成立年份、经营模式、公司规模、注册资本、销售的产品（提供的服务）、采购的产品（需要的服务）等信息，单击“保存”按钮即完成完善公司信息的操作，如图 1-8 所示。

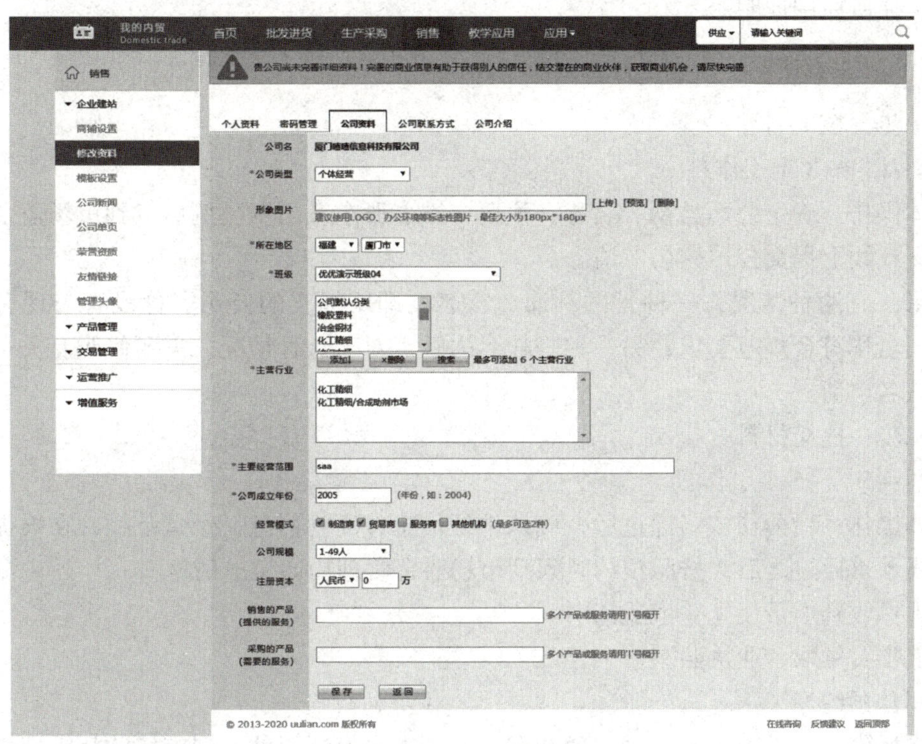

图 1-8　完善公司信息

拓展学习——如何注册一家公司

在 1688 网站上申请成为供应商的前提条件是申请者必须是一家拥有营业执照的公司。一般来说，一家新开办的公司到当地市场监督管理局进行公司注册要经历企业核名、提交材料、领取执照、刻章等环节。领到营业执照，刻好公司公章，公司注册的工作就结束了，就可以开业了。但是，新公司要想开始正式经营，还需要完成到银行开户、到税务局报到、申请税控和发票，以及到当地人力资源和社会保障部门开户等工作。

一、准备材料

新公司到当地市场监督管理局注册需要准备以下材料：

（1）公司法定代表人签署的《公司设立登记申请书》；

（2）全体股东签署的公司章程；

（3）法人股东资格证明或者自然人股东身份证及其复印件；

（4）董事、监事和经理的任职文件及身份证复印件；

（5）指定代表或委托代理人证明；

（6）代理人身份证及其复印件；

（7）住所使用证明。

二、注册流程

第一步：核准名称。

时间：1～3个工作日。

具体操作：确定公司类型、名称、注册资本、股东及出资比例后，到市场监督管理局现场提交或线上提交公司核名申请。

结果：有两种情况，一种是顺利通过核名，即所提交的公司名称没有与现有公司重名，公司名称符合规范要求；另一种是核名失败，对于这种情况，需要修改有关资料，重新提交核名申请。

第二步：提交材料。

时间：5～15个工作日。

具体操作：新公司核名通过后，确认地址信息、高管信息、经营范围，在线提交预申请。在线预审通过之后，按照预约时间到市场监督管理局递交申请材料。

结果：收到准予设立登记通知书。

第三步：领取营业执照。

时间：预约当天。

具体操作：携带准予设立登记通知书、办理人身份证原件，到市场监督管理局领取营业执照正、副本。

结果：领取营业执照。

第四步：刻章等事项。

时间：1～2个工作日。

具体操作：凭营业执照，到公安局指定刻章点办理公司公章、财务章、合同章、法人代表章、发票章。

至此，一个新公司注册完成。

三、公司名称

常见的公司名称一般有3种形式，不同形式之间并没有本质区别，注册时任选其一即可。

（1）地区＋字号＋行业＋组织形式。

例：上海迅捷信息技术有限责任公司。

（2）字号＋（地区）＋行业＋组织形式。

例：迅捷（上海）信息技术有限责任公司。

（3）字号 + 行业 +（地区）+ 组织形式。

例：迅捷信息技术（上海）有限责任公司。

起名时，可以在“国家企业信用信息公示系统”上查询字号是否已经被注册，尽量保证没有重名，否则核名将失败。

根据《企业名称登记管理规定》第 13 条的规定，下列企业，可以申请在企业名称中使用“中国”、“中华”或者冠以“国际”字词：

（1）全国性公司；

（2）国务院或其授权的机关批准的大型进出口企业；

（3）国务院或其授权的机关批准的大型企业集团；

（4）国家工商行政管理局[①] 规定的其他企业。

四、公司类型

1. 有限责任公司

有限责任公司是由 50 个以下的股东出资设立，每个股东以其所认缴的出资额对公司承担有限责任，公司法人以其全部资产对公司债务承担全部责任的经济组织。

对于初创企业来说，有限责任公司是目前最适合的企业类型，原因如下：

（1）有限责任公司的股东只需要以出资额为限承担有限责任，在法律上就把公司和个人的财产分开了，可以避免创业者承担不必要的财务风险。

（2）有限责任公司运营成本低，机构设置少，结构简单，适合企业的初步发展阶段。

（3）目前，成熟的天使投资、风险投资（VC）几乎都基于有限责任公司设计投资方案。直接注册有限责任公司，在未来引进投资过程中也会比较顺利。

2. 股份有限公司

股份有限公司由 2 人以上 200 人以下的发起人组成，公司全部资本划分为等额股份，股东以其所持股份为限对公司承担责任。

股份有限公司适用于成熟、规模大的公司，其设立程序较为严格和复杂，不太适用于初创型和中小微企业。

3. 有限合伙企业

有限合伙企业由普通合伙人和有限合伙人组成，普通合伙人对合伙企业债务承担无限连带责任，有限合伙人以其认缴的出资额为限对合伙企业债务承担有限责任。

有限合伙企业适用于风险投资基金、公司股权激励（员工持股）企业。

4. 外商独资公司

外商独资公司是外国的公司、企业、其他经济组织或者个人，依照中国法律在中国境

① 工商行政管理局现已更名为市场监督管理局。

内设立的全部资本由外国投资者投资的企业。

外商独资公司适用于股东为外国人或外国公司的企业，设立流程相对内资公司更复杂，监管更严格。外商独资公司在名称上与有限责任公司一致。

5. 个人独资企业

个人独资企业是个人出资经营、归个人所有和控制、由个人承担经营风险和享有全部经营收益的企业。投资人以其个人财产对企业债务承担无限责任。

个人独资企业适用于小规模的作坊、饭店等，常见于对名称有特殊要求的企业，如 ×× 中心、×× 社、×× 部等。

6. 国有独资公司

国有独资公司是指国家单独出资、由国务院或者地方人民政府授权本级人民政府国有资产监督管理机构履行出资人职责的有限责任公司。

五、注册资本

注册资本是全体股东出于公司经营需要，提供或承诺提供给公司的资金总数。

需要注意的是，大部分的公司叫“×× 有限公司”或“×× 有限责任公司”。这里的有限责任公司的股东对公司的债务只承担有限的责任，而承担的最高额度就是公司的注册资本。

1. 注册资本并不需要一次缴清

我国目前实行注册资本认缴制，即注册资本无须一开始就全部缴纳完成，而是只要在承诺的时限内（一般为 10 ～ 20 年）缴完即可，这极大地降低了公司注册时的资金压力。

2. 参考所在行业资质要求来确定公司注册资本

例如，互联网公司申请 ICP 经营许可证时，要求公司注册资本在 100 万元以上；天猫对大多数类目的入驻商家的要求也是 100 万元以上。其他需要资质 / 资格的，要参照本行业一般的做法。

3. 注册资本越大，承担的风险 / 责任就越大

如一家注册资本为 100 万元的公司，后来因经营不善欠了 1 000 万元的外债，股东最多只需用其 100 万元的出资额来承担责任。但如果这家公司的注册资本是 1 000 万元，那么就要承担 1 000 万元的责任。可见，注册资本并不是越大越好，根据自己的实际情况，设定一个合理的注册资本，才是最理智的选择。

4. 验资报告

在实缴制下，注册资本需要验资报告。而认缴制下基本不需要验资报告，只有少数情况会用到，例如，参加招投标项目，招标方要求出具验资报告时；跟规模比较大的企业合作，招标方为了确认投标公司实力，会要求出具验资报告。如果需要用到验资报告，可以在注册资本实缴完成后，委托会计师事务所来出具。

5. 公司注册资本的增减

根据《公司法》的有关规定，我国按照资本确定、资本维持、资本不变三原则，要求公司必须保持注册资本的相对稳定，同时对公司增加或减少注册资本规定了具体的条件和程序。

公司增加注册资本是指在公司成立后，经权力机构决议，依法定程序在原有注册资本的基础上予以扩大，增加公司实有资本总额的法律行为。

有限责任公司增加注册资本的主要途径是股东增加出资，情况比较简单；股份有限公司可以通过发行新股来增加注册资本，也可以将公积金转为注册资本，情况比较复杂。以下是股份有限公司增加注册资本的程序和要求：

（1）由股东大会做出决议。股份有限公司增加注册资本，应由董事会拟订增资方案并提交股东大会，由股东大会决议通过。决议内容应包括新股种类及数额、新股发行价格、新股发行的起止日期、向原有股东发行新股的种类及数额。

（2）增量发行新股应符合法定条件。公司公开发行新股应当符合下列条件：具备健全且运行良好的组织机构；具有持续盈利能力，财务状况良好；3 年财务会计文件无虚假记载，无其他重大违法行为；经国务院批准的国务院证券监督管理机构规定的其他条件。上市公司非公开发行新股，应当符合经国务院批准的国务院证券监督管理机构规定的条件，并报国务院证券监督管理机构核准。

（3）发行新股须进行审批。股东大会做出发行新股的决议后，董事会必须报国务院证券监督管理机构核准。

（4）进行公告。公司经批准向社会公开发行新股时，必须公告新股招股说明书和财务会计报表及附表。

（5）公积金转增资本。股份有限公司经股东大会决议将公积金转为资本时，按股东原有股份比例派送新股或增加每股面值。但法定公积金转为资本时，所留存的该项公积金不得少于注册资本的 15%。

（6）变更登记。公司增加注册资本后，应依法向公司登记机关办理变更登记。

公司减少注册资本是指公司成立后，经权力机构决议，依法定程序对其注册资本在原有基础上进行削减的法律行为。其法定程序如下：

（1）公司权力机构做出决议或决定。公司减少注册资本，在有限责任公司，须经 2/3 以上有表决权的股东决议通过；在国有独资公司，必须由国有资产监督管理机构决定，其中，重要的国有独资公司的减资，由国有资产监督管理机构审核后，报本级人民政府批准。在股份有限公司，须经 2/3 以上有表决权的股东决议通过。

（2）编制表册。公司决议减少注册资本时，董事会必须编制资产负债表和财产清单。

（3）通知和公告。应当注意的是，就增加注册资本这一事项，公司不必通知和公告债权人，但当公司减少其注册资本时，应当自做出减少注册资本决议之日起 10 日内通知已知债权人，并于 30 日内在报纸上公告。债权人自接到通知书之日起 30 日内，未接到通知书的，自第一次公告之日起45日内，有权要求公司清偿债务或者提供相应的担保。

（4）进行变更登记。公司减少注册资本时，公司章程原定的注册资本发生变化，须向原公司登记机关办理变更登记。办理登记时虚报注册资本的，责令改正，处以虚报注册资本金额5%以上15%以下的罚款。股份有限公司通过收购本公司股票的方式减少注册资本的，必须在10日内注销该部分股份，并依照法律、行政法规的规定办理变更登记并公告。

公司减少资本后的注册资本不得低于法定的最低限额。

六、股东出资

股东是公司的主人，由股东组成的股东大会是公司的最高权力机构。

出资金额，即在工商注册登记时股东要认缴的资金。通常会把一个股东出资金额占总注册资本的比例当成这个股东所占的股权比例。

一般在创业初期，建议股东的人数不要太多，避免因股东过多而导致权力分散。对于“早期核心员工”和“小股东”，建议使用“股权代持协议”进行代持，不进入市场监督管理局公示的股东名单中，这样操作可以在保障权益的同时简化股权架构。一个简单、健康的股权结构有利于公司顺利融资，以及快速完成工商登记和变更等事项。

股东的出资金额涉及公司的股权结构，是在准备公司注册阶段最需要认真思考和决定的事项。

七、注册地址

注册地址就是在公司营业执照上登记的“住址”，不同的城市对注册地址的要求不一样，具体应以当地市场监督管理局的要求为准。

各地对注册地址的要求，主要分为下述几类。

1. 北京等地

只允许用写字楼、商铺等商业地产注册公司。

2. 深圳、广州等一些沿海经济比较发达的地区

除商业地产外，用民居也可以注册公司。

3. 上海等地

居于以上两种之间。上海虽然只允许用商业地产注册公司，但实际上政府作为第三方特批了很多经济园区、开发区，这些开发区能够为公司提供合法注册地址。

建议：

（1）创业初期如果资金紧张，可以选择入驻创业孵化器（集中办公区），使用它们的注册地址。

（2）公司注册地址是可以变更的，但跨城区的税务变更会比较麻烦，所以在选择注册地址时，最好先确定好城区。

八、经营范围

经营范围是企业可以从事的生产经营与服务项目。它反映的是企业业务活动的内容和生产经营方向，是企业业务活动范围的法律界限。

初次注册公司，不知道如何确定经营范围时，可以直接参考行业内同类公司。

以互联网科技公司为例，其经营范围如下：网络通信科技产品领域内的技术开发、技术咨询、技术转让、技术服务，计算机网络工程，计算机软件开发及维护，计算机辅助设备的安装及维修，电子产品的安装和销售，计算机及相关产品（计算机信息系统安全专用产品除外）、办公用品的销售，企业管理咨询。

九、高管信息

公司高管主要是指登记在市场监督管理局的公司管理人员，一般建议由核心创始人或大股东任职，目的是加强对公司的管理控制。

1. 董事 / 董事长 / 执行董事

由董事、董事长组成的董事会，负责公司或企业和业务经营活动的指挥与管理，对公司股东会或企业股东大会负责并报告工作。

董事长是公司董事会的领导，是公司的最高领导者。他的职责具有组织、协调、代表的性质。董事长的权力在董事会职责范围之内，不管理公司的具体业务，一般也不进行个人决策，只是在董事会开会或董事会专门委员会开会的时候才享有投票权。

公司在初期机构设置比较简单时，可不设立董事会，只设立一名执行董事即可。执行董事代行董事会职责。

2. 法定代表人

在法律层面上，法定代表人行为等同于公司行为，法定代表人是公司意志的具体体现人，由董事长 / 执行董事或总经理担任，在法律层面对公司的所有行为、结果负责。

自然人可以担任多家公司的法定代表人。

3. 监事

由于公司股东分散，专业知识和能力差别很大，为了防止董事会、总经理滥用职权，损害公司和股东利益，就需要在股东大会上选出监事，代表股东大会行使监督职能。监事必须是单独的人选，不能由董事、总经理兼任。

十、公司资质

资质即有做某事的资格，在公司注册过程中就是指某些经营项目需要取得相应部门的许可后方能办理营业执照或开始经营。

也就是说，一些特殊行业的公司是需要取得相应部门的许可之后才能设立的（例如 ICP 经营许可证即电信与信息服务业务经营许可证就需要当地通信管理部门核发），这种许可分为前置许可和后置许可。现在，前置许可越来越少，后置许可越来越多，对需要设立这些行业的公司来说就更加方便了。

十一、申请材料

注册不同类型的公司所需提交的申请材料有所不同，具体如下。

1. 有限责任公司

（1）公司法定代表人签署的《公司登记（备案）申请书》。

（2）全体股东签署的《指定代表或者共同委托代理人授权委托书》及指定代表或委托代理人的身份证复印件；应标明指定代表或者共同委托代理人的办理事项、权限、授权期限。

（3）全体股东签署的公司章程。

注：可以在市场监督管理局网站下载“公司章程”的样本，修改一下就可以了。章程的最后由所有股东签名，并注明日期。

（4）股东的主体资格证明或者自然人身份证件复印件。

（5）董事、监事、总经理的任职文件（股东会决议由股东签署，董事会决议由公司董事签字）及身份证件复印件。

（6）法定代表人的任职文件（股东会决议由股东签署，董事会决议由公司董事签字）及身份证件复印件。

（7）《企业名称预先核准通知书》。

（8）法律、行政法规和国务院决定规定设立有限责任公司必须报经批准的，提交有关的批准文件或者许可证书复印件。

（9）公司申请登记的经营范围中有法律、行政法规和国务院决定规定必须在登记前报经批准的项目，提交有关的批准文件或者许可证书复印件或许可证明。

（10）公司注册承诺书。

（11）住所使用证明。住所使用证明材料的准备，分为以下三种情况：

1）若是自己的房产，需要房产证复印件、自己的身份证复印件；

2）若是租赁的房屋，需要房东签字的房产证复印件、房东的身份证复印件、双方签字盖章的租赁合同和租金发票；

3）若是租某个公司名下的写字楼，需要该公司加盖公章的房产证复印件、该公司营业执照复印件、双方签字盖章的租赁合同，以及租金发票。

2. 股份有限公司

（1）公司法定代表人签署的《公司登记（备案）申请书》。

（2）全体股东签署的《指定代表或者共同委托代理人授权委托书》及指定代表或委托代理人的身份证件复印件。

（3）由会议主持人和出席会议的董事签署的股东大会会议记录（募集设立的，提交创立大会的会议记录）。

（4）全体发起人签署或者出席股东大会或创立大会的董事签字的公司章程。

（5）发起人的主体资格证明或者自然人身份证件复印件。发起人为企业的，提交营业执照复印件；发起人为事业法人的，提交事业法人登记证书复印件；发起人为社团法人的，提交社团法人登记证书复印件；发起人为民办非企业单位的，提交民办非企业单位证书复印件；其他发起人提交有关法律法规规定的资格证明。

（6）募集设立的股份有限公司提交依法设立的验资机构出具的验资证明，涉及发起人首次出资是非货币财产的，提交已办理财产权转移手续的证明文件。

（7）董事、监事和总经理的任职文件及身份证件复印件。依据《公司法》和公司章程的规定，提交由会议主持人和出席会议的董事签署的股东大会会议记录（募集设立的，提交创立大会的会议记录）、董事会决议或其他相关材料。其中股东大会会议记录（创立大会会议记录）可以与上述第（3）项合并提交；董事会决议由公司董事签字。

（8）法定代表人任职文件（公司董事签字的董事会决议）及身份证件复印件。

（9）《企业名称预先核准通知书》。

（10）募集设立的股份有限公司公开发行股票的，应提交国务院证券监督管理机构的核准文件。

（11）法律、行政法规和国务院决定规定设立股份有限公司必须报经批准的，提交有关的批准文件或者许可证件复印件。

（12）公司申请登记的经营范围中有法律、行政法规和国务院决定规定必须在登记前报经批准的项目，提交有关批准文件或者许可证件的复印件。

（13）公司注册承诺书。

（14）住所使用证明。住所使用证明材料的准备也有三种情况，与有限责任公司的相同，此处不再赘述。

3. 个体工商户

（1）经营者签署的《个体工商户开业登记申请书》。

（2）经营者的身份证复印件；申请登记为家庭经营的，以主持经营者作为经营者登记，由全体参加经营家庭成员在《个体工商户开业登记申请书》经营者签名栏中签字予以确认。提交居民户口簿或者结婚证复印件作为家庭成员亲属关系证明；同时提交其他参加经营家庭成员的身份证复印件，对其姓名及身份证号码予以备案。

（3）申请登记的经营范围中有法律、行政法规和国务院决定规定必须在登记前报经批准的项目，应当提交有关许可证书或者批准文件复印件。

（4）经营场所使用证明。个体工商户以自有场所作为经营场所的，应当提交自有场所的产权证明复印件；租用他人场所的，应当提交租赁协议和场所的产权证明复印件；无法提交经营场所产权证明的，可以提交市场主办方、政府批准设立的各类开发区管委会、村居委会出具的同意在该场所从事经营活动的相关证明。

（5）委托代理人办理的，还应当提交经营者签署的《委托代理人证明》及委托代理人身份证复印件。

以上各项未注明提交复印件的，应当提交原件；提交复印件的，应当注明“与原件一致”并由个体工商户经营者或者由其委托的代理人签字。

十二、注册意义

（1）公司作为独立的法人，是市场活动的主体，例如：有些招投标项目，会限定参加成员只能是公司等机构；在与合作伙伴签合同时，需要加盖公司的公章等。

（2）在经营过程中，如果公司需要扩展渠道或平台，就要遵守这些平台的入驻规则，如 1688、天猫、京东等都需要提供营业执照。

（3）公司作为市场和社会中的一种力量，通过与外界的合作、反复的磨合，可以起到优化资源配置、推动市场发展和承担社会责任的重要作用。

十三、注意事项

1. 股权分配

股权是股东基于其股东资格而享有的从公司获得经济利益，并参与公司经营管理的权利。

股权分配的核心是要让各个创始人在分配和讨论的过程中觉得合理、公平，从而事后甚至忘掉这个分配而集中精力经营公司。以下几个要点应该重视：

（1）团队要有明确的领头人，切忌平均分配股权。

平均分配股权的问题在于，当几个创始人之间意见不一致时，容易出现决策人缺失，决策陷入僵局的问题，不利于团队的稳定。股权分配时要避免平均分配，一定要明确领头人。

（2）股东人数不要太多。

股东人数太多，就会导致决策比较难推动。比如在做工商变更时需要所有股东签字，此时如果有股东去外地出差或出国旅游，不能凑齐所有人员一起签字，就会耽误变更的时间。另外，不太稳定的小股东最容易产生股权纠纷，阻碍企业发展。

（3）关于控制权的 3 个关键数字。

关于控制权的 3 个关键数字分别是 67%、51% 和 34%。拥有 67% 的股份意味着对公司有绝对控制权，有权修改公司章程和增资扩股；拥有 51% 的股份意味着对公司有相对控制权，可对重大决策进行表决；拥有 34% 的股份意味着有一票否决权。

特别强调一点，34% 的股权虽然不多，但是其股东拥有重大事件（如公司合并重组、增值扩股、破产等）的一票否决权，可以在重大决策上对抗其余所有股东。所以，拥有一票否决权的股东都是举足轻重的角色。

（4）创始合伙人的得权期、退出机制、回购权。

一个完整的企业股权结构，除了要有合理的股份分配外，还要有科学的管理体系，即提前约定好股权的得权、退出和回购机制，避免日后产生纠纷。

（5）预留一定的期权池。

互联网公司股权激励的作用越来越重要，初创阶段进行股权分配时有必要预留一定的期权池，为今后的股权激励留出余地，一般期权池的比例大多设置为 10%～20%，这些股份通常由创始人代持。

2. 后续事项

（1）办理银行基本户。公司注册完成后，需要办理银行基本户。基本户是公司资金往来的主要账户，经营活动的日常资金收付以及工资、奖金和现金的支取都可以通过这个账户来办理。每个公司只能开设一个基本户。

（2）记账报税。完成公司注册后，需先办理税务报到，报到时需提供一名会计的信息（包括姓名、身份证号码、联系电话）。公司成立后一个月起，需要会计每月记账并向税务机关申报纳税。企业准备好资料到专管所报到后，税务局将核定企业缴纳税金的种类、税率、申报税金的时间及企业的税务专管员。企业日后将根据税务部门核定的税金进行申报与缴纳。

（3）缴纳社保。公司注册完成后，需要在 30 天内到所在区域管辖的社保局开设公司社保账户，办理社保登记证及 CA 证书，并和社保、银行签订三方协议。之后，社保的相关费用会在缴纳时自动从银行基本户中扣除。

（4）申请税控及发票。如果企业要开发票，需要申办税控器，参加税控使用培训，申请核定发票票种。完成申请后，企业就可以自行开具发票了。

（5）企业年报。根据《企业信息公示暂行条例》的规定，每年 1 月 1 日至 6 月 30 日，企业应当报送上一年度年度报告，内容包括公司基本情况简介、主要财务数据和指标、股本变动及股东情况等。

注：每年需要做年报的企业是营业执照上注册时间为前一年 12 月 31 日前的企业。

未按规定期限公示年度报告的企业，市场监督管理机关会将其载入经营异常名录，并处罚款。超过三年未做年报的企业，将会纳入严重违法企业“黑名单”。纳入异常名录后，企业将无法变更、注销、转股，对外合作时，社会公众可随时查看该公司的异常情况，同时对其法人、高管进行行政限制。

3. 优惠政策

公司为国家纳税，国家为公司提供市场基础设施架构，互惠互利之余，公司还可以关注和利用一些优惠政策来减轻税负、加速成长。比如：

（1）很多地方政府推出产业园、科技园和孵化器，公司将注册地址设立在这些地方既方便又实惠，如上海经济园区，为了吸引公司前往注册，推出了很多较为宽松的优惠政策。

另外，注册地址是和优惠政策相关的，特别是在上海注册公司。上海市区与郊区的开发区、各郊区的开发区之间的税收优惠政策差异很大，在上海郊区的开发区注册公司，各开发区的各项政策也有差异。

（2）可以申请成为高新技术企业，从而享受企业所得税减免 10% 的税收优惠政策，而且企业的研发费用可以享受所得税加计扣除优惠。类似的情况还有小型微利企业、双软认证企业。可以通过快法务平台进行咨询，专业人士会为你提供财税解决方案。

4. 公司注销

当公司不打算经营时，要及时进行注销。如果放着不管，几个月后税务机关就会把公司吊销，吊销不仅会使公司本身，而且连同其法定代表人均进入企业信用“黑名单”。

如果不幸被国家市场监督管理部门吊销营业执照了，也要走正常的公司注销流程。

习题

1. 1688 网站有哪几类会员？
2. 在 1688 网站成为供应商（卖家）有何要求？
3. 请简述申请成为诚信通会员的基本流程和方法。
4. 如何修改 1688 网站会员资料和密码？
5. 请简述到市场监督管理局注册一家公司的流程。
6. 到市场监督管理局申请注册公司前需要准备哪些材料？
7. 公司名称一般有哪些形式？
8. 什么是公司的经营范围？

建立企业旺铺

知识准备

一、什么是旺铺

旺铺是 1688 平台为卖家会员提供的企业网站，用于展示卖家的公司和产品信息，买卖双方可通过该网站进行各种网络贸易活动。

二、旺铺的功能

企业要想在 1688 平台建立企业旺铺，成为 1688 平台上长期的供应商，首先必须成为诚信通会员。

1688 平台提供给诚信通会员的旺铺，作为一个企业线上展示产品和服务的店铺，主要功能如下：

（1）依托阿里巴巴大市场，吸引更多客户。会员可以借助阿里巴巴的品牌影响力，吸引更多的客户和商机。

（2）超强网站外观设计，打造企业级形象展示平台。会员可按自己喜爱的方式设计网站，全面展示企业和产品形象。

（3）图片管家，提供海量图片存储空间。阿里巴巴为诚信通会员提供超强的相册展示功能，多种展示效果随意选择，让买家通过相册浏览产品，一目了然。

（4）诚信档案，树立网商信誉，赢得客户信赖。阿里巴巴为诚信通会员建立诚信档案，在旺铺多维度全面展示会员在网上贸易过程中的信用情况，积累网商信用，赢得客户信赖。

（5）生意参谋，进行大数据分析，为营销出谋划策。生意参谋为会员出谋划策，让会员明明白白做生意，清清楚楚拿订单。

（6）精准营销，抓住潜在买家。诚信通会员可以实时跟踪来访者浏览行为，实时分析来访者购买意向，精确识别访客信息，主动与访客取得联系，抓住更多生意机会。

（7）顶级域名，树立企业独立品牌形象。1688 平台提供给诚信通会员的企业官网功能可以使买家无须记忆较长的二级域名，直接通过顶级域名即可访问会员网站。

三、旺铺的版本

目前，1688 平台提供给会员的旺铺有两种类型，即旺铺入门版和超级旺铺 2.0。

开通旺铺入门版的条件有：

（1）符合《阿里巴巴中国网站规则》中关于开通旺铺的条件，如经阿里巴巴排查认定，该账户实际控制人的其他阿里账户未受到特定严重违规行为的处罚或发生过严重危及交易安全的情形。

（2）完成企业名称认证。

（3）完善旺铺信息（公司介绍 + 联系方式）。

满足以上条件的会员即可免费开通旺铺入门版，试用期为 30 天，到期后该旺铺会自动关闭。

超级旺铺 2.0 必须是诚信通会员才能开通，即购买了诚信通服务才能开通，可在线免费咨询和办理该服务。

四、1688 卖家企业官网

1. 什么是 1688 卖家企业官网

1688 卖家企业官网是 1688 平台一项面向诚信通会员开放的、便捷的企业建站服务，可以“一键”搭建专业、美观、个性化的企业独立官方网站，全方位展示企业形象，实现企业全网营销。卖家开通企业官网，相当于公司多了一个额外的独立网站。1688 卖家企业官网示例如图 2-1 所示。

图 2-1 1688 卖家企业官网示例

2. 在 1688 平台建立企业官网与一般企业建站服务的区别

利用 1688 平台建立企业官网与一般企业建站服务相比，具有快速、高效、成本低等优势，两者的区别见表 2-1。

表 2-1　供应商在 1688 平台建立企业官网与一般企业建站服务的区别

1688 平台建立企业官网		一般企业建站服务
运营成本	诚信通会员可开通企业官网，共享旺铺产品数据，会费 6 688 元 / 年	2 000 元起，根据结构、内容及功能等的复杂程度双方商定建站费用
建站模板	海量精美模板，专业设计服务	模板单一，反复套用
建站空间	稳定的无线云服务器存储	大约 1G
网站功能	专业流量数据分析，智能接待系统，智能共享旺铺信息	只有网站基础框架
移动网站	系统设置端口	无
优化系统	阿里巴巴技术支持，内置优化系统	需要另外花钱购买

五、开通旺铺

1. 开通旺铺入门版

普通会员登录 1688 平台，选择“我的阿里”→“管理旺铺”进入相应页面，即可看到开通旺铺需要完成的操作，根据页面要求进行以下操作：

（1）完成身份验证。单击“开始身份认证”，进入实名认证页面，选择完成企业名称认证，根据提示上传企业营业执照、填写公司名称等信息，完成企业支付宝实名认证后，身份验证完毕，也即完成企业名称认证。

（2）完善旺铺信息。会员在完成企业名称认证之后需要发布公司介绍，按页面要求填写有关信息，完成后提交即可。

完成以上操作后，即可免费开通旺铺入门版，但 30 天后旺铺入门版将自动关闭。

2. 开通超级旺铺 2.0

只有诚信通会员才能开通超级旺铺 2.0。申请成为诚信通会员后，1688 平台会自动为诚信通会员开通超级旺铺 2.0。

六、旺铺装修

1688 平台企业旺铺装修的操作流程为：在 1688 平台首页登录“我的阿里”，在“我的阿里”下拉菜单中单击“管理旺铺”，在“旺铺管理”下拉菜单中单击“旺铺装修”，进入旺铺装修后台，如图 2-2 所示。

单击“装修旺铺（PC 版）”即可进入 PC 版旺铺的装修页面，同样的，单击“无线建站中心”即可进入无线旺铺的装修页面，单击“进入官网”即可进入企业官网的管理页面。PC 端旺铺装修页面如图 2-3 所示。

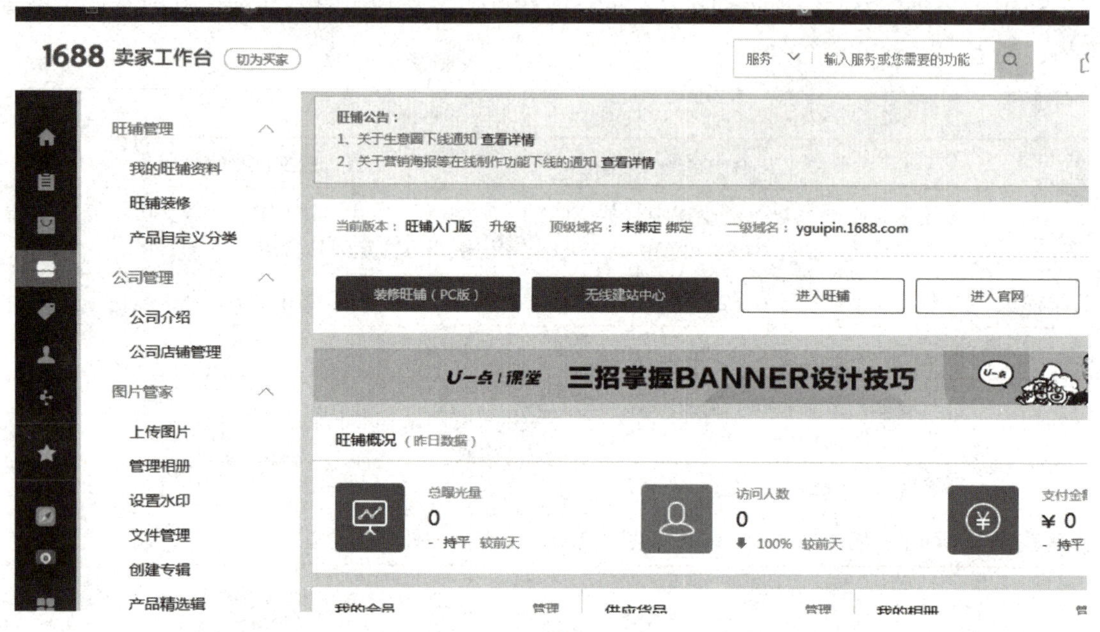

图 2-2　旺铺装修后台

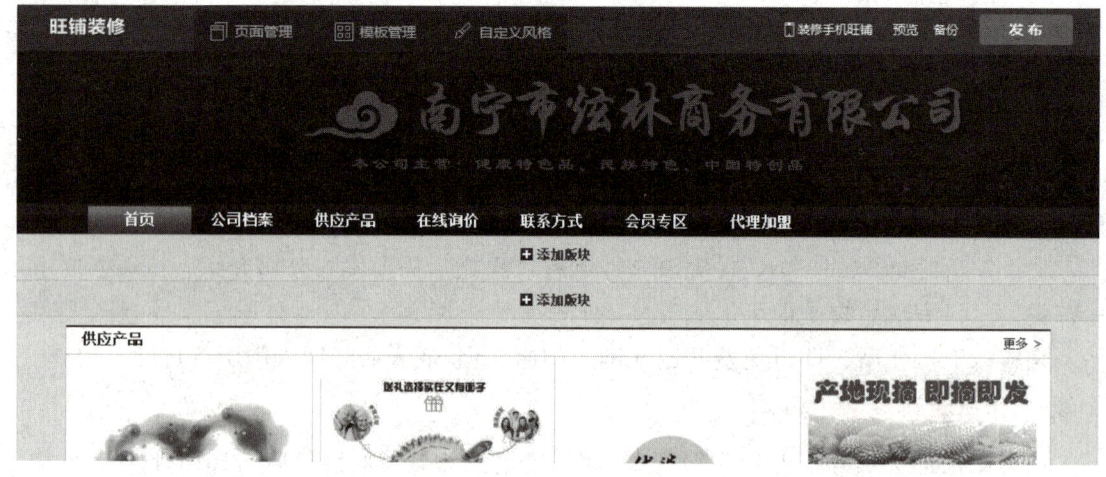

图 2-3　PC 端旺铺装修页面

1. 自定义风格

网站风格应根据企业所在行业、品牌形象和产品特点进行设置。若企业自己有一整套形象设计方案，自定义风格应与其保持一致。单击页面上方的“自定义风格”即可进行设置，如图 2-4 所示。

旺铺的风格设置包括“旺铺背景”、“布局版式”和“板块风格”。“旺铺背景”可以设置网站的背景颜色或图片等；“布局版式”可以设置旺铺的排版布局；“板块风格”可以设置每个版块的文字颜色、背景颜色或图片、标题区域的色彩等。

图 2-4　旺铺自定义风格设置

2. 页面管理

页面管理的主要功能是对旺铺中的各个页面进行修改，比如对旺铺中的基本页面进行设置，包括修改页面名称、位置排序，选择是否显示在导航上等。例如：在如图 2-5 所示的页面中，把“供应产品”改为“产品列表”、让“公司相册”排在“供应产品”之前、选择“公司动态”是否显示在导航上等操作都在页面管理模块下完成。

旺铺装修　页面管理　模板管理　自定义风格　装修手机旺铺　预览　备份　发布

旺铺基础页面

产品详情页面

页面名称	操作	位置排序	显示在导航上
首页	装修页面		☑
公司档案	装修页面	↓	☑
供应产品	装修页面	↑ ↓	☑
公司相册	装修页面	↑ ↓	☐
公司动态	装修页面	↑ ↓	☐
在线询价	装修页面	↑ ↓	☑

图 2-5　页面管理

3. 模板管理

旺铺模板是成套的旺铺样式，可以一键应用到企业的旺铺中。这一功能主要用于备份旺铺模板和购买系统中的模板，如图 2-6 所示。

4. 设置旺铺招牌

旺铺招牌是企业品牌标识，位于企业旺铺（网站）的最上端，用于显示公司名称和广告词等。

把鼠标放在招牌图片上，单击右上角的“设置”按钮，即可进行招牌设置。操作方法为：单击“使用自定义招牌图”→“选择文件”，选择自定义招牌文件，即可完成自定义招牌设置，如图 2-7 所示。

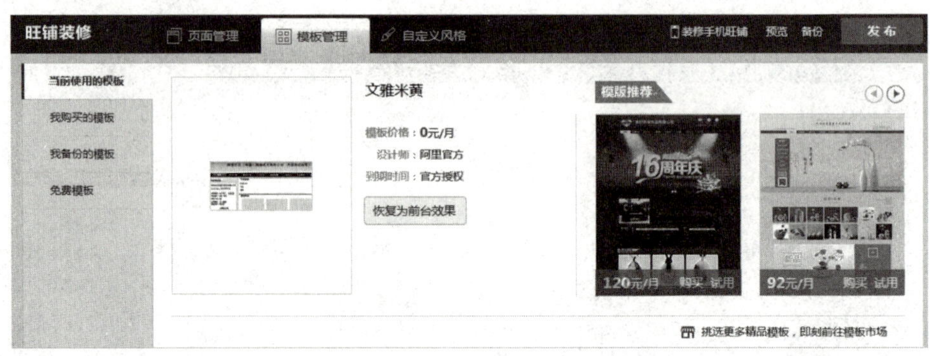

图 2-6 模板管理

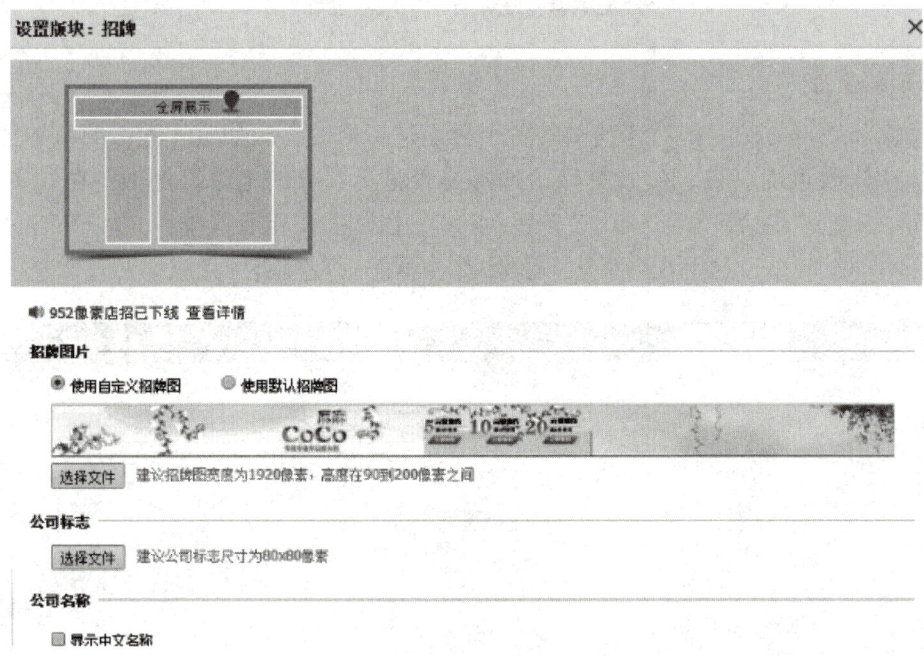

图 2-7 设置旺铺招牌

根据页面上的建议，旺铺招牌的尺寸为：宽度 1 920 像素，高度 90 ～ 200 像素均可。

5. 设置全屏轮播版块

在企业旺铺导航栏下方，可以设置全屏滚动图片，以展示企业推广的产品图片，提升企业旺铺的整体形象和品牌形象。

单击企业旺铺导航栏下方的“添加版块”，在出现的对话框中选择“全屏轮播”→“添加”。为保证显示效果，应保持图片尺寸一致，根据页面提示，将宽度设置为 1 440 ～ 1 920 像素，主体内容居中，超出屏幕尺寸图片会被截断。目前，最多可添加 5 个全屏轮播版块。如图 2-8 所示。

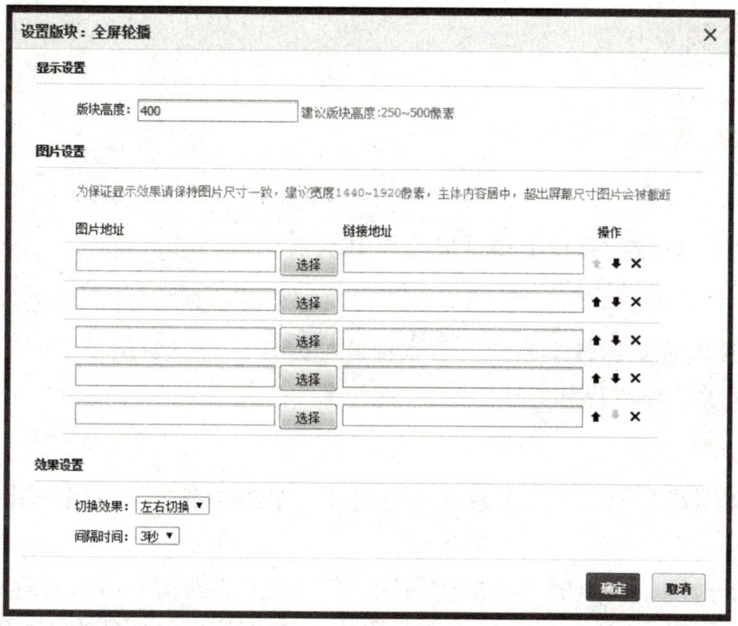

图 2-8　全屏轮播设置

6. 设置其他版块

把鼠标移动到相应位置，单击“添加版块”可以添加其他版块，单击版块上的“设置”或“删除”按钮可对该版块进行设置或删除操作。

例如：单击“供应产品”的“设置”按钮，出现如图 2-9 所示的对话框，即可设置“供应产品”的显示方式。

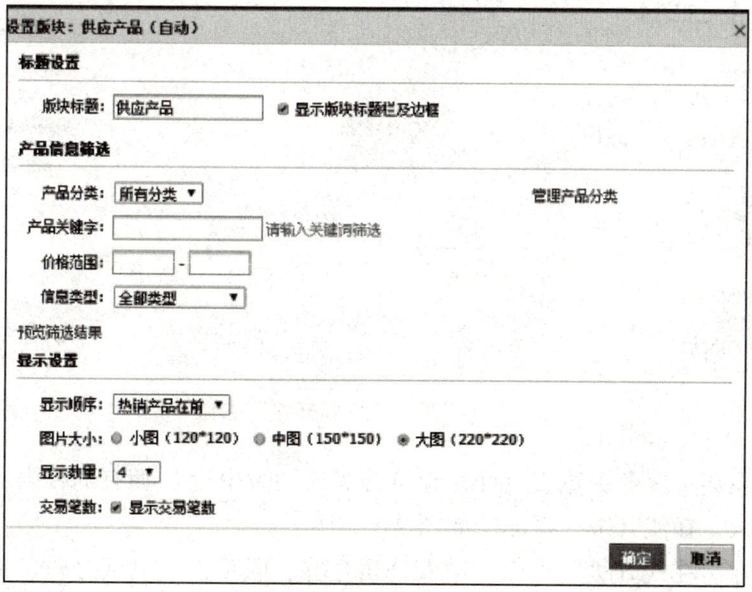

图 2-9　供应产品设置

实训任务

一、申请成为 VIP 会员

1. 任务描述

在 B2B 内贸实训教学系统上申请成为 VIP 会员。

2. 任务目的

通过在 B2B 内贸实训教学系统进行本任务的操作练习，学生可掌握在 1688 平台申请成为诚信通会员的操作流程和方法。

3. 操作流程

步骤一：在浏览器中输入实训教学系统网址，单击“登录”按钮，填写账户信息，完成登录。

步骤二：单击网站首页的“我的内贸”，进入“我的内贸”后台管理系统，单击“立即升级”按钮，如图 2-10 所示，进入会员服务一览表页面，如图 2-11 所示。

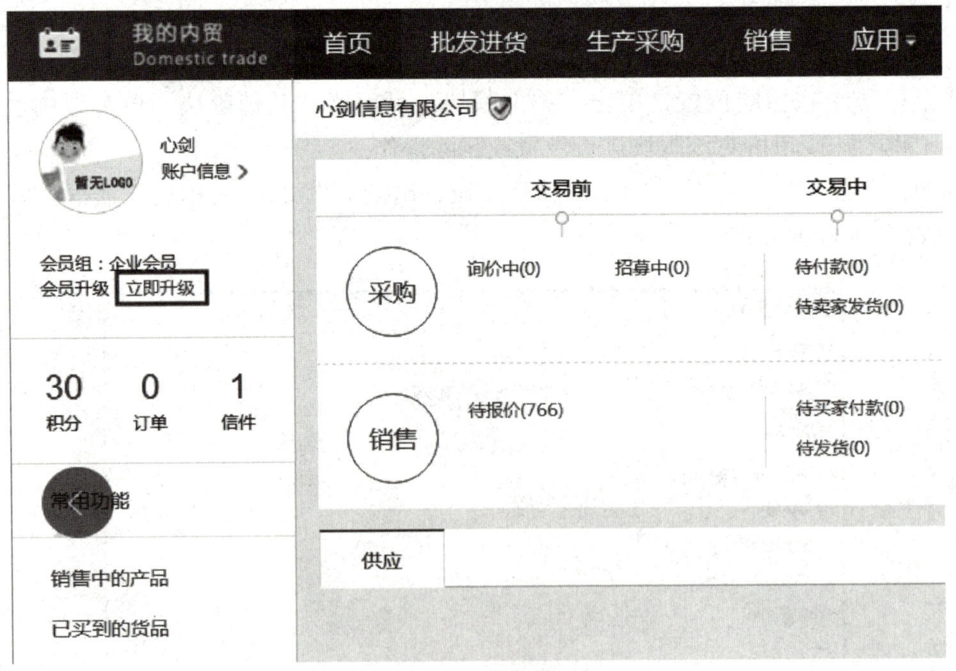

图 2-10 单击“立即升级”按钮

步骤三：在会员服务一览表页面，预览升级成为 VIP 会员拥有的权限，单击“现在升级”按钮，进入“在线升级”页面，如图 2-12 所示。

步骤四：在“在线升级”页面，输入公司全称、联系人、电话号码、手机号码、电子邮件、QQ、阿里旺旺、附言等信息，单击“提交”按钮，如图 2-12 所示。

首页 批发 供应 求购 团购 公司 资讯 展会 视频 网站动态

B2B(中文）实战教学系统会员服务一览表

服务范围\会员组	个人会员	企业会员	VIP会员
收费模式	免费	免费	包年
年 费	–	–	2000 元/年
			现在升级
允许发布信息	供应丨求购丨简历丨	批发丨供应丨求购丨团购丨站内展会丨品牌丨评分丨	批发丨供应丨求购丨团购丨站内展会丨站内资讯丨品牌丨评分丨招商丨站内视频丨图库询价丨招标丨招募丨学习中心丨报价丨投标应募丨
拥有VIP标识 V	⊖	⊖	✓
信息优先排序	⊖	⊖	✓
产品首页推荐	⊖	⊖	✓
产品在线销售	⊖	✓	✓
信息关键字排名	⊖	⊖	✓
拥有公司主页	⊖	✓	✓
自定义公司主页	⊖	⊖	✓
自定义公司模板	⊖	⊖	✓
客户服务	⊖	✓	✓
商机订阅	✓	✓	✓
邮件发送	✓	✓	✓
收件箱容量	20	50	500
每日可发站内信	10	20	100
每日询盘次数	3	10	50
每日报价次数	0	3	20
商友数量数量	10	50	200
贸易提醒数量	3	5	10
商机收藏数量	20	50	100
发布商品数量	0	5	不限
供应信息数量	3	5	不限
求购信息数量	3	5	不限
招商信息数量	3	5	不限
展会信息数量	3	5	不限
新闻稿件数量	3	5	不限
公司品牌数量	3	5	不限
发布团购数量	0	5	不限
			现在升级
服务范围\会员组	个人会员	企业会员	VIP会员

图 2-11 会员服务一览表页面

在线升级

* 升级为：VIP会员 您的当前会员组为**企业会员**

* 升级费用：**2 000元/年**

账户余额：**2 200.00 元**

* 公司全称：test测试有限公司

* 联系人：test测试

* 电话号码：0216-6632554

手机号码：

电子邮件：1596324@qq.com

QQ：

阿里旺旺：

附言：

- 500字内

提 交

图 2-12 “在线升级”页面

步骤五：在弹出的“确认填写无误，提交此升级申请吗？”窗口，如图 2-13 所示，单击“确定”按钮，在线升级申请提交成功，等待实训指导老师审核，如图 2-14 所示，否则单击“取消”按钮，返回步骤四修改错误信息。

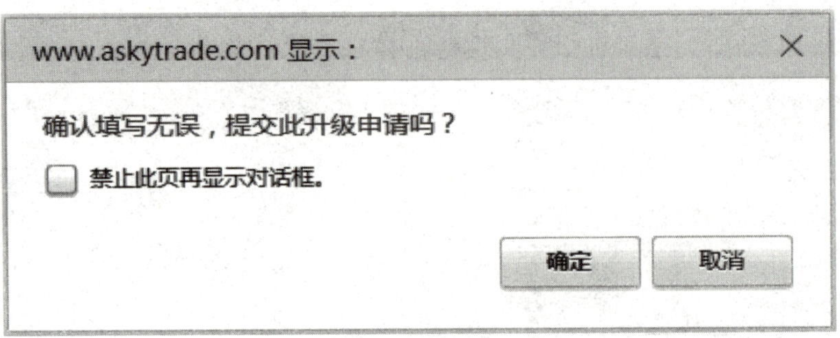

图 2-13　确认升级窗口

图 2-14　申请提交成功

4. 升级项目填写说明

（1）升级费用：升级为 VIP 会员的费用是 2 000 元 / 年。

（2）账户余额：账户余额为零时，无法提交升级申请，如图 2-15 所示，需要实训指导老师给学生启动资金后，才能提交升级申请。

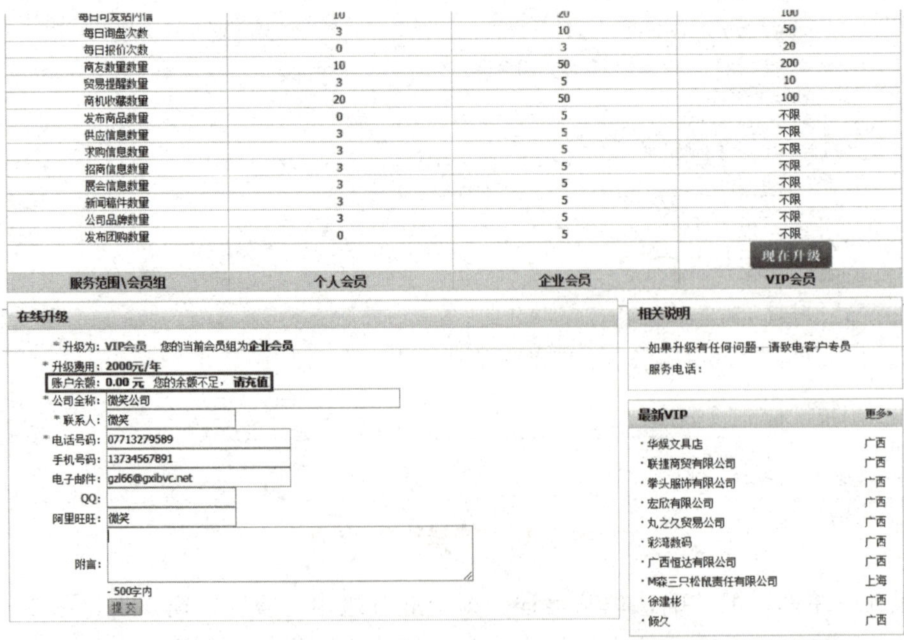

图 2-15　账户余额不足无法提交升级页面

二、VIP 会员认证

1. 任务描述

在 B2B 内贸实训教学系统上提交 VIP 会员认证信息。

2. 任务目的

通过在 B2B 内贸实训教学系统进行本任务的操作练习，学生可掌握在 1688 平台上完成诚信通会员认证的操作流程和方法。

3. 操作流程

步骤一：在浏览器中输入实训教学系统网址，单击“登录”按钮，填写账户信息，完成登录。

步骤二：在线升级审核通过后，还需完善“公司”“实名”“银行”等信息，如图 2-16 所示。在“我的内贸”后台管理系统首页账户信息中单击“公司”按钮，进入公司认证页面，添加“公司名”“证件图片”等信息，单击“确定”按钮，如图 2-17 所示，等待实训指导老师审核。

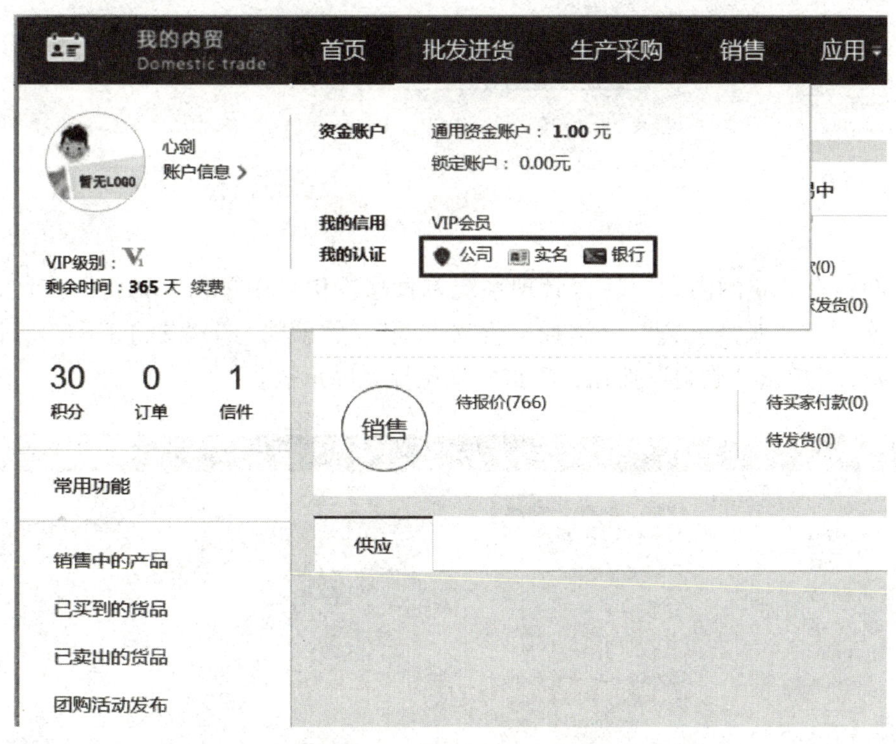

图 2-16　需要完善的信息

步骤三：在“我的内贸”后台管理系统首页账户信息中单击“实名”按钮，进入实名认证页面，添加“公司名”“证件图片”等信息，单击“确定”按钮，如图 2-18 所示，等待实训指导老师审核。

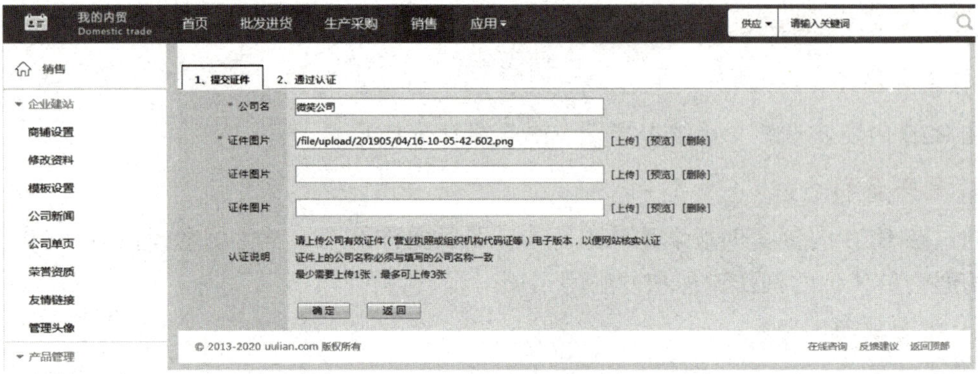

图 2-17 添加公司信息

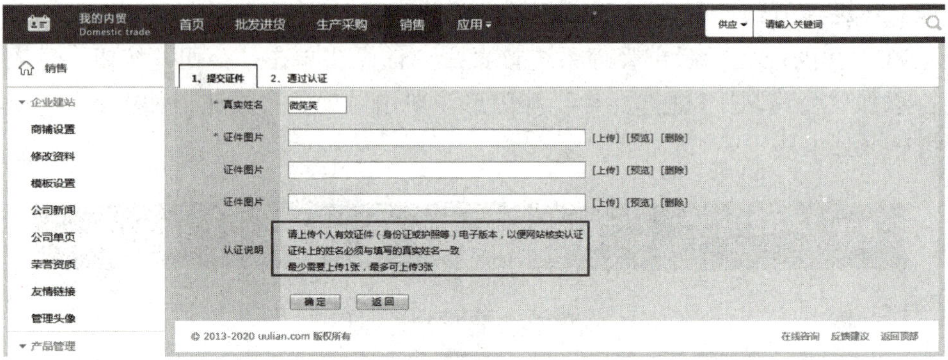

图 2-18 添加实名认证信息

步骤四：在“我的内贸”后台管理系统首页账户信息中单击“银行”按钮，进入银行认证页面，在“账号设置”下添加“收款方式”“收款账号”“支付密码”等信息，如图 2-19 所示，单击“确定”按钮，等待实训指导老师审核。

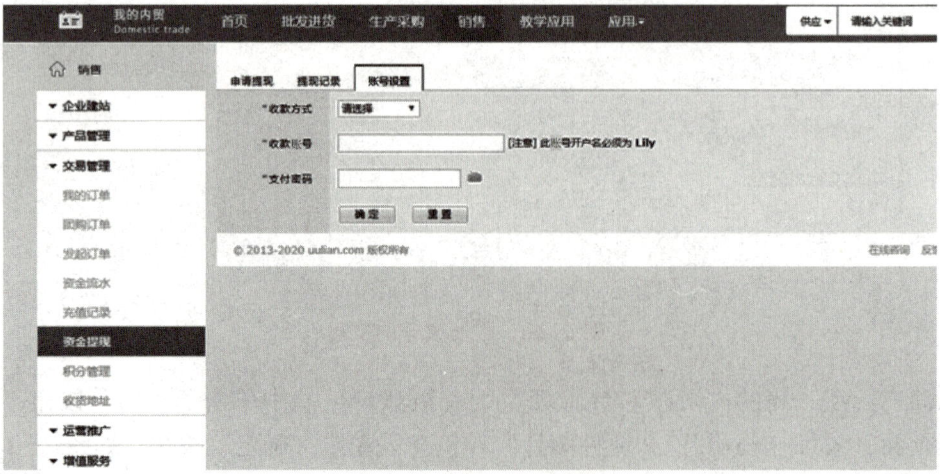

图 2-19 添加银行认证信息

三、旺铺装修

1. 任务描述

在 B2B 内贸实训教学系统上进行企业旺铺装修。

2. 任务目的

通过在 B2B 内贸实训教学系统进行本任务的操作练习，学生可掌握在 1688 平台进行企业旺铺装修的操作流程和方法。

3. 操作流程

步骤一：在浏览器中输入实训教学系统网址，单击“登录”按钮，填写账户信息，完成登录。

步骤二：在“我的内贸”后台管理系统“销售”→“企业建站”→“商铺设置”模块，单击“常用设置”按钮，进入“常用设置”页面，设置自定义背景色、自定义背景图、自定义 LOGO、自定义 CSS、横幅宽度、横幅显示方式、横幅图片地址、形象视频地址、企业在线欢迎语等信息，单击“保存”按钮，如图 2-20 所示，保存成功，则设置效果即刻在旺铺首页显示，如图 2-21 所示。

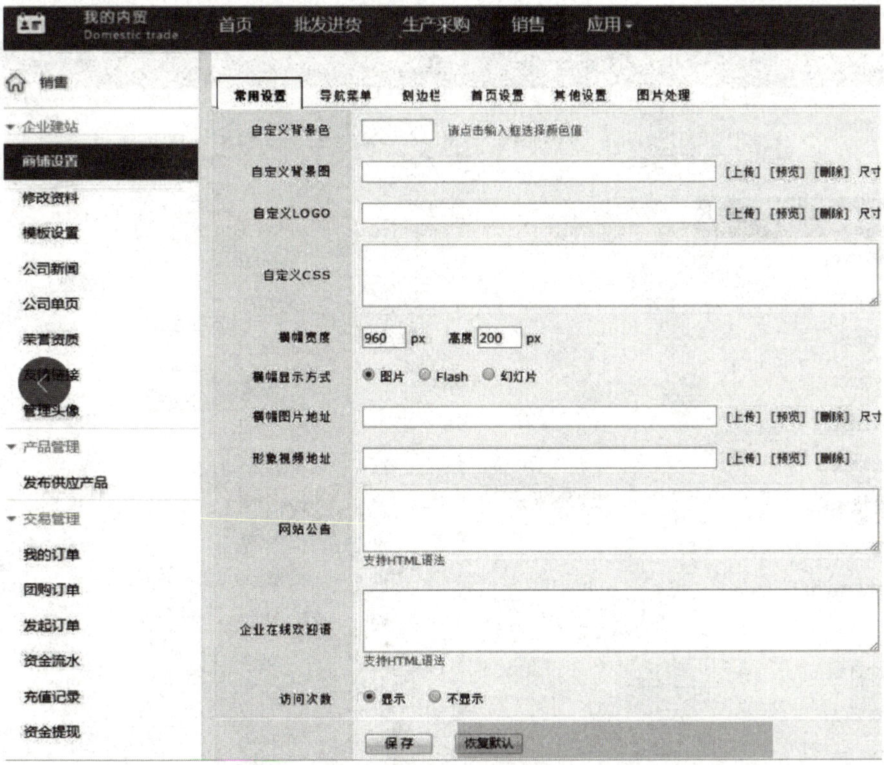

图 2-20　常用设置

步骤三：在“我的内贸”后台管理系统“销售”→“企业建站”→“商铺设置”模

块，单击“导航菜单”按钮，进入“导航菜单”页面，进行菜单设置，单击“保存”按钮，如图 2-22 所示，保存成功，则设置效果即刻在旺铺首页显示，如图 2-21 所示。

图 2-21 旺铺效果图

我的内贸 Domestic trade　首页　批发进货　生产采购　销售　应用

销售

- 企业建站
  - 商铺设置
  - 修改资料
  - 模板设置
  - 公司新闻
  - 公司单页
  - 荣誉资质
  - 友情链接
  - 管理头像
- 产品管理
  - 发布供应产品
- 交易管理
  - 我的订单
  - 团购订单
  - 发起订单
  - 资金流水

常用设置　导航菜单　侧边栏　首页设置　其他设置　图片处理

菜单设置

恢复默认

显示	排序	名称	分页
☑	0	公司介绍	1
☑	10	供应产品	16
☑	20	采购清单	30
☑	30	新闻中心	30
☑	40	荣誉资质	10
☑	50	人才招聘	30
☑	60	联系方式	1
☑	70	公司相册	12
☑	80	招商代理	12
☑	90	品牌展示	12
☑	100	公司视频	12
☑	110	友情链接	30
☑	120	批发	12
☑	130	诚信档案	1

保存　恢复默认

图 2-22 导航菜单设置

步骤四：在“我的内贸”后台管理系统“销售”→“企业建站”→“商铺设置”模块，单击“侧边栏”按钮，进入“侧边栏”设置页面，设置侧栏宽度、侧栏位置等信息，单击“保存”按钮，如图 2-23 所示，保存成功，则设置效果即刻在旺铺首页显示，如图 2-21 所示。

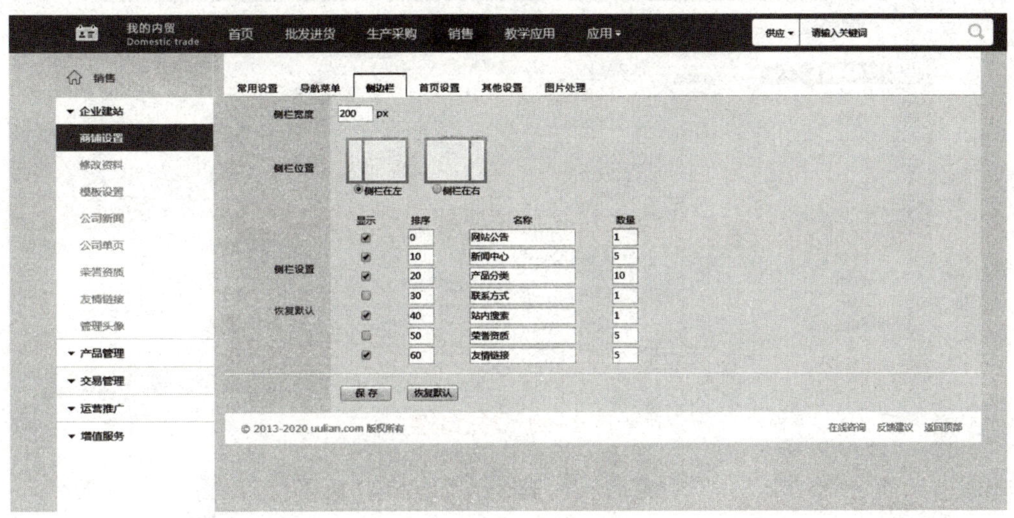

图 2-23　侧边栏设置

步骤五：在“我的内贸”后台管理系统“销售”→“企业建站”→“商铺设置”模块，单击“首页设置”按钮，即可进入首页设置页面，设置首页主栏、公司简介显示等信息，单击“保存”按钮，如图 2-24 所示，保存成功，则设置效果即刻在旺铺首页显示，如图 2-21 所示。

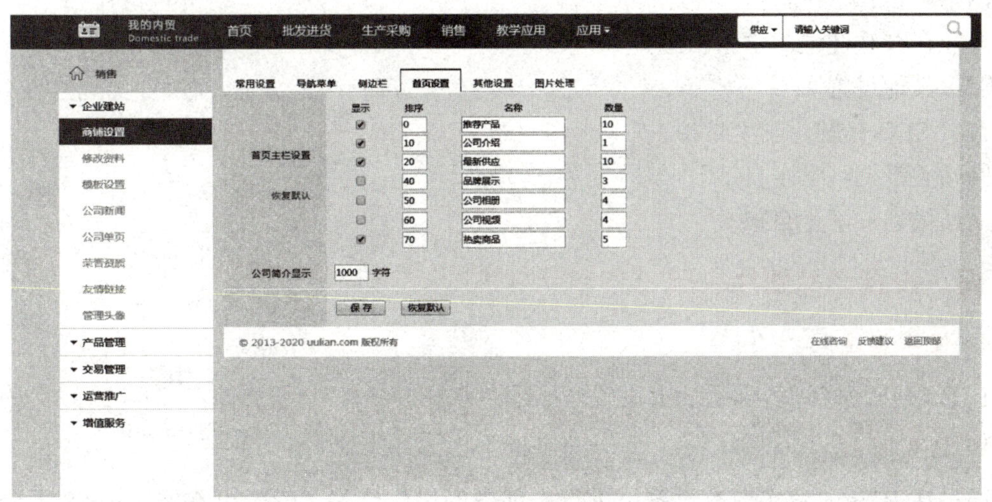

图 2-24　首页设置

步骤六：在“我的内贸”后台管理系统“销售”→“企业建站”→“商铺设置”模块，单击“其他设置”按钮，进入“其他设置”页面，设置首页 SEO 标题、网站关键词、网站描述、公司地图标注等信息，单击“保存”按钮，如图 2-25 所示，保存成功，则设置效果即刻在旺铺首页显示，如图 2-21 所示。

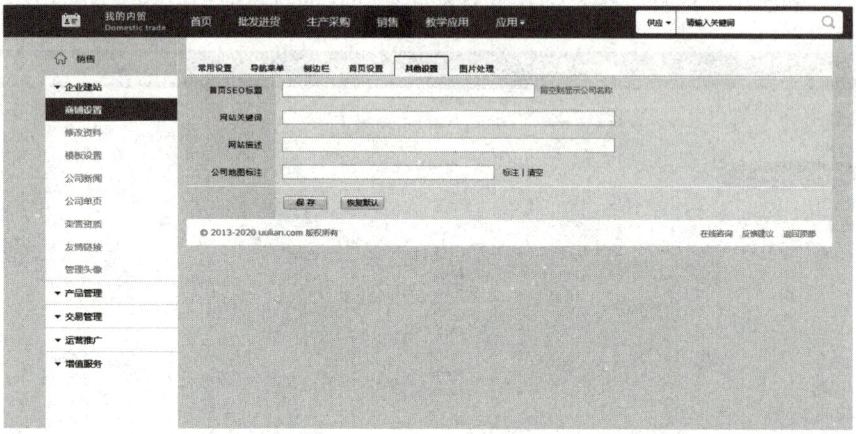

图 2-25　其他设置

4. 旺铺装修填写说明

（1）常用设置。

自定义背景图图片尺寸：宽度 1 280px × 高度 840px（px= 像素）。

自定义 LOGO 尺寸：宽度 180px × 高度 90px。

横幅宽度尺寸（图片、Flash、幻灯片）：960px。

横幅高度尺寸：200px。

网站公告：学生自拟。

企业在线欢迎语：学生自拟。

（2）其他设置。

首页 SEO 标题：学生自拟。

网站关键词：学生自拟。

网站描述：学生自拟。

四、设置产品图片水印

1. 任务描述

在 B2B 内贸实训教学系统上设置产品图片水印。

2. 任务目的

通过在 B2B 内贸实训教学系统进行本任务的操作练习，学生可掌握在 1688 平台设置产品图片水印的操作流程和方法。

3. 操作流程

步骤一：在浏览器中输入实训教学系统网址，单击“登录”按钮，填写账户信息，完成登录。

步骤二：在“我的内贸”后台管理系统“销售”→“企业建站”→“商铺设置”模块，单击“图片处理”按钮，进入“图片处理”页面，如图 2-26 所示。

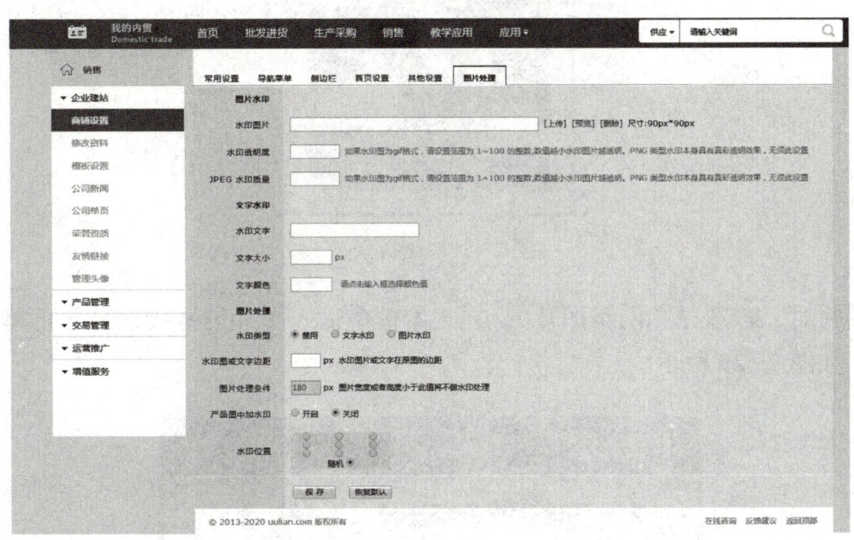

图 2-26 “图片处理”页面

步骤三：上传水印图片，操作过程如下。

（1）单击“水印图片”输入框右侧的“上传”按钮，弹出上传框；

（2）单选“本地图片”，即可选择上传本地的图片；

（3）单击“选择文件”，弹出选择文件框，选择本地图片，再单击“打开”；

（4）图片选择完后，返回上传图片框，再单击该框的“上传”按钮，即可上传该图片，如图 2-27 所示；

（5）图片上传成功后，单击“预览”按钮，即可预览水印图片，如图 2-28 所示。

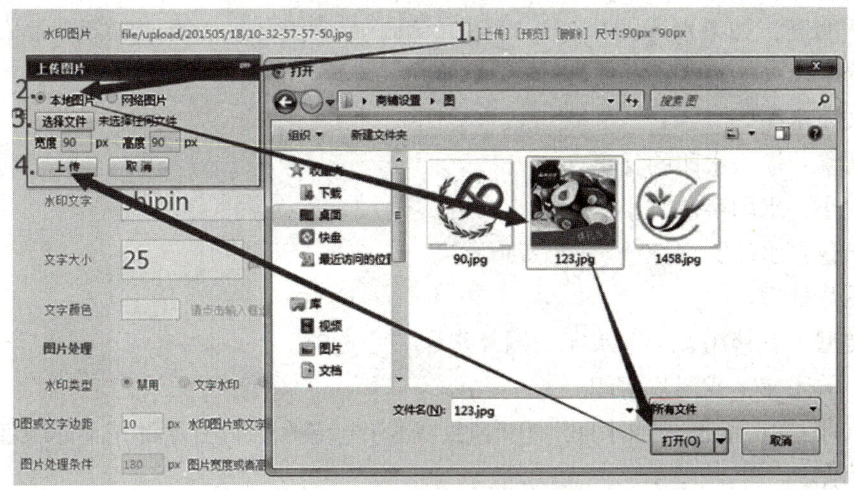

图 2-27 上传图片操作过程

图 2-28 图片预览

上传图片时，若选择“网络图片”，在文本框中输入图片的链接地址，再单击“上传”按钮即可，如图 2-29 所示。

图 2-29 上传网络图片

4. 图片处理填写说明

（1）图片水印。

水印图片尺寸：90px × 90px。

水印透明度：如果水印图片为 gif 格式，设置范围为 1 ～ 100 的整数，数值越小，水印图片越透明。PNG 类型水印本身具有真彩透明效果，无须设置此项。

（2）文字水印。

水印文字：输入水印的文字。

文字大小：水印字体大小。

文字颜色：水印文字颜色。

（3）图片处理。

水印类型：有禁用、文字水印、图片水印三个选项。

禁用：关闭文字或图片水印。

文字水印：“产品图中加水印”开启时，所有上传的产品图片都是显示文字水印，如图 2-30 所示。

图 2-30　显示文字水印的图片

图片水印："产品图中加水印"开启时，所有上传的产品图片都是显示图片水印，如图 2-31 所示。

图 2-31　显示图片水印的图片

水印图或文字边距：水印图片或文字在原图的边距。

图片处理条件：图片宽度或者高度小于此值将不做水印处理。

水印位置：如图 2-32 所示，可以选择图片水印或文字水印显示的位置。

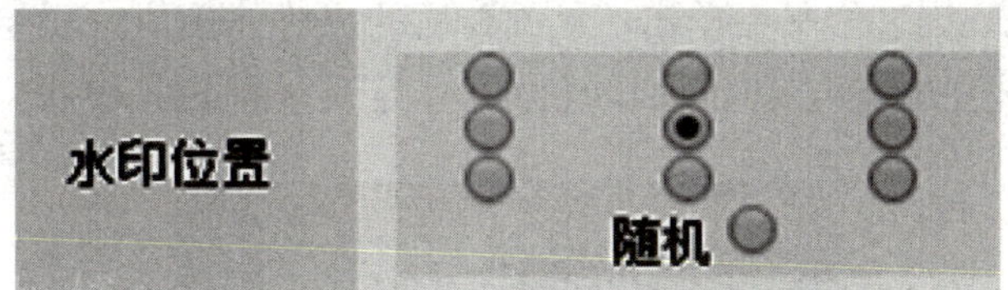

图 2-32　选择水印位置

拓展学习——装修手机旺铺和手机官网

一、装修手机旺铺

阿里手机旺铺也叫阿里无线旺铺，登录"我的阿里"卖家工作台，选择"旺铺”→“旺铺管理”→“我的旺铺资料”，在“我的旺铺资料”页面单击“无线建站中心”，即可进入阿里手机旺铺装修平台进行手机旺铺装修。

1. 装修手机旺铺首页

在无线旺铺装修页面的“手机旺铺首页”下选择“装修”选项，即可进入手机旺铺装修平台对手机旺铺首页进行设置。

手机旺铺装修平台如图 2-33 所示，其页面左侧是装修过程中将用到的组件，可以将需要使用的任一组件直接拖拽到中间编辑区相应的位置中进行编辑；最右侧是对当前选中的组件进行设置的窗口。

图 2-33 手机旺铺装修平台

在手机旺铺装修界面，所见即所得，因此操作简单方便。装修时，建议在 Google 浏览器中进行，否则可能无法正常操作。

完成设置后，必须单击右上角的“发布”按钮，否则之前的装修与设置操作失效，这一最后操作步骤必须牢记。

2. 添加及设置手机自定义页面

第一步：在手机旺铺装修平台单击“页面”后的“+”按钮，一个自定义页面即可生成，在紧接着出现的文本框中输入自定义页面的名称，自定义页面操作完成，如图 2-34 所示。

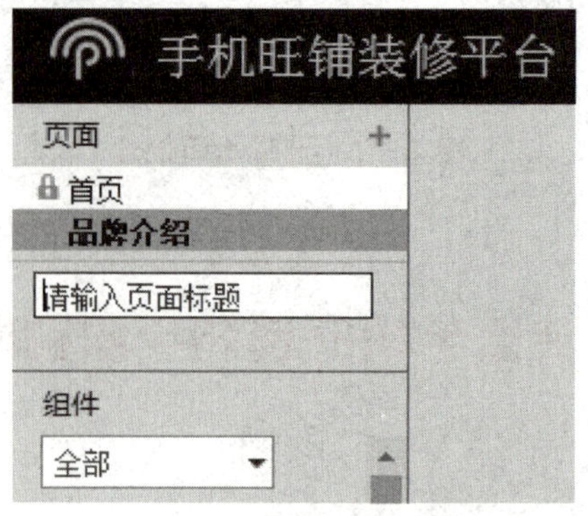

图 2-34 手机旺铺添加自定义页面

第二步：为页面布局选择一个模板。可以选择免费模板，也可以选择付费模板。

第三步：将左侧的组件拖动到中间的页面中，并对各个组件进行单独设置，这个操作过程与首页装修方法一致。

第四步：单击“发布”，创建的页面将出现专属的二维码，可以通过微博等社交通道传播这一个性化的页面，提高营销效果。

3. 设置无线旺铺自定义菜单

1688 供应商（卖家）可以为其无线旺铺设置自定义菜单，菜单显示在手机的最下方。在“无线建站中心”页面选择“自定义菜单”，即可进行自定义菜单设置，如图 2-35 所示。

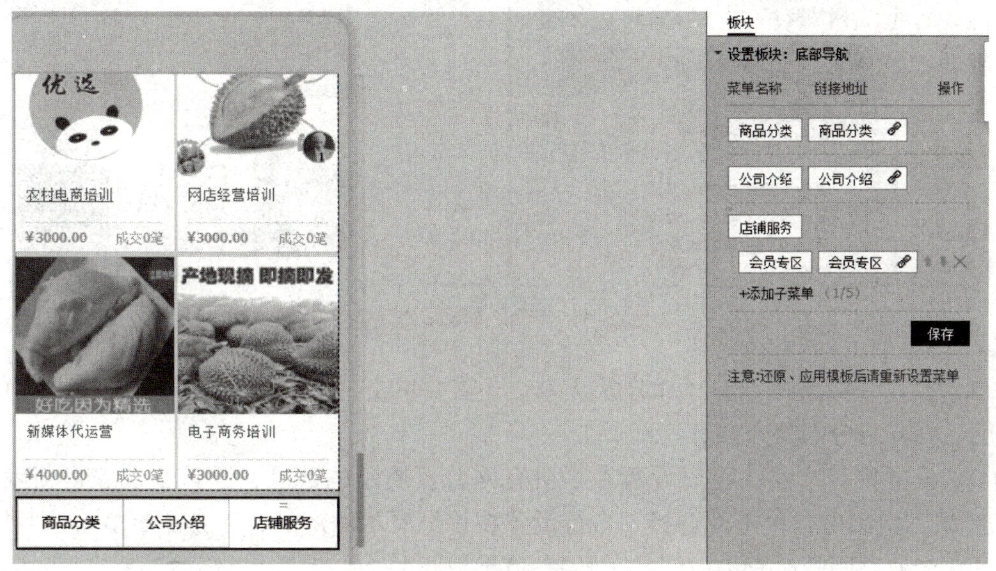

图 2-35 阿里无线旺铺自定义菜单设置

在页面右侧窗口中可以设置当前子页面的顺序，单击上、下箭头图标即可调整顺序；也可以为某个页面添加子菜单。

二、装修手机官网

拥有企业官网的用户系统默认直接开通手机官网。企业官网是属于企业的独立网站，它与平台店铺即阿里巴巴旺铺是两种不同的网络推广渠道，企业开通了企业官网，相当于多了一个额外的独立网站，平台店铺与独立网站两者是互补的，都发挥着重要的作用。

供应商开通手机官网后，登录“我的阿里”卖家工作台，选择“旺铺”→“旺铺管理”→“我的旺铺资料”，在“我的旺铺资料”页面单击“进入官网”，在出现的页面中选择“手机官网”进行装修操作，如图 2-36 所示。

（1）设置轮播海报：若已经绑定且解析有效的顶级域名，则系统会默认电脑版企业官网首页最上面的三张轮播图（多于三张取前三张，少于三张有几张取几张）。若无默认的轮播图，可以单击“+”进行上传，最多只能上传三张。

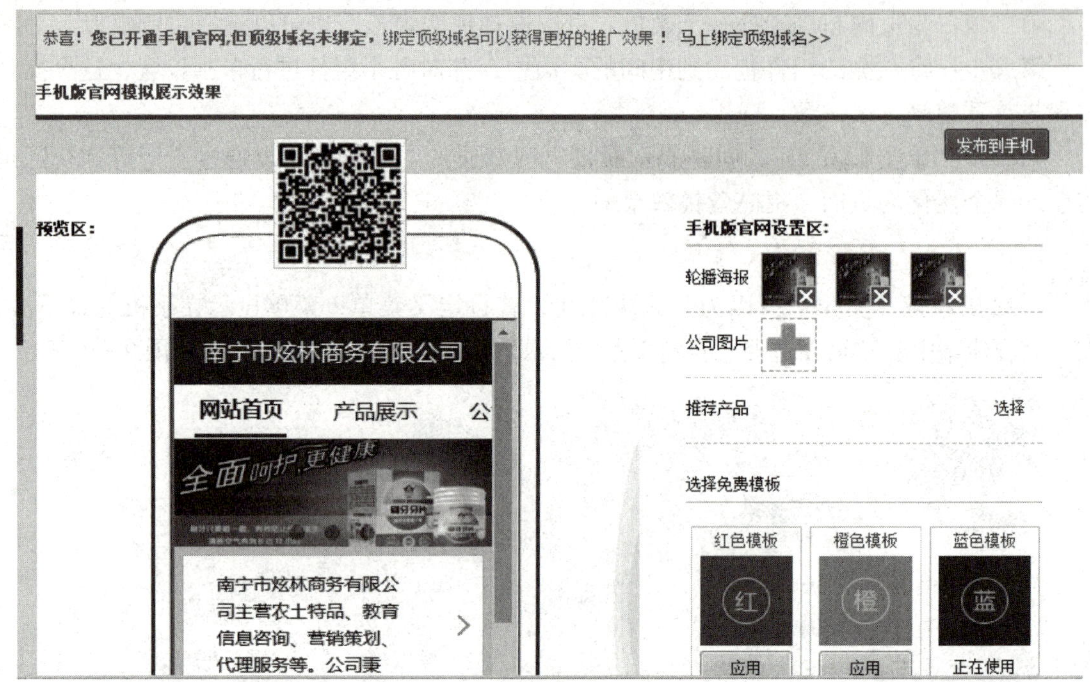

图 2-36 手机官网装修页面

（2）设置公司图片：图片部分默认为空，需要单击“+”进行上传；文字部分直接取电脑端公司介绍中的简介内容。

（3）设置推荐产品：可以设置在手机官网首页展示的产品，默认为卖家最新发布的12条产品，卖家可以单击“选择”自行设置在首页展示的产品，单击“更多”，则可以访问卖家在企业官网的所有供应产品（私密 offer 除外）。

（4）选择免费模板：卖家可以选择手机官网的一些模板，单击“应用”可进行切换，也可以在预览区实时查看。

装修完之后，单击“发布到手机”，完成装修。手机官网的装修不会影响电脑版企业官网的展示。

三、开通企业官网

企业官网开通步骤如下：

第一步：登录“我的阿里”，选择“旺铺”→“进入官网”，按照页面的提示单击“开通官网”。

第二步：单击“绑定顶级域名”，若无域名，则需要联系域名服务商购买。

第三步：进行域名备案。

第四步：域名备案完成，单击“企业官网后台首页”→“绑定”，绑定企业的顶级域名即可。

企业官网可以自动同步企业的阿里巴巴产品信息和诚信档案信息，相当于只要开通官网，选择网站模板，注册域名并备案，绑定域名，企业的独立网站就可以正常使用了。

习题

1. 什么是旺铺？
2. 旺铺有哪些功能？
3. 目前，1688 平台提供给会员的旺铺有几种？
4. 开通旺铺入门版需要什么条件？
5. 怎样开通超级旺铺 2.0？
6. 什么是 1688 企业官网？
7. 请简述在 1688 平台建立企业官网与一般企业建站服务的区别。
8. 请简述开通旺铺入门版的操作流程和方法。
9. 请简述怎样进入 1688 平台企业旺铺装修页面。
10. 什么是阿里无线旺铺？怎样进入手机旺铺装修平台？
11. 怎样进入手机官网装修页面？
12. 怎样开通企业官网？

管理企业旺铺

知识准备

在 1688 平台上，为了赢得采购商（买家）的信任，获得交易机会，供应商不仅在建立旺铺时需要在企业旺铺中发布其公司介绍、公司新闻、公司荣誉等信息，而且在持续经营中，需要紧跟企业的发展和进步不断完善这些信息。撰写、发布和维护公司介绍、公司新闻、公司荣誉等企业对外宣传信息就是企业旺铺的日常管理工作项目和内容。

一、公司介绍

公司介绍是指公司面向社会大众、潜在生意伙伴、消费者等，全面、真实、公开、简明扼要地介绍公司的基本经营情况。公司介绍通常包括公司概况、公司发展状况、公司文化、主要产品、生产能力或经营能力、销售方式或渠道、售后服务等方面的信息，而这些信息的内容和展现方法如下：

（1）公司概况主要介绍公司成立的时间（公司注册的时间）、注册资本、公司性质、技术力量、公司的生产或销售规模、员工人数、员工素质等情况。

（2）公司发展状况重点介绍公司的发展速度、公司的主要经营业绩，以及所获得的各种荣誉和表彰等情况。

（3）公司文化主要陈述公司的目标、理念、宗旨、使命、愿景和寄语等。

（4）在介绍公司主要产品时，要高度概括主要产品的性能、特色和先进性。

（5）在介绍生产能力时，重点介绍先进的生产技术、设备，以及技术专家和技术能手等；或在介绍经营能力时，重点介绍销量、销售范围，以及知名的大客户等销售信息。

（6）企业若有多种销售方式或渠道就介绍，否则就不必介绍。

（7）除非企业所经营的产品无须售后服务，否则应简单明了地说明公司提供的售后服务政策与承诺。

以下是1688平台上的两则公司介绍，供学习参考。

杭州普拉缇娜化妆品有限公司

诚 第7年

杭州普拉缇娜化妆品有限公司（中国）是一家专注毛孔清洁护理的化妆品公司，在中国广州、上海、杭州多处设有研发生产工厂，是全球祛黑头领先企业。

旗下品牌“PIL’ATEN”在全球有69项商标专利，在全球11个国家设有海外办事处及总代理，并且具有海外行销经验。

旗下有毛孔清洁护理畅销品牌“PIL’ATEN”、专注16～22岁青少年的清洁护理品牌“PILAGIRL”。PIL’ATEN品牌明星爆款产品销量超过1 000万支，包括祛黑头面膜、矿物泥祛黑头粉刺鼻膜、白泥撕拉面膜。普拉缇娜化妆品有限公司建立了商品全渠道营销体系，为用户提供安全、有效的商品及更好的用户体验。

江苏康乃馨织造有限公司

诚 第6年

1. 酒店布草专业品牌领导者

江苏康乃馨织造有限公司（以下简称康乃馨）是亚太地区最大的酒店布草供应商。自创立以来，康乃馨始终致力于研发和制造顶级酒店布草产品。凭借高品质的产品和为客户创造价值的服务理念，康乃馨取得了稳步快速增长。公司销售额连续九年在行业中遥遥领先，在高星级酒店布草市场的占有率达50%以上，成为洲际、喜达屋、万豪等知名国际酒店集团的长期战略供应商，是名副其实的酒店布草行业第一品牌。

2. 卓越的生产能力

康乃馨拥有10.6万平方米的酒店布草生产工业园区，规模在亚太地区居于首位。拥有各类专业生产设备600多台，毛巾年生产能力超过3 000吨，床品年供货60万套以上，浴衣年产超过30万件，台布年产300万平方米。

3. 遍布海内外的销售网络

康乃馨在北京、上海、广州设有分公司，在杭州、济南、成都、三亚等地设有办事处。产品远销欧洲、北美洲、澳大利亚、东南亚、中东等国家和地区。

4. 康乃馨的客户

目前，全球有超过4 000家顶级酒店在使用康乃馨的酒店布草产品。每月，全球有超过3亿人次的商旅人士被康乃馨提供的睡眠系统所关爱，超过6亿人次的人们在高雅舒适的康乃馨台布上就餐，而这些数字每年还在大幅增长。

5. 酒店布草“国标”起草者

康乃馨牵头起草了GB/T 22800-2009《星级旅游饭店用纺织品》国家标准。作为标准制定者，康乃馨更加深入地懂得产品内涵，在产品研发、生产等各个环节无疑有着巨大的优势。

6. 无微不至的产品关怀

在产品的开发过程中，康乃馨的研发团队对健康睡眠系统、人体工程学、肌肤触感等领域进行了长足的研究。公司甄选原料，不断创新及改良工艺，旨在让产品的寿命更加持久，让产品的柔软度、亲肤性、保暖度、吸湿性最大限度地满足使用者的需要。

7. 为酒店创造价值，降低酒店采购风险和运营成本

从每一缕纱线进入场区进行原料检测，到设计工艺进行生产，再到整理、成品检验，康乃馨拥有的完整产业链和严苛的质量流程管控体系，让生产的各个环节都更加稳定，有利于控制生产成本、产品质量和交期，最大限度地降低酒店的采购风险和运营成本。

8. 设计专属的布草解决方案

康乃馨深入研究酒店的特点，根据环境、文化、运营及保养等多方面需求，为酒店设计专属的、真正合适的专业睡眠及餐饮布草系统，从而让酒店住客体验无微不至且富有特色的睡眠及就餐环境。

9. 全面、快速、准确、贴心的客户服务

康乃馨在全国众多城市设立客户服务中心，工作人员可以快速地对客户的需求进行判断，及时跟踪，提供优质且全面的售前、售中和售后服务。为酒店提供包括产品基础知识、行业趋势等在内的一系列培训计划，帮助酒店人员更高效准确地处理日常相关工作。

诚信通会员发布的公司介绍完整，供应产品、公司名称、主营产品等内容与所搜索的关键词相关性高，且近期交易情况良好，就有机会在公司介绍搜索结果页面排名靠前。因此，想在公司介绍搜索结果中排名靠前，需要做好以下几个方面的工作：

（1）填写真实、完整的公司名称、经营模式、经营地址。

（2）提升公司介绍的完整度，将公司主要的经营产品逐个填写到“主营产品”栏目中。

（3）真实、全面地发布高质量的供应产品。如果不发布供应产品或者供应产品与搜索词的相关性很低，在搜索结果中出现的可能性就很小。

（4）持续运营产品，保持旺旺在线，积极响应买家咨询。

（5）加入买家保障，展现良好的信用情况。

（6）如果经营涉及消费品行业，需要有真实的线上交易记录；涉及其他行业的，需要同时反馈真实的线上和线下交易记录。

二、公司新闻

新闻是对最近已经发生和正在发生，或者早已发生却是最近发现的有价值的事实的及时报道。新闻包括消息、通讯、特写、调查报告等。一篇新闻报道，无论是消息还是通讯、特写，一般都包含时间、地点、人物及事件的起因、经过、结果六要素。新闻由标题、导语、主体、背景、结语五部分组成。新闻的特点是真实具体、反应迅速、观点明确、语言简洁。新闻的开头称为导语，导语是以简练而生动的文字介绍新闻事件中最重要的内容，揭示新闻主题，并能引起读者阅读兴趣的开头部分，它往往是最精练、最重要的部分。例如，一篇报道2018年“双十一”销售情况的新闻报道的开头第一句话：“2018年中国人的‘双十一’最终定格在2 135亿元的成交额”，这句话就是导语，而且是一句很好的导语，一开始就引起了读者极大的兴趣。

撰写公司新闻与撰写社会新闻一样，应遵循真实具体、反应迅速、观点明确、语言简洁的原则，一旦有对公司的潜在顾客或交易对象有交易参考价值的事件发生，应第一时间用简洁明快的话语，及时将事件发生的时间、地点、人物、起因、经过和结果，通过公司的宣传渠道，如报纸、杂志、网站等进行报道，以起到宣传公司和提升公司形象的作用，助力旺铺经营。

以下是两篇发布在公司网站上的新闻稿。

15亿！宇通·郑宇重工签订2018上海宝马展大订单

2018-11-27 17:41:58

11月27日，2018 bauma CHINA——工程机械行业顶级盛会，在上海新国际博览中心盛大开幕。

上午10:30，在以“智造愿景 纵横大观”为主题的上海宝马展会上，宇通·郑州郑宇重工有限公司董事长郭旭东先生与斗山工程机械中国区总裁李浩哲先生共同签署了1 200台斗山旋挖钻机专用底盘采购协议，金额约15亿元，成为本届上海宝马展大订单。

2007年，宇通与斗山建立战略合作伙伴关系；2015年，依托宇通十几年研发旋挖钻机的经验，结合斗山 DX 系列 380、500、520 挖掘机平台，宇通与斗山联合开发出旋挖钻机专用底盘；2016 年，基于以上三款旋挖钻机专用底盘，宇通陆续推出 YTR230D、YTR300D、YTR360D 系列旋挖钻机，产品推出后以其超高的可靠性、超低的能耗迅速获得客户青睐，销量快速提升。从 2016 年下半年到现在，宇通旋挖钻机持续供不应求，很多客户购机需要排队等待 3 个月以上。

为了彻底解决客户需求，郑宇重工与斗山工程机械高层多次互访，双方深化战略合作关系，斗山决定为郑宇重工新建旋挖钻机专用底盘生产线以提高产能，并在此次宝马展上达成最终协议，未来 3 年左右，斗山将为郑宇重工生产 1 200 台旋挖钻机专用底盘，为郑宇重工的旋挖钻机业务发展提供强有力的保障。

在签约仪式上，双方领导表示：将充分利用各自优势，建立长期、稳定的产品供应以及技术合作关系，生产并销售符合中国市场需求的、高竞争力的旋挖钻机，以此次签约作为新的里程碑，推进斗山工程机械中国 OEM 业务的发展，并致力于将郑宇重工旋挖钻机打造成工程机械行业标杆产品。

华工科技召开 2018 年度经营工作会议

2019-01-21

1 月 19 日，华工科技召开 2018 年度经营工作会，全面总结经营工作，分析存在的问题和面临的形势，并对 2019 年的工作做出部署。华工科技党委书记、董事长、总裁马新强等经营团队成员，各子公司经营团队、核心骨干代表等 100 人参加了会议。会议由副总裁刘含树主持，副总裁熊文做经营工作报告。

2018年，在错综复杂的经济环境下，华工科技保持战略定力，围绕“积极发展，有效管控”的经营思路，以市场为导向，以客户为中心，坚持增量发展，聚焦核心技术突破与产品引领，坚持问题导向，着力降成本、强内控，公司销售规模稳健增长，经营质量有效改善。公司激光先进制造装备业务深挖消费电子、PCB/FPC、家电等行业，市场份额进一步扩大，快速布局5G、新能源、面板、检测、汽车电子等应用领域，成功推进与武船、广船国际、凌云、徐工等企业的合作，国际销售再创新高。核心单元器件三维五轴切割头，获2018年湖北省科技进步一等奖；公司传感器业务成功进入多家国内外知名汽车主机厂、汽车配件厂，取得三星、飞利浦、伊莱克斯、阿奇立克、万家乐供应商资格，夯实了行业地位，海外市场增幅达110%；公司光通信业务紧抓5G市场建设契机，成功获得5G光模块国内首单。2018年，无线产品全球市场份额再提升10%，技术预研突破400G关键技术，行业优势进一步扩大。激光全息防伪业务在国内首创全息定位水转印花纸，发力新增长点；智能制造信息化服务业务与罗克韦尔达成战略合作，形成全面的智能制造信息化解决方案，布局工业互联网平台，入选湖北省“万企上云”资源池。

会上，各子公司总经理对2018年经营指标、年度重点工作完成情况及2019年工作规划进行了汇报。马新强董事长从积极发展、有效管控两个方面回顾了2018年经营管理工作所取得的成绩，客观深刻地剖析了公司现阶段存在的问题，强调“积极发展，有效管控，全面提升经营质量”是2019年的经营主线，全面提升经营质量体现在利润、现金流、资产周转率、人均效能四个指标的大幅增长。他从最基本的财务公式“净利润＝销售收入－成本－费用－税收”出发，指出经营并不复杂，把“销售收入最大化、成本费用最小化”进一步做到位，利润自然成为努力的结果。经营的中心是客户，基础是产品，有好的市场、好的产品才能实现销售最大化，而好的管控才能让成本费用最小化。要有好的市场、好的产品，关键在于经营一把手，不仅要主动对接大客户，也要成为产品专家。围绕

“好的管控”，他特别强调了“要将供应链能力作为核心竞争力打造”，“优化组织架构、落实以价值为导向的考核激励机制，推行一人多岗，进一步提升人效”。最后，他勉励与会人员不能成为公司发展的“天花板”，要有事业心、责任心、进取心，自觉将自身职业生涯与公司发展结合起来，将个人价值与公司价值结合起来。

会上还颁发了经营杰出奖，华工激光总经理邓家科获此殊荣。

三、公司荣誉

荣誉是社会或集体对人们履行社会义务的道德行为的肯定和褒奖，是特定人从特定组织获得的专门性和定性化的积极评价。荣誉的特征有四个方面：第一，是社会组织（政府、社团、所属单位或其他组织）给予的评价，而不是一般的社会评价；第二，是社会组织给予的积极评价，而不是消极的评价；第三，是社会组织给予的正式评价，而不是随意性的评价；第四，是民事主体依靠自己的模范行为而取得的社会组织的评价，而不是自然产生的。

企业荣誉证书的部分种类如下：

（1）品牌。

（2）诚信企业。

（3）科技创新企业。

（4）诚信经营企业。

（5）绿色产品：绿色环保产品、绿色首选产品。

（6）优质产品。

（7）自主创新名优产品。

（8）市场名优产品。

（9）质量放心产品。

（10）质量信得过产品。

（11）用户满意单位。

（12）推荐产品。

（13）优秀企业。

四、友情链接

友情链接，也称为网站交换链接、互惠链接、互换链接、联盟链接等，是具有一定资源互补优势的网站之间的简单合作形式，即在自己的网站上放置对方网站的 LOGO 图片或文字形式的网站名称，并设置对方网站的超链接（点击后，切换至该网站首页），达到互相推广的目的。建立交换链接的过程，也就是向同行或相关网站推广自己网站的过程。因此，友情链接常作为一种网站推广的基本手段。

添加友情链接的作用在于可以带来客流量、提升企业形象、减少成交成本。

添加友情链接的技巧有：

（1）与商业伙伴友情互链，增加客流量。与有实力的企业友情互链，还可以无形中提高浏览者对本公司的信任度。

（2）把自己的诚信通网站地址添加为友情链接，方便浏览者进入网站了解更多信息。

（3）把信用查询地址添加为友情链接，增加浏览者对公司的信任度，减少成交成本。

（4）如果有子公司、分公司、销售点等的网址，则可把这些网址添加为友情链接，让浏览者对公司的规模一目了然。

在选择交换链接时应注意以下问题：

（1）一定要找同类网站或关联网站，比如：服装类的网站尽量交换服装或服饰网站的友情链接，这样有利于搜索引擎的收录和排名。

（2）交换链接要注意质量。链接并不是越多越好，对于对方的网站，即使PR值（Page Rank，网页级别）很高，但是如果导出链接很多（例如超过50个），一般来说意义也就不大了，平均到每个站上的PR值已经很少了。

（3）不要和作弊网站交换链接，特别是被1688平台、百度、谷歌处罚过的网站。

（4）应该考虑友情链接在搜索引擎中的收录数量和反向链接。如果一个网站的PR值能达到5甚至5以上，但是它的收录数量或者反向链接却很少，就得考虑该网站是否是用PR值劫持的作弊手段来获得高PR值的。

（5）如果自己的友情链接被百度降权，那么自己的网站可能会受到牵连。所以在交换友情链接时，要关注一些网站的实际页面数量，看该网站在百度的收录数量，如果收录数量极少，则很有可能不受百度喜欢。另外，看首页在百度的快照日期，如果快照日期已经很久了，那么这个网站就有可能被百度降权。

（6）需要查看该网站已经存在的外链数量。如果这个网站的PR值为5甚至更高，但是友情链接已经达到几百甚至上千个，就应考虑有无必要跟这个网站交换友情链接。

（7）做友情链接时，要找跟自己网站起点和水平相当的网站进行交换。交换时要看对方有没有做隐藏链接，这种链接做了是没有用的，不传递权重。

（8）查看友情链接是否存在欺骗行为。

（9）友情链接尽量用文字链接来展现，尽量避免图片链接，图片往往不被搜索引擎所识别。在做图片链接时一定要带上网站的alt标签，否则没意义。

实训任务

一、发布与管理公司单页

1. 任务描述

在B2B内贸实训教学系统上发布与管理企业文化等信息。

2. 任务目的

通过在B2B内贸实训教学系统进行本任务的操作练习，学生可掌握发布与管理企业文化等信息的操作流程和方法。

3. 操作流程

（1）添加公司单页。

步骤一：在浏览器中输入实训教学系统网址，单击“登录”按钮，填写账户信息，完成登录。

步骤二：在“我的内贸”后台管理系统“销售”→“企业建站”→“公司单页”模块，单击“添加单页”按钮，即可进入“添加单页”页面，设置“单页标题”“单页内容”“排序”等信息，其中加“*”号的为必填项，单击“确定”按钮，如图 3-1 所示，添加操作完毕。

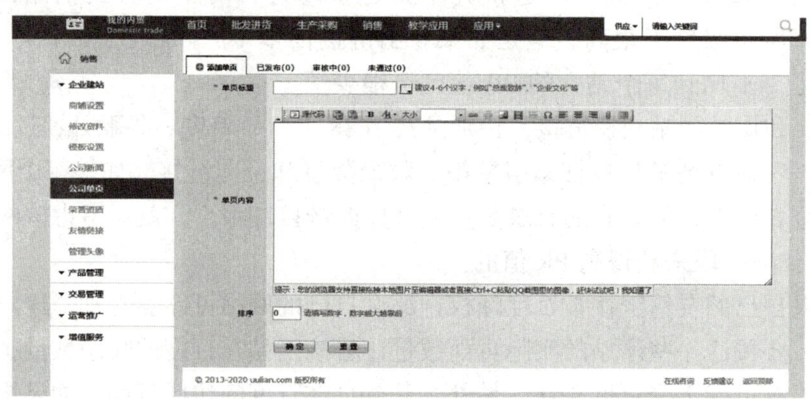

图 3-1　添加公司单页

（2）管理已发布的公司单页。

步骤一：在“我的内贸”后台管理系统“销售”→“企业建站”→“公司单页”模块，单击“已发布”按钮，即可进入“已发布”页面，可以对信息进行修改、删除，在该页面的上方还显示了“添加单页”“审核中”“未通过”导航，如图 3-2 所示。

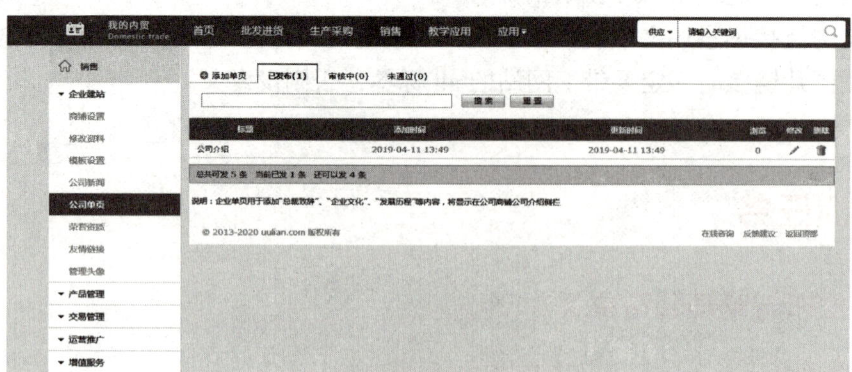

图 3-2　已发布的公司单页

步骤二：在“已发布”页面，单击需修改的公司单页的“修改”图标，在打开的修改信息窗口进行修改，修改完成后单击“修改”按钮保存修改结果，修改完毕，如图 3-3 所示。

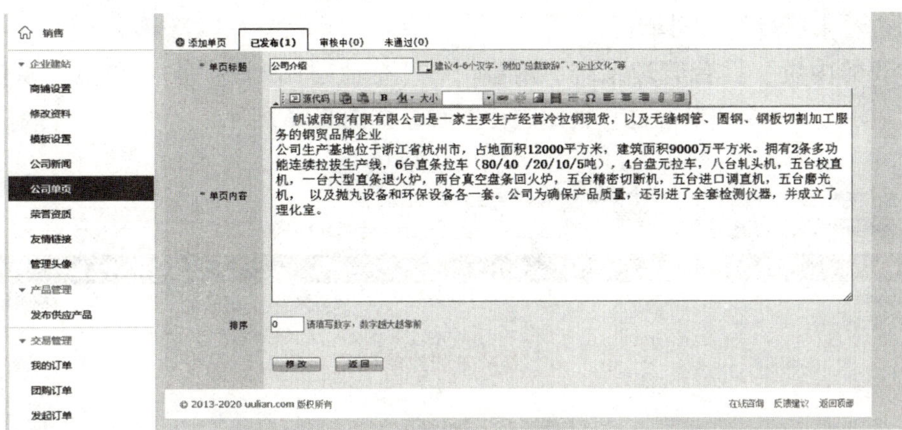

图 3-3　修改公司单页

步骤三：在“已发布”页面，单击需删除的公司单页的“删除”图标，按照相应的提示操作后，即可删除该条公司单页信息，且不能撤销，如图 3-4 所示。

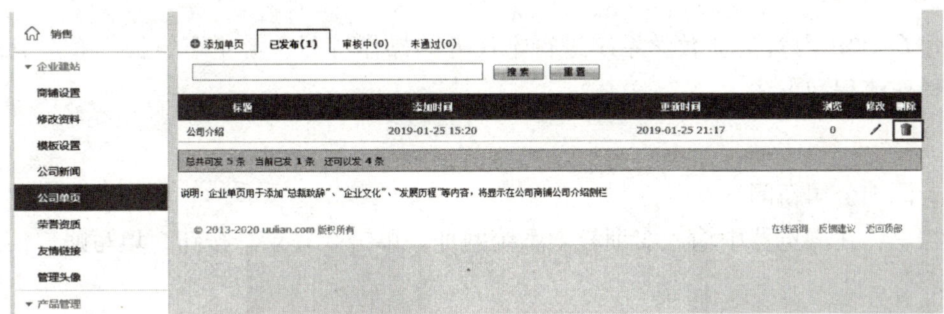

图 3-4　删除公司单页

（3）查看审核中的公司单页。

在“我的内贸”后台管理系统“销售”→“企业建站”→“公司单页”模块，单击“审核中”按钮，进入“审核中”页面进行检查，如图 3-5 所示。

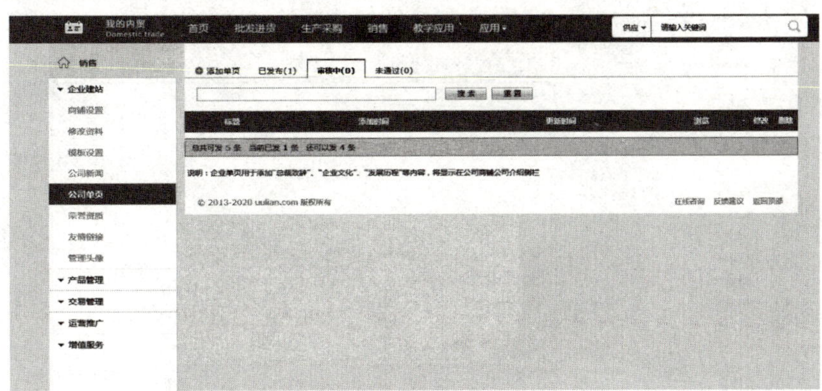

图 3-5　查看审核中的公司单页

（4）查看未通过的公司单页。

在“我的内贸”后台管理系统“销售”→“企业建站”→“公司单页”模块，单击“未通过”按钮，进入“未通过”页面进行查看，如图 3-6 所示。

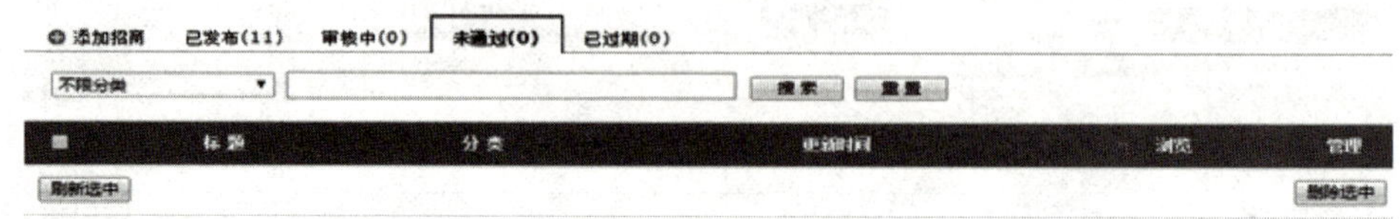

图 3-6　查看未通过的公司单页

二、发布与管理公司新闻

1. 任务描述

在 B2B 内贸实训教学系统上发布与管理公司新闻。

2. 任务目的

通过在 B2B 内贸实训教学系统进行本任务的操作练习，学生可掌握发布与管理公司新闻的操作流程和方法。

3. 操作流程

（1）添加公司新闻。

步骤一：在浏览器中输入实训教学系统网址，单击“登录”按钮，填写账户信息，完成登录。

步骤二：在“我的内贸”后台管理系统“销售”→“企业建站”→“公司新闻”模块，单击“添加新闻”按钮，即可进入“添加新闻”页面，设置新闻标题、新闻内容、添加时间、新闻分类等信息，其中加“*”号的为必填项，单击“确定”按钮，即可添加成功，如图 3-7 所示。

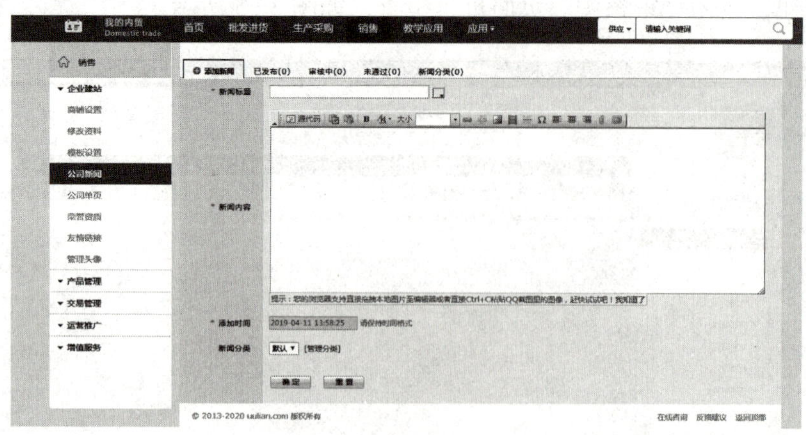

图 3-7　添加公司新闻

（2）管理已发布的公司新闻。

步骤一：在“我的内贸”后台管理系统“销售”→“企业建站”→“公司新闻”模块，单击“已发布”按钮，即可进入“已发布”页面，可以对信息进行修改、删除，在该页面的上方还显示了“添加新闻”“审核中”“未通过”“新闻分类”导航，如图 3-8 所示。

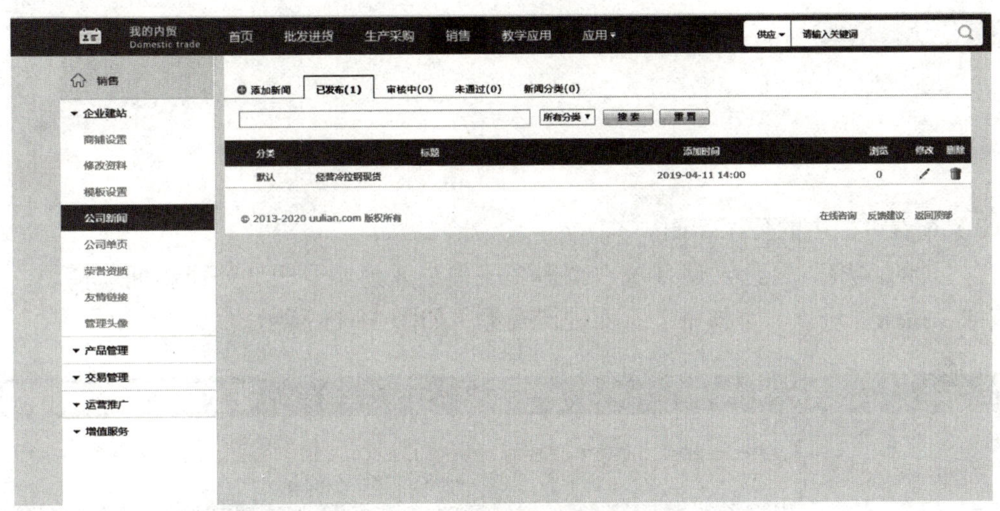

图 3-8　已发布的公司新闻

步骤二：在“已发布”页面，单击需修改的公司新闻的“修改”图标，在打开的修改信息窗口进行修改，修改完成后单击“修改”按钮保存修改结果，修改操作完毕，如图 3-9 所示。

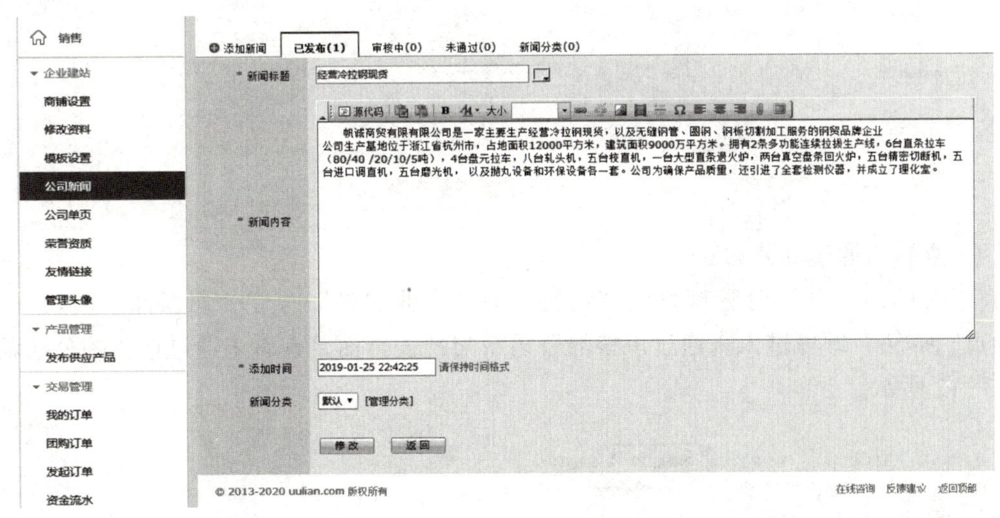

图 3-9　修改公司新闻

步骤三：在“已发布”页面，单击需删除的公司新闻的“删除”图标，按照相应的提示操作后，即可删除该条公司新闻信息，且不能撤销，如图 3-10 所示。

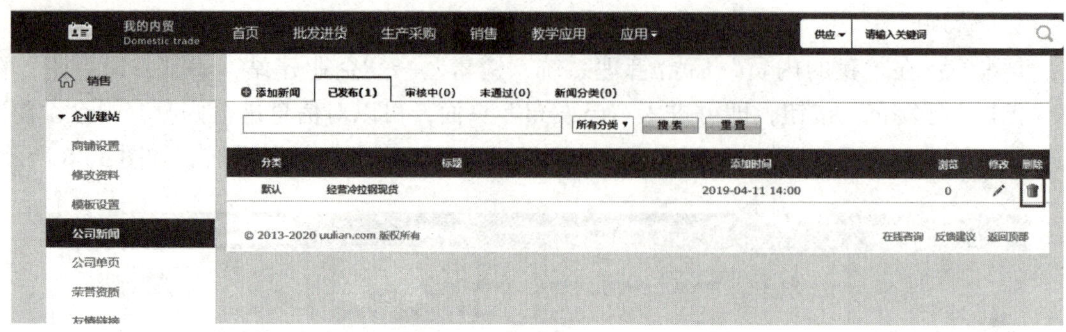

图 3-10　删除公司新闻

（3）查看审核中的公司新闻。

在“我的内贸”后台管理系统“销售”→“企业建站”→“公司新闻”模块，单击“审核中”按钮，进入“审核中”页面进行查看，如图 3-11 所示。

图 3-11　查看审核中的公司新闻

（4）查看未通过的公司新闻。

在“我的内贸”后台管理系统“销售”→“企业建站”→“公司新闻”模块，单击“未通过”按钮，即可进入未通过审核的公司新闻列表页面，查看未通过审核的公司新闻，如图 3-12 所示。

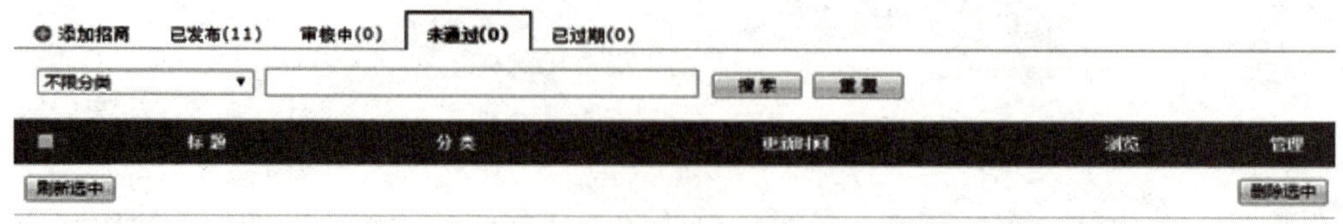

图 3-12　查看未通过的公司新闻

三、发布与管理公司荣誉

1. 任务描述

在 B2B 内贸实训教学系统上发布与管理公司荣誉。

2. 任务目的

通过在 B2B 内贸实训教学系统进行本任务的操作练习，学生可掌握在 1688 平台发布与管理公司荣誉的操作流程和方法。

3. 操作流程

（1）添加证书。

步骤一：在浏览器中输入实训教学系统网址，单击“登录”按钮，填写账户信息，完成登录。

步骤二：在“我的内贸”后台管理系统“销售”→“企业建站”→“荣誉资质”模块，单击“添加证书”按钮，即可进入“添加证书”页面，设置证书名称、发证机构、发证日期、到期日期、证书图片、证书介绍、添加时间等信息，其中加“*”号的为必填项，单击“确定”按钮，添加操作完毕，如图 3-13 所示。

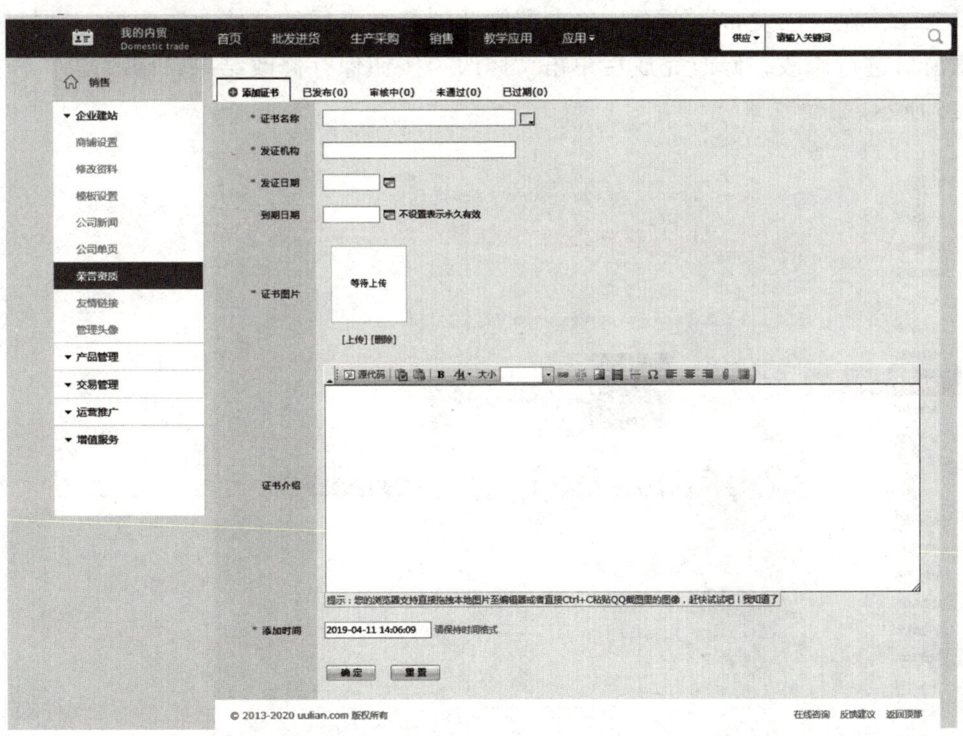

图 3-13　添加证书

（2）管理已发布的荣誉资质。

步骤一：在“我的内贸”后台管理系统“销售”→“企业建站”→“荣誉资质”模

块，单击“已发布”按钮，即可进入“已发布”页面，可以对信息进行修改、删除，在该页面的上方还显示了“添加证书”“审核中”“未通过”“已过期”导航，如图3-14所示。

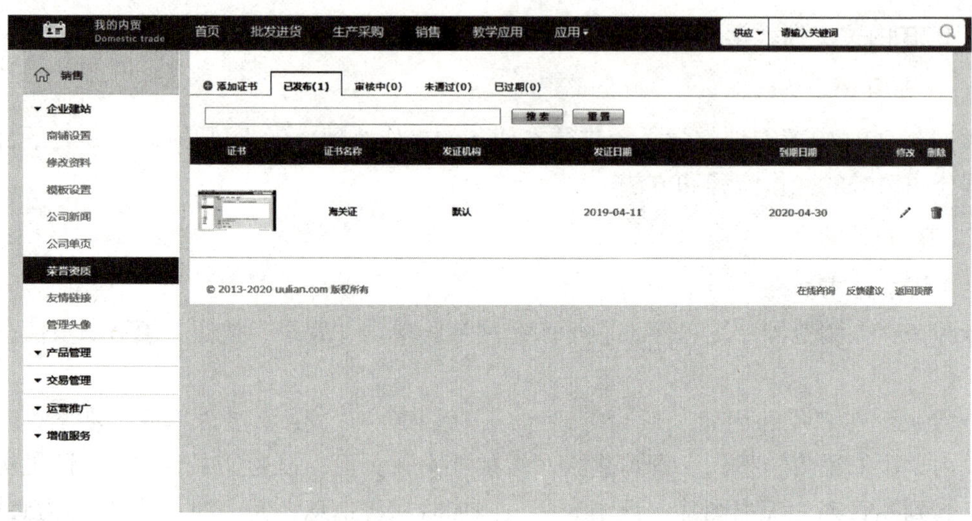

图3-14　已发布的荣誉资质

步骤二：在“已发布”页面，单击需修改的荣誉资质的“修改”图标，在打开的修改信息窗口进行修改，修改完成后单击“修改”按钮保存修改结果，修改操作完毕，如图3-15所示。

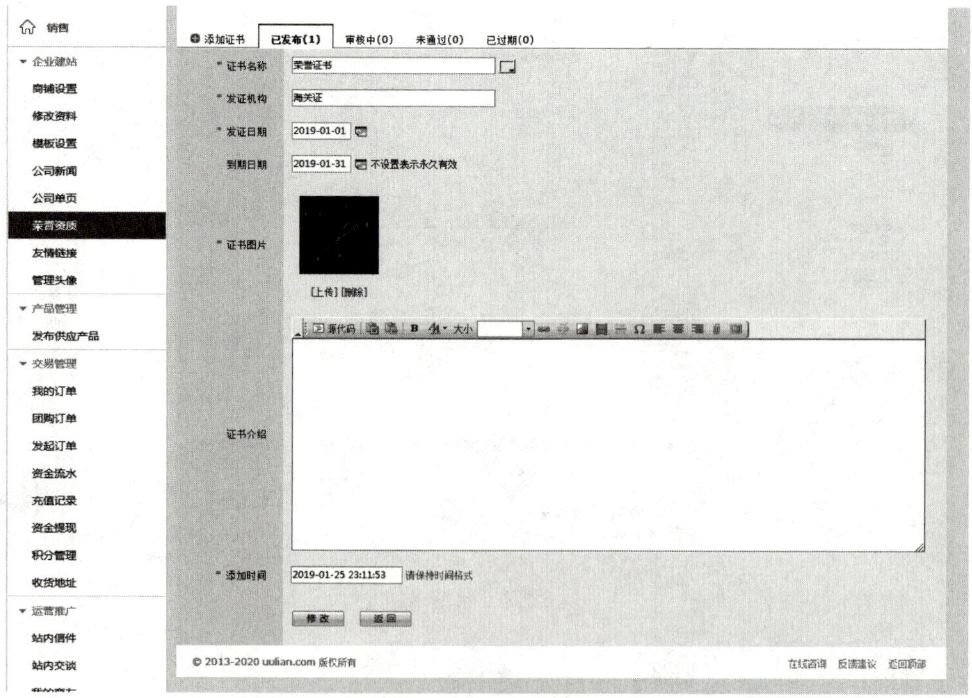

图3-15　修改荣誉资质

步骤三：在“已发布”页面，单击需删除的荣誉资质的“删除”图标，按照相应的提示操作后，即可删除该条荣誉资质信息，且不能撤销，如图 3-16 所示。

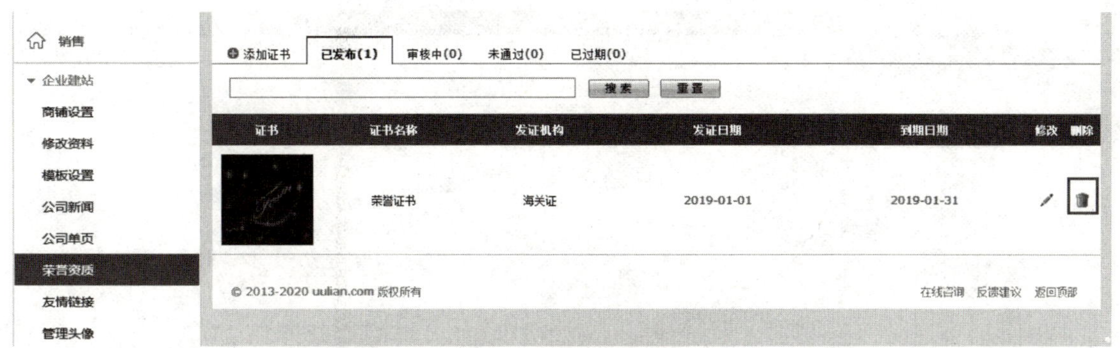

图 3-16　删除荣誉资质

（3）查看审核中的荣誉资质。

在“我的内贸”后台管理系统“销售”→“企业建站”→“荣誉资质”模块，单击“审核中”按钮，即可进入“审核中”页面进行查看，如图 3-17 所示。

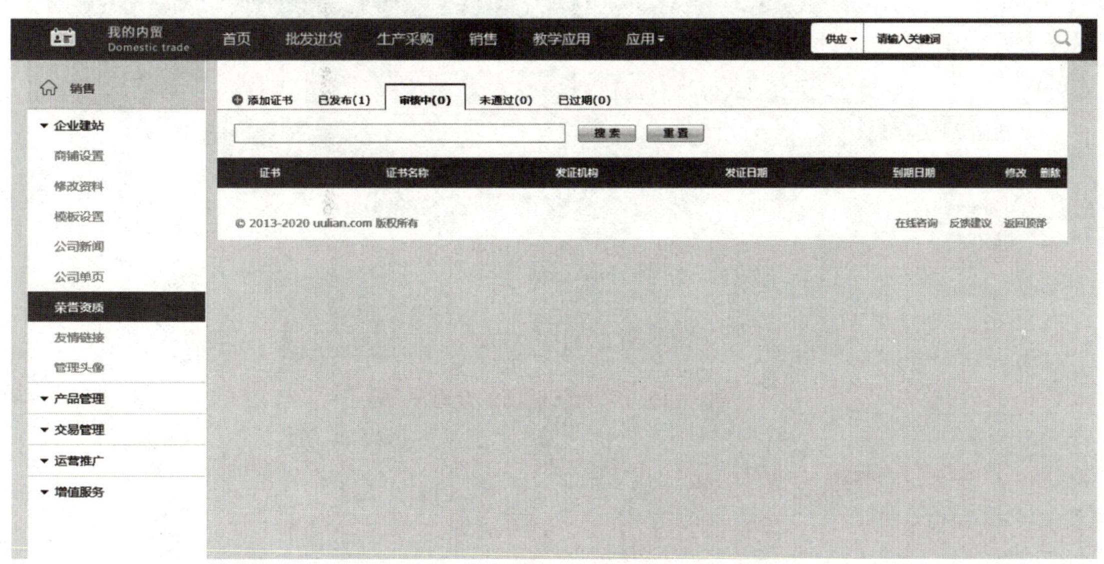

图 3-17　查看审核中的荣誉资质

（4）查看未通过的荣誉资质。

在“我的内贸”后台管理系统“销售”→“企业建站”→“荣誉资质”模块，单击“未通过”按钮，即可进入“未通过”页面进行查看，如图 3-18 所示。

（5）查看已过期的荣誉资质。

在“我的内贸”后台管理系统“销售”→“企业建站”→“荣誉资质”模块，单击“已过期”按钮，即可进入“已过期”页面进行查看，如图 3-19 所示。

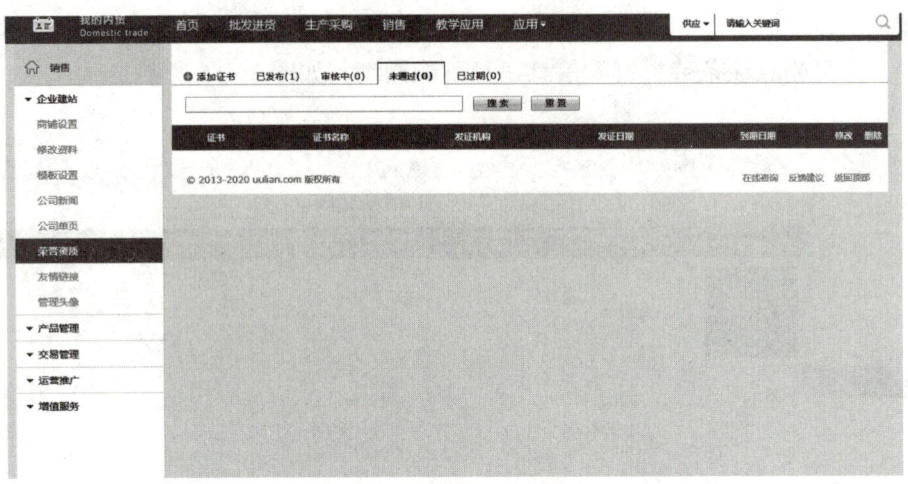

图 3-18 查看未通过的荣誉资质

图 3-19 查看已过期的荣誉资质

四、发布与管理友情链接

1. 任务描述

在 B2B 内贸实训教学系统上发布与管理友情链接。

2. 任务目的

通过在 B2B 内贸实训教学系统进行本任务的操作练习，学生可掌握在 1688 平台发布与管理友情链接的操作流程和方法。

3. 操作流程

（1）添加友情链接。

步骤一：在浏览器中输入实训教学系统网址，单击“登录”按钮，填写账户信息，完成登录。

步骤二：在“我的内贸”后台管理系统“销售”→“企业建站”→“友情链接”模块，单击“添加链接”按钮，即可进入“添加链接”页面，设置网站名称、链接地址、显示顺序等信息，其中加“*”号的为必填项，单击“确定”按钮，即可添加成功，如图 3-20 所示。

图 3-20　添加链接

（2）管理已发布的友情链接。

步骤一：在“我的内贸”后台管理系统“销售”→“企业建站”→“友情链接”模块，单击“已发布”按钮，即可进入“已发布”页面，可以对信息进行修改、删除，在该页面的上方还显示了“添加链接”“审核中”导航，如图 3-21 所示。

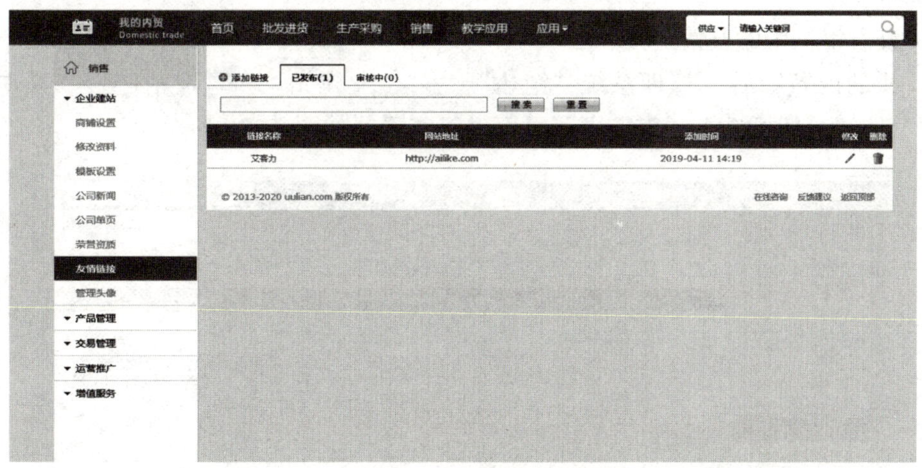

图 3-21　已发布的友情链接

步骤二：在“已发布”页面，单击需修改的友情链接的“修改”图标，在打开的修改信息窗口进行修改，修改完成后单击“修改”按钮保存修改结果，修改操作完毕，如图 3-22 所示。

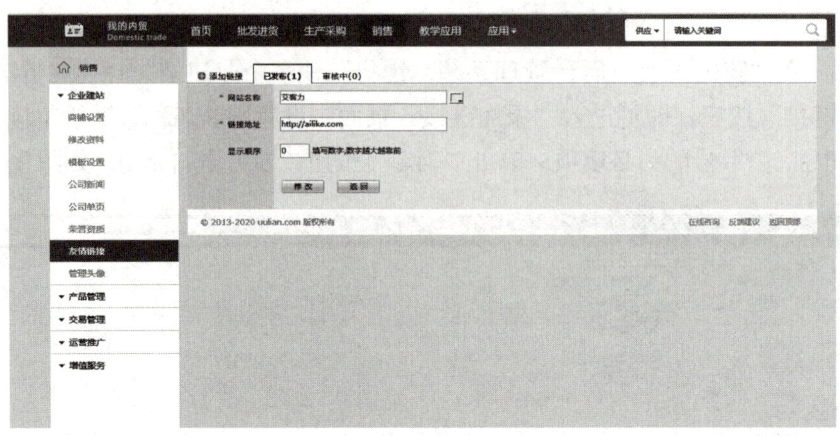

图 3-22 修改友情链接

步骤三：在“已发布”页面，单击需删除的友情链接的“删除”图标，按照相应的提示操作后，即可删除该条友情链接信息，且不能撤销，如图 3-23 所示。

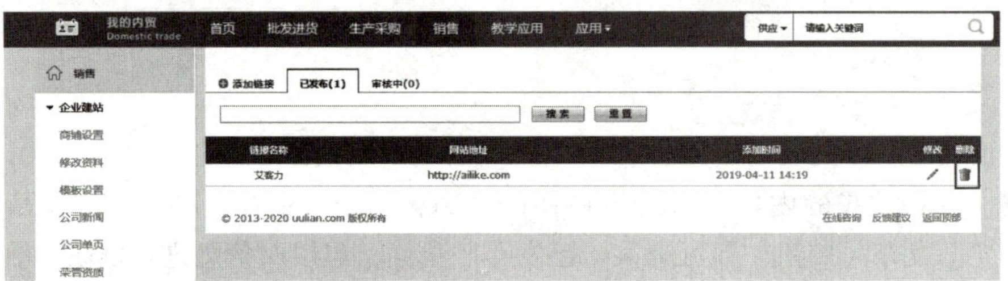

图 3-23 删除友情链接

（3）查看审核中的友情链接。

在“我的内贸”后台管理系统“销售”→“企业建站”→“友情链接”模块，单击“审核中”按钮，即可进入“审核中”页面进行查看，如图 3-24 所示。

图 3-24 查看审核中的友情链接

拓展学习——在 1688 平台上设置友情链接

一、在阿里巴巴旺铺设置友情链接

在阿里巴巴旺铺设置友情链接的操作步骤和方法如下：

步骤一：打开 1688 网站，输入账号、密码完成登录，如图 3-25 所示。

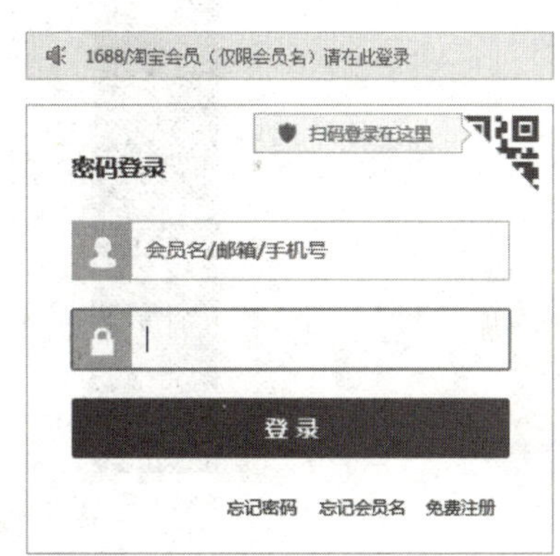

图 3-25　1688 网站登录页面

步骤二：将鼠标从“我的阿里”移到下拉菜单中的“管理旺铺”，如图 3-26 所示。

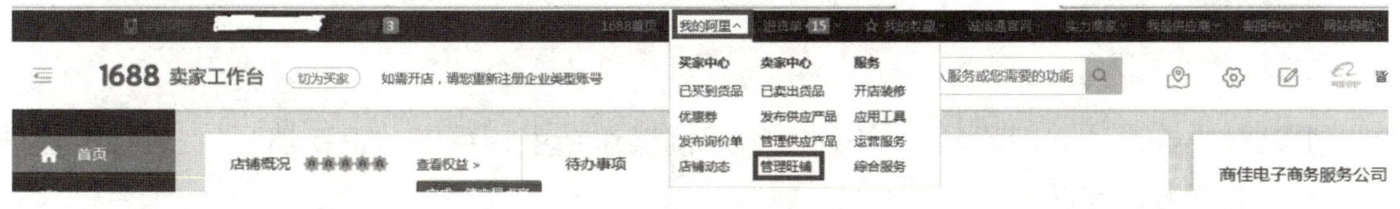

图 3-26　“我的阿里”下拉菜单中的“管理旺铺”

步骤三：单击“管理旺铺”，在“旺铺服务”下拉菜单中找到“友情链接”，如图 3-27 所示。

步骤四：单击“友情链接”，进入友情链接添加页面，在“链接标题”输入框中输入友情链接的企业名称，在“链接地址 / 诚信通会员登录名”输入框中输入友情链接企业的网址，如果友情链接企业是诚信通会员，则直接输入其诚信通会员登录名，如图 3-28 所示。

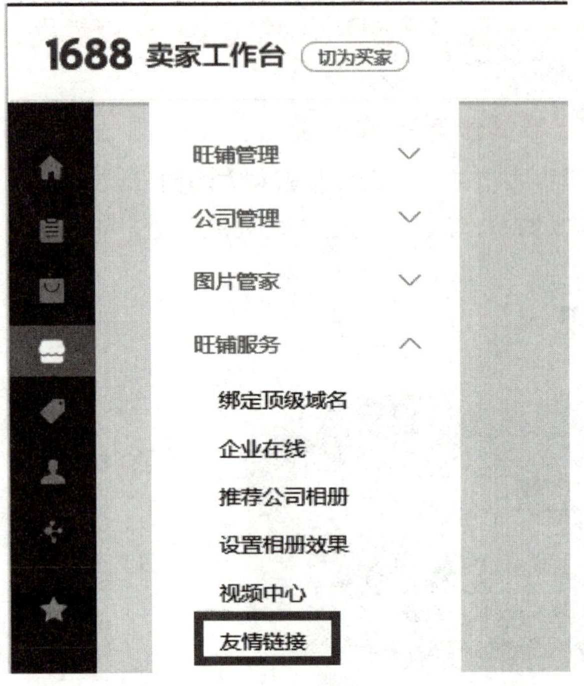

图 3-27 “旺铺服务”下拉菜单中的“友情链接”

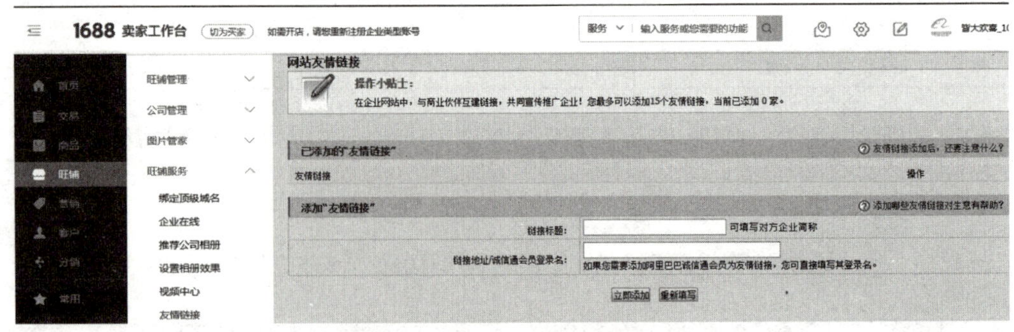

图 3-28 友情链接添加页面

步骤五：点击“立即添加”，添加友情链接操作结束；单击“重新填写”，可修改已填写的友情链接名称或网址。

二、在 1688 平台设置友情链接的意义和注意事项

1. 设置友情链接的意义

在 1688 平台设置友情链接的意义在于可以为交换链接的商家带来客流量、提升企业形象和降低成交成本。

2. 设置友情链接的注意事项

友情链接设置成功后，要在旺铺友情链接页面上，对设置的友情链接进行检查，以防

止链接地址错误而失去意义。

习题

1. 什么是公司介绍？公司介绍应包含哪些信息？
2. 公司概况主要介绍哪些情况？
3. 公司发展状况重点介绍哪些情况？
4. 公司文化主要陈述哪些内容？
5. 在介绍公司主要产品时怎么描述？
6. 在介绍生产或经营能力时重点介绍哪些情况？
7. 如何让公司介绍在搜索结果中排名靠前？
8. 什么是新闻？
9. 一篇新闻包含哪些要素？
10. 新闻报道的结构如何？
11. 新闻有哪些特点？
12. 什么是新闻导语？
13. 什么是公司荣誉？
14. 公司荣誉有哪些特征？
15. 什么是友情链接？
16. 友情链接有何作用？
17. 在选择交换链接时应注意哪些问题？

建立与管理图库

知识准备

在 1688 平台上，供应商可以在“我的阿里”后台系统建立和管理产品和公司相册、上传图片、设置图片的水印，以及推荐相册。

一、建立相册

公司相册是诚信通会员专有服务之一。这项服务能让企业展示无数个产品图片，相当于在诚信通会员的企业网站（旺铺）上建了一个展示厅，这一展示厅有以下优势：

（1）长期有效：相当于供应商的长期供应清单。

（2）直观：产品型号、图片一目了然。

（3）图片可以发给特定客户：产品图片能设置为公开或者不公开。

（4）可以利用分相册来上传产品图片，产品再多，也可以管理得井井有条。

（5）可以对相册和产品图片进行排序，排序的结果会反映在企业网站中，方便将某产品图片作为商业信息发布到网上。

需要注意的是，公司相册无法在网站上被搜索到，只有转化为供应信息后才能被搜索到，但它是企业旺铺产品展示非常重要的一个组成部分。

在 1688 平台上，建立相册是在“我的阿里”→“旺铺”→“图片管家”→“管理相册”中实现的，如图 4-1 所示。

在“管理相册”中，不仅可以建立相册，还可以对原有的相册进行排序、编辑、删除和对相册设置访问权限，即将相册设置为公开或不公开等操作，如图 4-2 所示。

1688 平台提供 4 种相册展示方式，分别是时空漫步、3D 墙、电子杂志、幻灯片，目前只支持幻灯片展示方式，设置相册展示方式以及相册的幻灯片展示效果如图 4-3 所示。

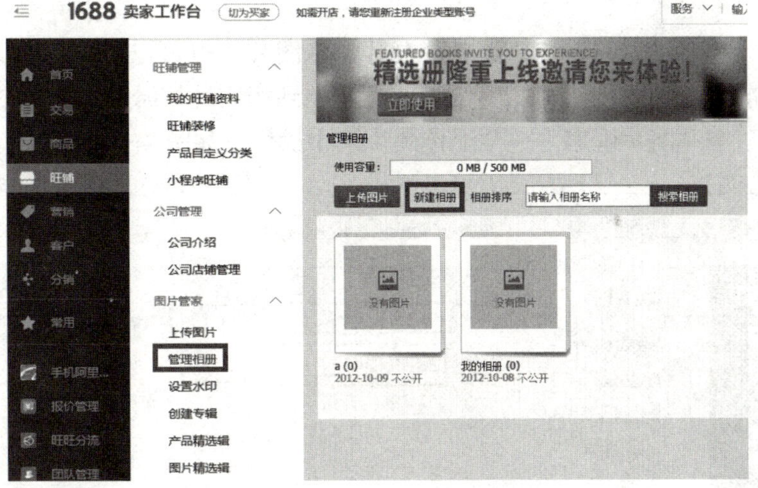

图 4-1　新建相册

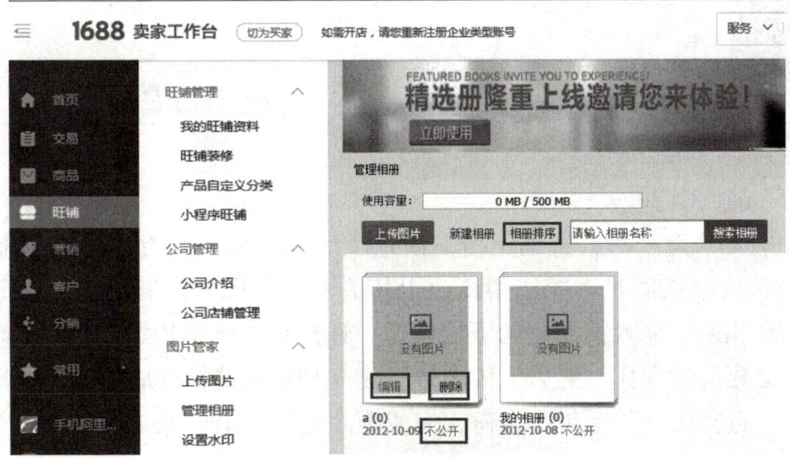

图 4-2　管理相册

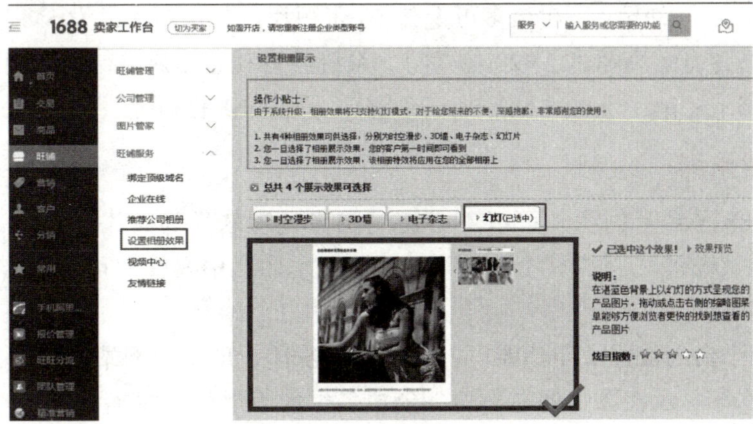

图 4-3　设置相册展示方式

二、上传图片

在 1688 平台上，既可以在建立相册之后上传图片，也可以先上传图片后建立相册，若是后一种情况，可在上传图片之后再将图片归类到相应的相册中。上传图片在“我的阿里”→“旺铺”→“图片管家”→“上传图片”中操作，如图 4-4 所示。

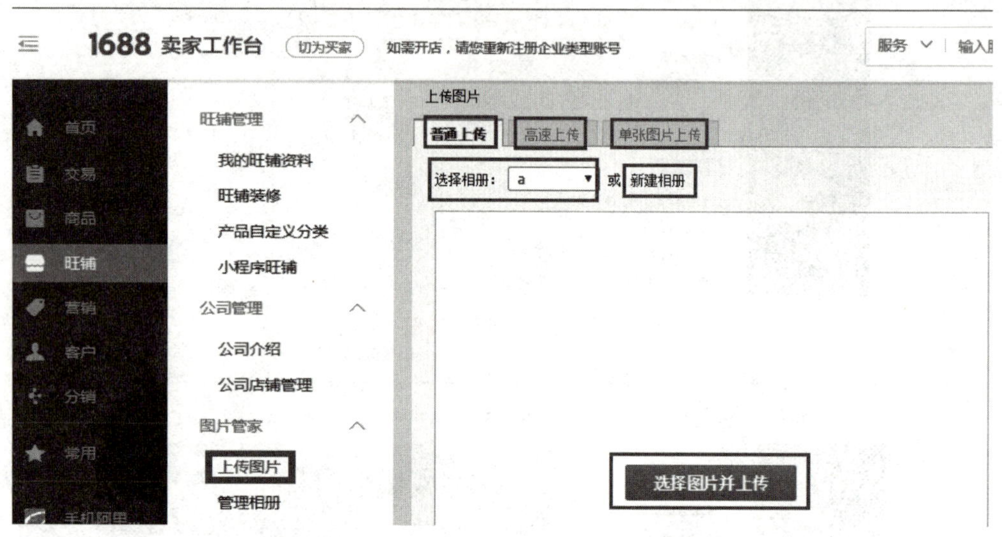

图 4-4　上传图片

上传图片的方式有三种：普通上传、高速上传和单张图片上传。高速上传只支持 IE 浏览器，使用其他浏览器时不能选用高速上传方式上传图片。若已建立存放该图片的相册，单击“选择相册”输入框右侧的下拉按钮，选择存放该图片的相册，或可单击“新建相册”完成建立相册的操作，然后上传图片。建立相册或选择存放相册后，单击如图 4-4 所示页面中的“选择图片并上传”按钮，完成图片选择和上传操作。

上传图片的规则如下：

（1）每个相册最多上传 500 张图片。

（2）普通上传方式下，一次最多可上传 50 张图片，单张图片最大 5M。

（3）原始图片宽、高超过 1 920 像素时，系统会自动对图片进行等比例压缩。

（4）支持格式：jpg，jpeg，bmp，png，gif（超过 2M 的 gif 图片将会丢失动画效果）。

三、设置水印

上传到 1688 平台上的图片可以不必使用图像处理软件为其添加水印，在 1688 平台“我的阿里”→“旺铺”→“图片管家”→“设置水印”中操作即可为上传的图片添加水印，如图 4-5 所示。

利用 1688 平台的设置水印功能可以设置两种水印，即企业网站水印和公司名称水印，其中企业网站水印显示在图片的左下角，公司名称水印则有三种显示方式：中间、左右边角和右下角，如图 4-5～图 4-7 所示。

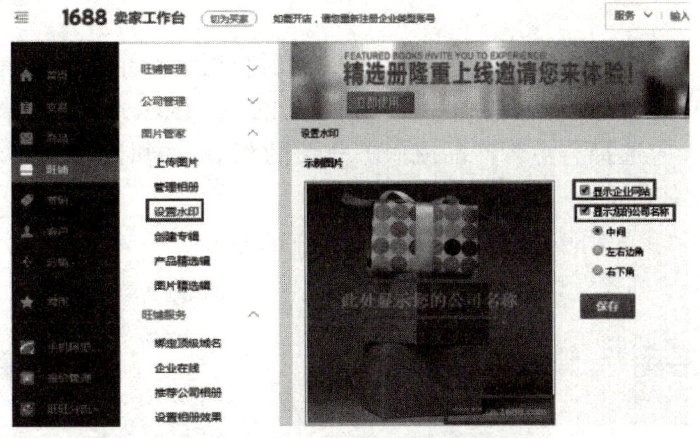

图 4-5　设置水印（显示在中间的公司名称水印）

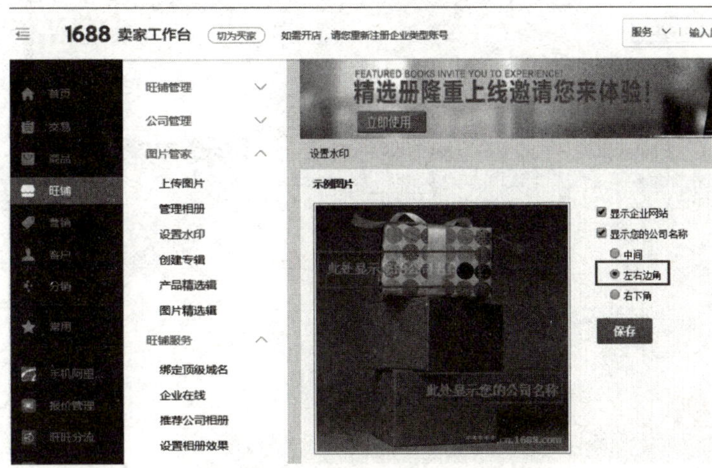

图 4-6　设置水印（显示在左右边角的公司名称水印）

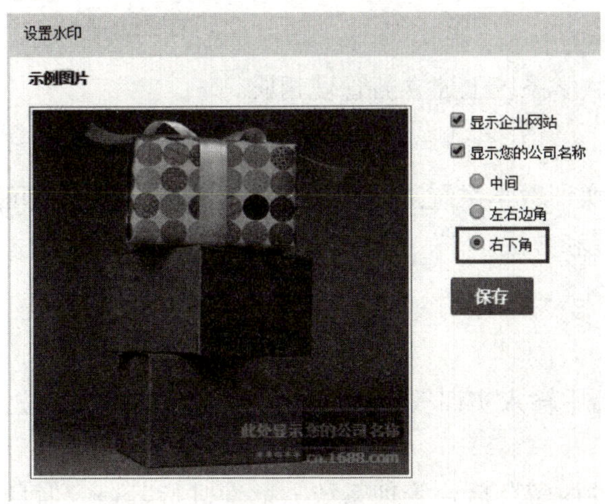

图 4-7　设置水印（显示在右下角的公司名称水印）

四、推荐公司相册

在 1688 平台上，供应商设置为推荐相册的相册将展示在企业网站首页导航位置，并显示相册中靠前的 5 个公开状态的图片，推荐相册的图片的曝光率将大大增加。因此，在选择推荐相册时，应选择与主营产品或服务相关的相册，同时将主推产品的图片设为公开，而非不公开。

在 1688 平台“我的阿里”→“旺铺”→“旺铺服务”→“推荐公司相册”下，选择欲推荐相册，单击“推荐”即可完成推荐相册的操作，如图 4-8 所示。

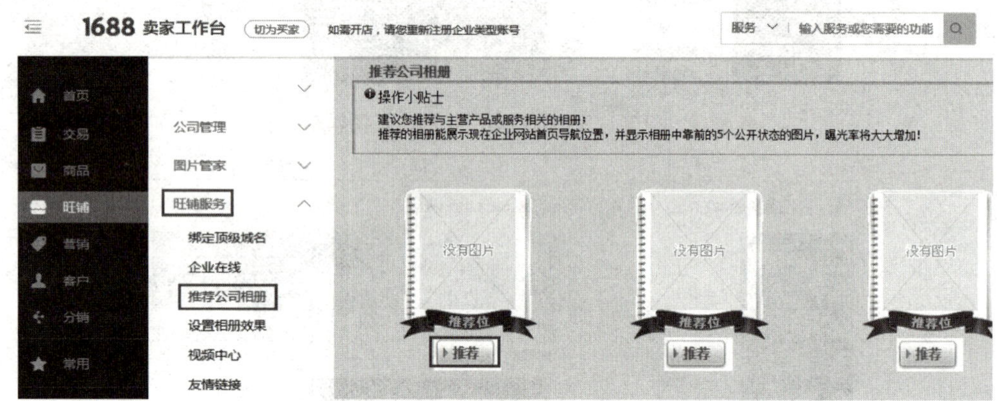

图 4-8　推荐相册

实训任务

一、建立与管理相册

1. 任务描述

在 B2B 内贸实训教学系统上建立与管理相册。

2. 任务目的

通过在 B2B 内贸实训教学系统进行本任务的操作练习，学生可掌握在 1688 平台建立与管理相册的操作流程和方法。

3. 操作流程

（1）添加图库。

步骤一：在浏览器中输入实训教学系统网址，单击“登录”按钮，填写账户信息，完成登录。

步骤二：在“我的内贸”后台管理系统“批发进货”→“信息管理”→“图库管理”模块，单击“添加图库”按钮，即可进入“添加图库”页面，设置所属分类、图库名称、标题图片、标题颜色、图库说明、公开程度等信息，其中加“*”号的为必填项，单击“提交”按钮，即可添加成功，如图 4-9 所示。

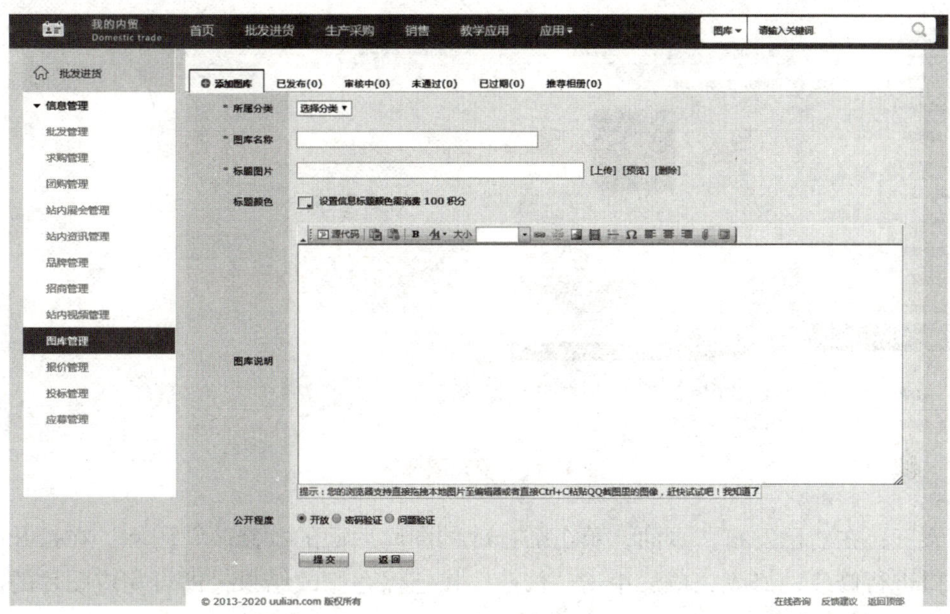

图 4-9 添加图库

（2）管理已发布的图库图片。

步骤一：在“我的内贸”后台管理系统“批发进货”→“信息管理”→“图库管理”模块，单击“已发布”按钮，即可进入“已发布”页面，可以对信息进行管理、修改、删除，在该页面的上方还显示了“添加图库”“审核中”“未通过”“已过期”“推荐相册”导航，如图 4-10 所示。

图 4-10 查看已发布的图库图片

步骤二：在“已发布”页面，单击需管理的图库后面的“管理”图标，即可进入管理图片页面，如图 4-11 所示。

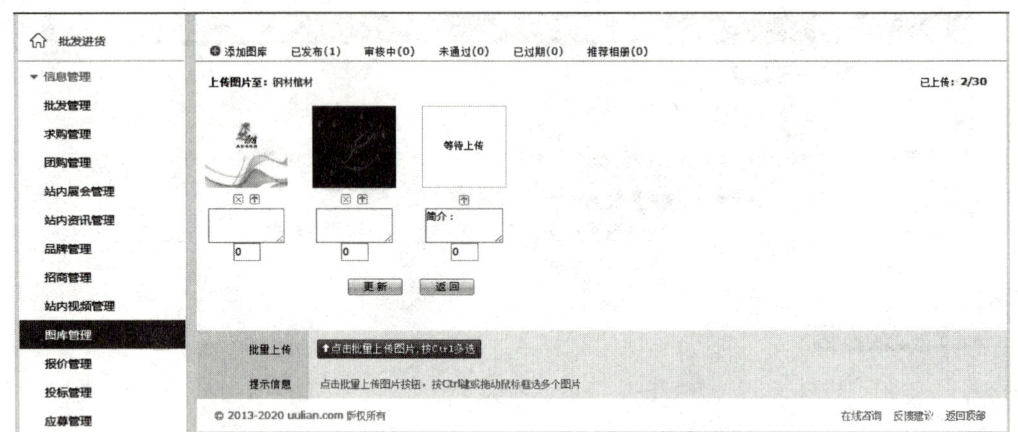

图 4-11 管理图库图片

步骤三：在“已发布”页面，单击需修改的图库后面的“修改”图标，在打开的修改图片窗口进行修改，修改完成后单击“修改”按钮保存修改结果，即可完成图片的修改操作，如图 4-12 所示。

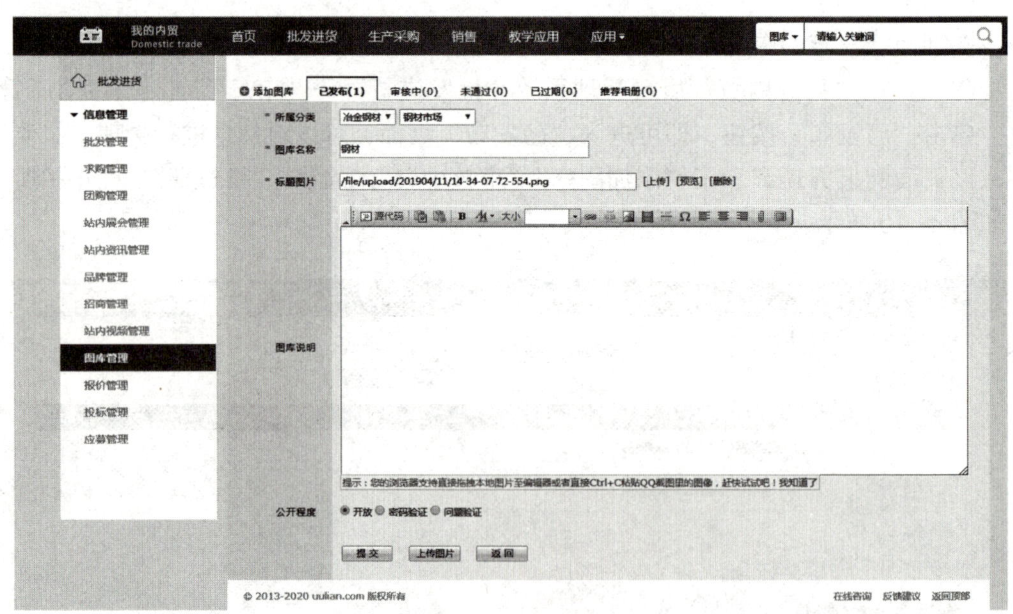

图 4-12 修改图库图片

步骤四：在“已发布”页面，删除图库图片有单条删除和批量删除两种方法。

方法一：单条删除。用户单击列表中的“删除”图标，即可删除该条图库图片，且不能撤销。

方法二：批量删除。用户在列表中选择要删除的图库图片，再单击列表右下角的“删除选中”按钮，即可删除已选择的图库图片，且不能撤销，如图 4-13 所示。

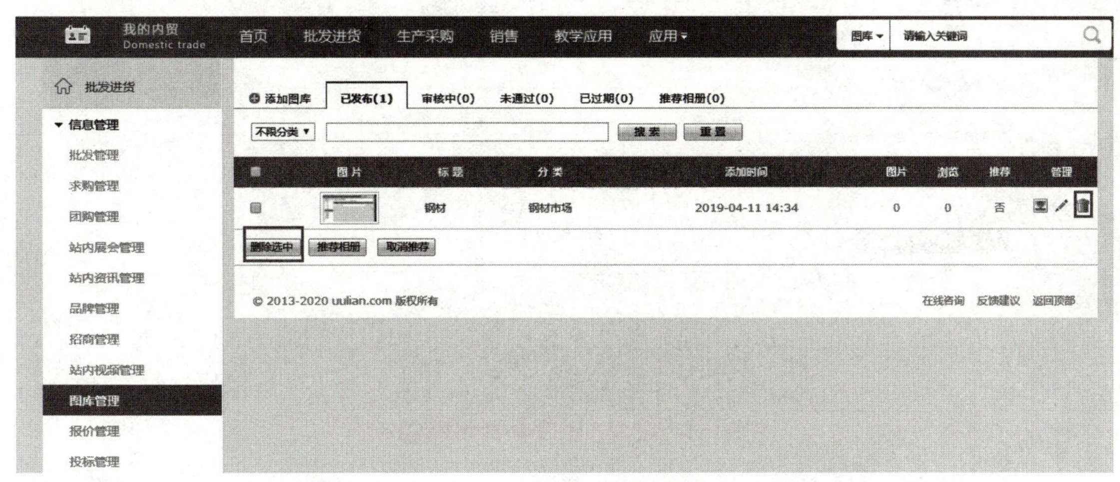

图 4-13　批量删除图库图片

（3）查看审核中的图库图片。

在“我的内贸”后台管理系统“批发进货”→“信息管理”→“图库管理”模块，单击“审核中”按钮，进入“审核中”页面，即可查看审核中的图库图片，如图 4-14 所示。

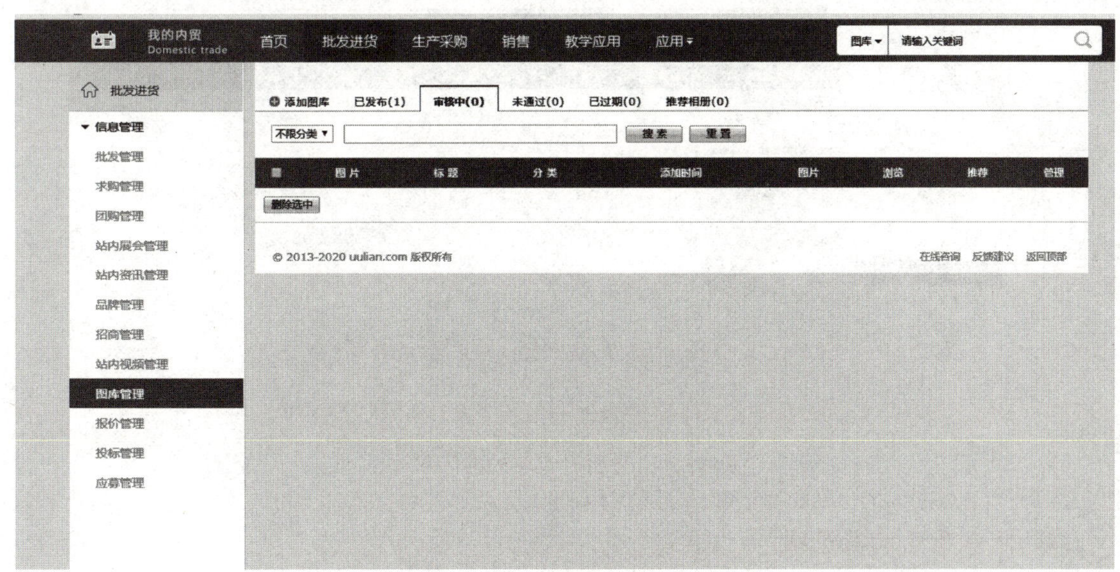

图 4-14　查看审核中的图库图片

（4）查看未通过审核的图库图片。

在“我的内贸”后台管理系统“批发进货”→“信息管理”→“图库管理”模块，单击“未通过”按钮，即可查看未通过审核的图库图片，如图 4-15 所示。

图 4-15　查看未通过审核的图库图片

（5）查看已过期的图库图片。

在“我的内贸”后台管理系统“批发进货”→“信息管理”→“图库管理”模块，单击“已过期”按钮，即可进入“已过期”页面，查看已过期的图库图片，如图 4-16 所示。

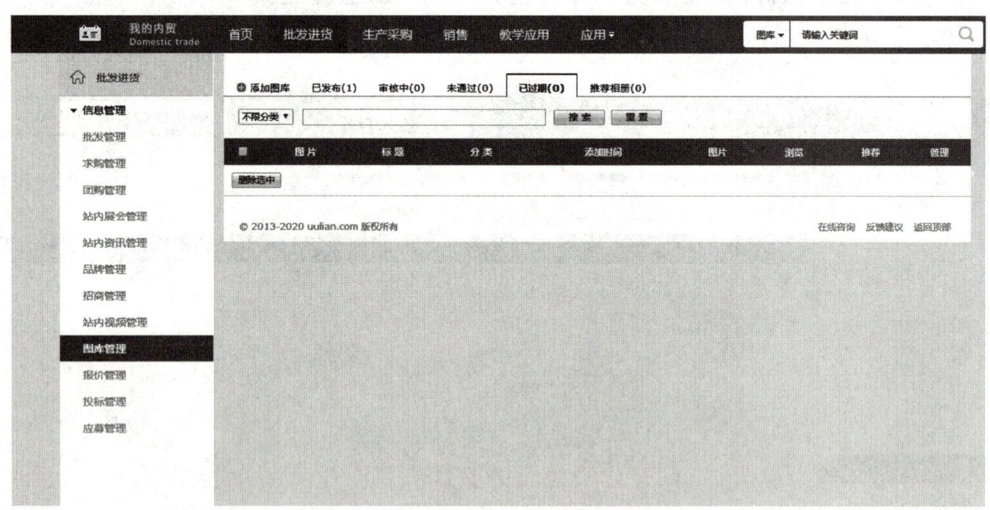

图 4-16　查看已过期的图库图片

4. 添加图库填写说明

所属分类：图库信息的行业分类。

图库名称：图库信息的标题名称。

标题图片：图库的展示图片。

标题颜色：选择标题的颜色，若选择“红色”，标题的颜色就变成红色的。设置信息标题颜色需消费 100 积分。

图库说明：图库信息的详细说明。

公开程度：设置是否“开放”“密码验证”“问题验证”，若选择“公开”，上传成功的图库图片会公开显示。

上传标题图片的操作流程如下：

（1）单击上传图标，即可弹出上传框。

（2）选择“本地图片”，即可选择上传本机的图片。

（3）单击“选择文件”，即会弹出选择文件框，选择本地图片，然后单击“打开”。

（4）图片选择完成后，会返回至上传图片框，最后再单击该框的“上传”按钮，即可将该图片上传。如图 4-17 所示。

（5）图片上传成功后，单击“预览”按钮，即可预览标题图片，如图 4-18 所示。

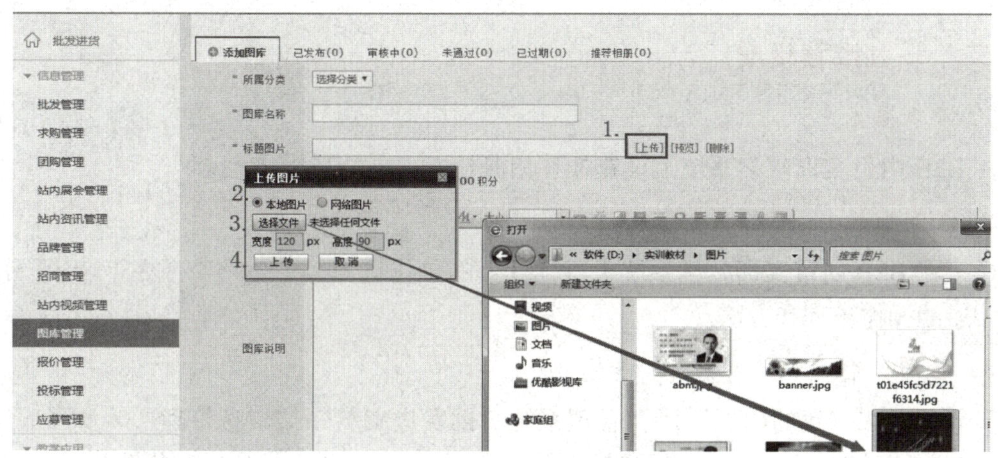

图 4-17 上传图片步骤

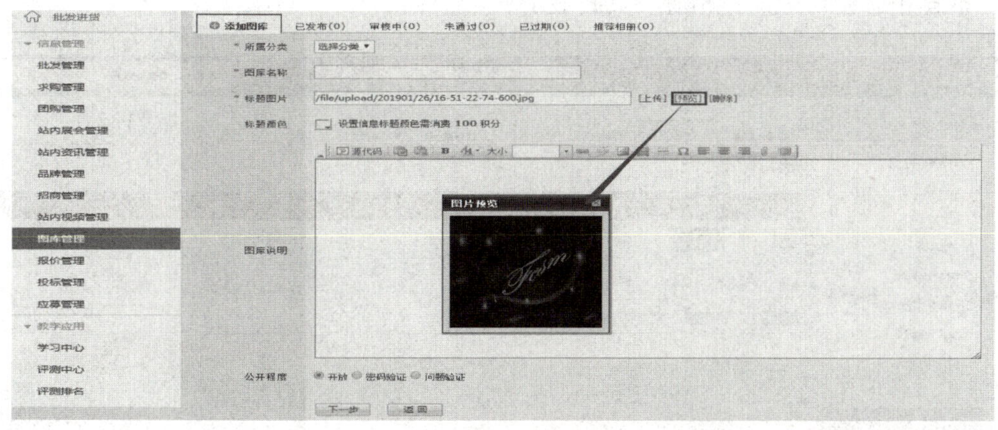

图 4-18 预览标题图片

上传图片时，若用户选择“网络图片”，则只需在文本框中输入图片的链接地址，再单击“上传”按钮即可，如图 4-19 所示。

图 4-19　上传网络图片

二、设置推荐相册

1. 任务描述

在 B2B 内贸实训教学系统上设置推荐相册。

2. 任务目的

通过在 B2B 内贸实训教学系统进行本任务的操作练习，学生可掌握在 1688 平台设置推荐相册的操作流程和方法。

3. 操作流程

步骤一：在“我的内贸”后台管理系统“批发进货”→“信息管理”→“图库管理”模块，单击“已发布”按钮，即可进入“已发布”页面查看已发布成功的图片，选中需要设为“推荐相册”的图库，单击“推荐相册”按钮，即可设置为“推荐相册”，如图 4-20 所示。推荐相册会在“推荐相册”页面显示。

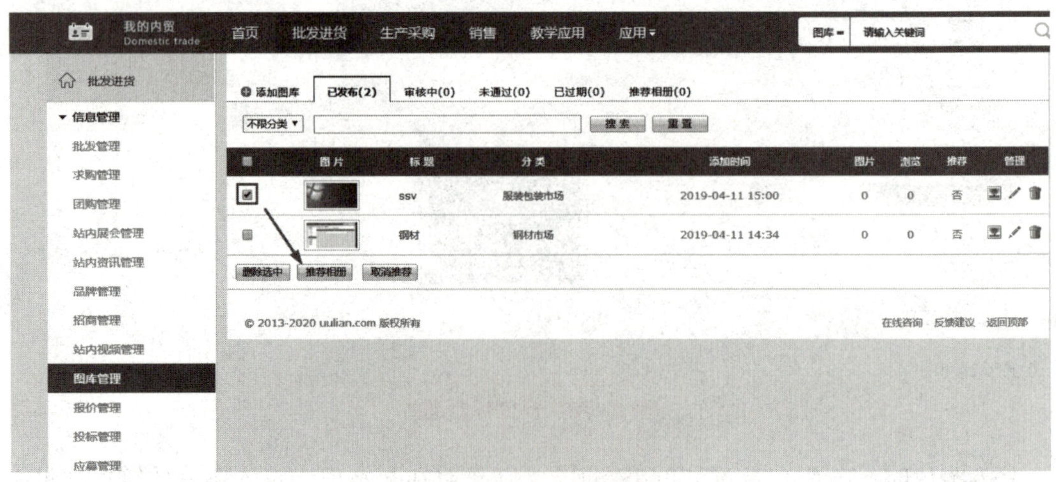

图 4-20　设为推荐相册

其中，已推荐的相册会在旺铺的“公司相册”中显示，如图 4-21 所示。

图 4-21 旺铺的公司相册

步骤二：在“推荐相册”页面，选中需要“取消推荐”的图库，单击“取消推荐”按钮，即可取消推荐相册，如图 4-22 所示。

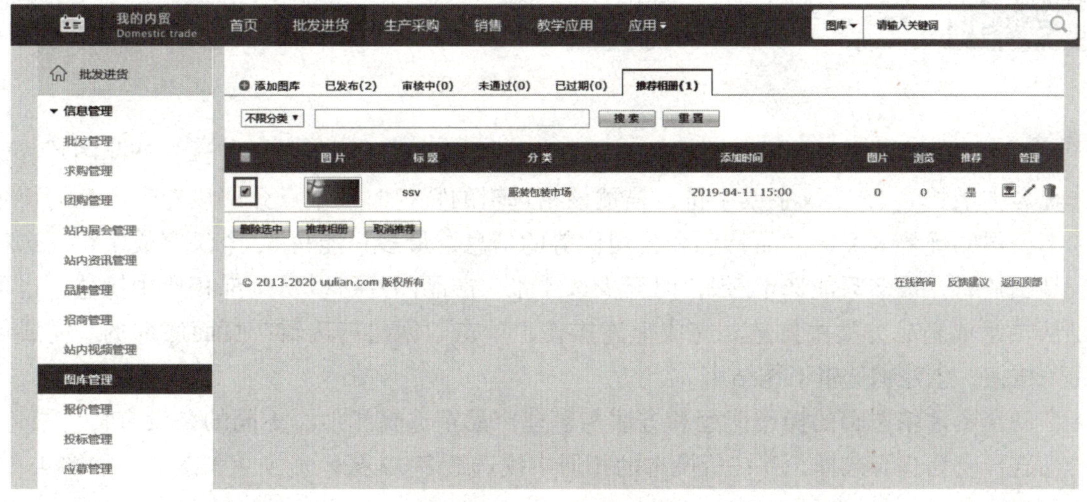

图 4-22 取消推荐相册

拓展学习——在 1688 平台上创建产品和图片精选辑

在 1688 平台上还有一项有关图片的营销功能，即创建精选辑。创建精选辑有两大优势：一是可多渠道营销；二是展现方式更吸引人。多渠道营销体现在精选辑将在旺铺、行业专题页面中展示，优质精选辑还有机会在阿里手机 App 中展现。精选辑中的产品将以更时尚、更炫的样式向买家进行展示，使产品更有吸引力。

在 1688 平台上，供应商可以创建两种精选辑，即产品精选辑和图片精选辑。无论是创建产品精选辑还是图片精选辑，均在“我的阿里”→“旺铺”→“图片管家”→“创建专辑”中实现，如图 4-23 所示。

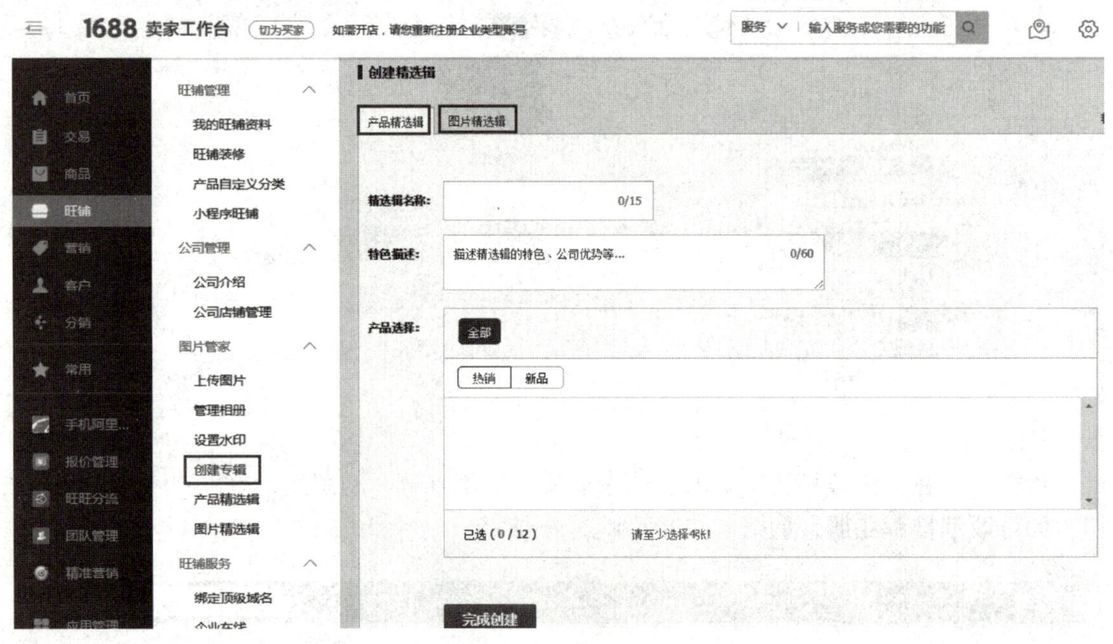

图 4-23　创建精选辑页面

创建产品精选辑时，需要填写精选辑名称，描述该精选辑的特色，选择产品图片。精选辑名称最长为 15 个汉字或字符；描述该精选辑的特色时，重点介绍该专辑产品的特色和本公司的优势等突出产品特色和公司优势的信息，最多只能写 60 个汉字或字符；选择产品图片时，最多只能选 12 张，但至少选 4 张。产品图片可以从全部相册中挑选，也可以从热销或新品分类中挑选。完成上述操作，单击“创建精选辑”页面底部的“完成创建”按钮，创建精选辑工作结束。

创建图片精选辑的操作流程和方法与创建产品精选辑相似，不同的是没有特色描述，产品选择变为相册选择，并在所挑选的相册中挑选最多 12 张、最少 4 张图片，如图 4-24 所示。

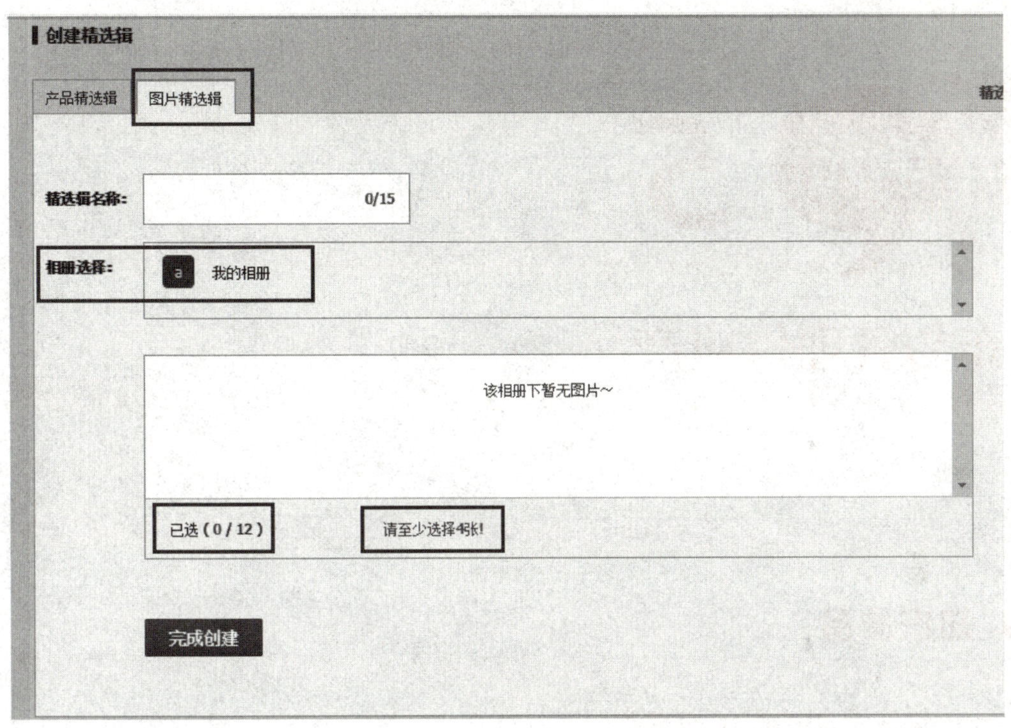

图 4-24　创建图片精选辑

习题

1. 什么是 1688 平台卖家的公司相册？建立公司相册有何意义？
2. 公司相册能否在 1688 网站上被搜索到？
3. 可在 1688 平台上何处建立与管理相册？
4. 在 1688 平台上管理相册可进行哪些操作？
5. 在 1688 平台上是否建立相册之后才能上传图片？
6. 在 1688 平台上有哪些上传图片的方式？
7. 在 1688 平台上上传图片有哪些规则？
8. 利用 1688 平台的设置水印功能可以设置哪些类型的水印？
9. 企业网站水印和公司名称水印可以设置在哪些位置？
10. 在 1688 平台上，供应商设置的推荐相册展示在何处？哪些照片会出现在推荐相册中？应该挑选什么样的相册作为推荐相册？

发布与管理供应产品

一、供应产品的概念和种类

1. 什么是供应产品

供应产品即供应商（卖家）在1688网站上经营的产品或服务。

供应商在1688网站上所发布的供应产品，可以通过两个途径查找和浏览：一是1688网站首页搜索引擎；二是首页的行业市场下的类目。

2. 供应产品的种类

1688网站上的供应产品可以分为产品、加工信息、服务信息、招商代理和合作信息等。

发布供应产品时，需要根据企业不同的产品类型选择相应的信息种类，例如，提供物流服务，应选择发布信息的种类为服务信息。

二、发布供应产品信息

1. 发布供应产品信息的入口

供应商在1688网站上发布供应产品信息，可从1688首页的“我的阿里”→“商品”模块，或者从“我的阿里”→“卖家中心”→“发布供应产品”模块进入供应信息发布页面。

2. 高质量供应产品详细信息的填写方法

为提供高质量的供应产品信息，发布供应产品时产品详细信息的填写应该做到以下几点：

（1）填写合适的信息标题。一个信息标题只能含有一个产品名称，信息标题长度最多为 30 个汉字。

（2）带星号的项目必须填写，对不带星号的项目，也应尽可能收集相应信息并填写完整。

（3）详细且全面地填写产品属性和产品规格。详细且全面地填写产品参数，有利于产品获得更多的曝光，便于采购商通过参数查找到产品。

（4）填写产品销售信息。如果产品支持网上订购，应选择“支持网上订购”，并填写相应的交易信息。

（5）商品的详情说明要尽量翔实，对所经营的产品或服务进行全面介绍，使用尽可能多的产品细节图，图文并茂地展示商品品质。

（6）主图共 5 张，包含商品的完整图片和商品细节图片，应按照要求全部上传，主图位置尽可能不留空位。尽可能发布主图视频，这有利于提高产品的成交率。

（7）“混批”是指不限定商品种类和样式，只要买家总采购金额（或数量）达到一定标准，即可享受批发价格。支持混批已成为一种非常有效的营销方法。

（8）尽可能填写完整、全面的物流运费信息。

（9）填写特色服务信息，以吸引更多客户。

三、批量发布和管理供应产品信息

为了避免重复操作，提高工作效率，可以利用 1688 网站提供的批量发布工具，批量发布和管理供应产品信息。

批量发布和管理供应产品信息的操作流程和方法为：登录 1688 首页的“我的阿里”后台，选择“商品”→“便捷工具管理”→“批量发布供应产品”，进入 1688 电商小秘的管理页面，即可使用批量发布和管理供应产品信息的功能，如图 5-1 所示。该特色功能需要供应商与 1688 网站签约才能使用。

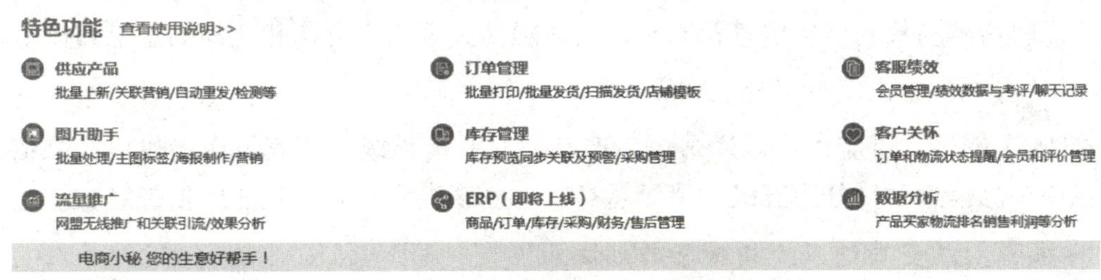

图 5-1　1688 电商小秘应用页面

电商小秘是由第三方服务提供商开发并提供的，含一键复制、自动重发、店招制作、关联营销、库存同步与预警、会员管理、排名分析等增值服务的 Web 版集成工具平台，包括供应产品、图片助手、订单管理、库存管理、客户关怀、客服绩效、流量推广、数据分析 8 个主要功能模块，这些功能模块由不同的第三方服务提供商开发，并由其提供技术支持及售后服务。

在图5-1所示页面中，选择“供应产品”即可进入批量发布与管理供应产品信息的页面，如图5-2所示。在图5-2所示页面中，选择“导入数据”→“阿里数据包”或“淘宝数据包”，进入导入数据窗口，即可将数据包文件中的供应产品信息导入“我的阿里”后台系统进行编辑、修改、下架等操作；勾选要导出的产品信息，单击“导出数据”按钮，可以把供应产品信息导出为“阿里数据包”或“淘宝数据包”。

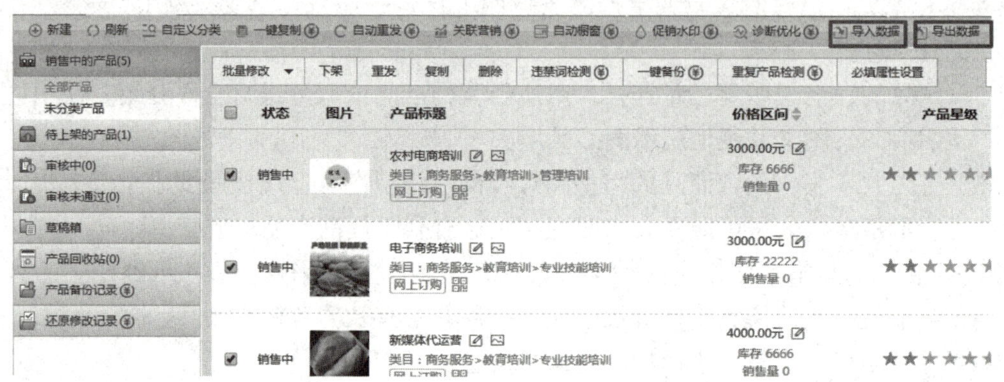

图5-2 电商小秘批量导入和导出供应产品信息

另外，还可以对选中的产品进行批量修改、下架、重发、删除等操作，操作时只需选择相应的操作按钮即可。

四、发布高质量供应产品信息

供应产品信息质量是指产品信息的发布质量，包括信息是否完整、描述是否清楚、图片是否清晰等。需要注意的是，这里说的信息质量，不是指供应产品的质量。

1. 高质量供应产品信息的作用

高质量的供应产品信息可以使产品信息在搜索结果中排名靠前，让买家在1688网站搜索产品时更容易找到该条信息；同时，也能提高买家选择合作和交易的意愿和概率。

2. 供应产品信息质量等级

在1688网站，供应商可以通过供应产品信息质量星级了解其发布的供应产品信息质量。供应产品信息质量分为五级，星级越高，说明该供应产品信息的质量越好。

3. 发布高质量的供应产品信息的方法

（1）产品类目。类目选择要准确。产品信息要准确归类，否则将导致信息相关性低，排名靠后。例如，销售的是雪纺连衣裙，则一定要把产品信息放在“连衣裙”类目中。

（2）信息标题。标题是信息内容的浓缩，是衡量产品与用户所搜索关键词是否相关的最重要的内容之一，也是影响信息排名的重要指标之一。买家通常会输入产品的名称、功能、属性等关键词来搜索产品的供应信息，所以在产品标题中包含这些关键信息可以增加产品被搜索到的机会。表述清晰并且包含产品关键信息的标题，能让买家更容易掌握产品的具体情况，从而激发买家的购买热情。此外，采用通用的书写习惯有助于搜索引擎更好地识别和匹配。

书写信息标题的要点如下：

1）标题中的关键词力求精确，用词要具体化，符合买家的搜索习惯，并要考虑到不同的称谓。

2）使用市场上通用的产品名称，且不要轻易修改、创造产品名称。

3）一个标题只描述一种产品。品牌不同、型号不同，即为不同商品，故标题中不允许出现两个以上的品牌或型号。

4）一个标题最好不超过 2 个产品核心关键词，且必须为同义词，否则会被系统判为关键词堆砌。

例：标题“供应 2019 秋冬新款韩版修身圆领加厚长袖女式毛衣 毛绒装 毛裤 毛外套”中出现“女式毛衣”“毛绒装”“毛裤”“毛外套”这 4 个产品关键词，会被系统判定为堆砌，从而相关性得分不高，排名就会靠后。可以改成：“供应 2019 秋冬新款韩版修身圆领加厚长袖女式毛衣 毛外套。”

标题“供应手机 计算器”，因为手机和计算器是完全不相关的产品，系统也会判定为关键词堆砌。

5）使用通用易懂的用语，避免用学术性用语或不通用的简称和缩写来描述产品材质。

6）许多产品都拥有英文品牌名称，在书写标题时如果同时展现中英文两种品牌名称，则可以增加被买家找到的机会。

7）使用通用的计量单位。

8）标题中的时间、价格等数据类信息应使用通用的数据格式。

9）为丰富标题内容，突出产品卖点，在标题中可加入产品品牌、特征、用途、服务、价格等描述性修饰词，但不能超过 5 个，且修饰词间不允许用符号分隔。修饰词可以用支持混批、支持支付宝、型号、款式、颜色、材质、质量、新产品、促销折扣等词汇或内容。

（3）产品属性。在信息发布过程中，产品属性是非常核心的内容，完整、正确地填写产品属性，才能提高信息在搜索时的命中率，大大提高曝光概率，也能让买家在第一时间更全面地了解产品。

（4）产品图片。上传产品清晰实拍大图，可帮助买家第一时间直观了解产品细节。产品图片应清晰、完整地展示产品的外形、功能和特征，一张图片只展示一个产品，并配适当的文字说明。

（5）详细说明。详细说明承载了整个产品的详细介绍，包括产品细节图、产品性能、材料、参数表、型号、用途、包装、使用说明、售后服务等信息，要图文并茂，突出产品的优势和特点。详细说明是影响买家下单交易决策的重要因素，应该做到详细、专业和突出重点。

撰写详细说明可以参考产品说明书、同类产品详细说明、产品官方说明和使用者的使用效果说明等资料。

查看信息质量星级，可以选择“我的阿里”或“1688 卖家工作台”→“商品”→“销售中的产品”→“质量星级”的路径，如图 5-3 所示。

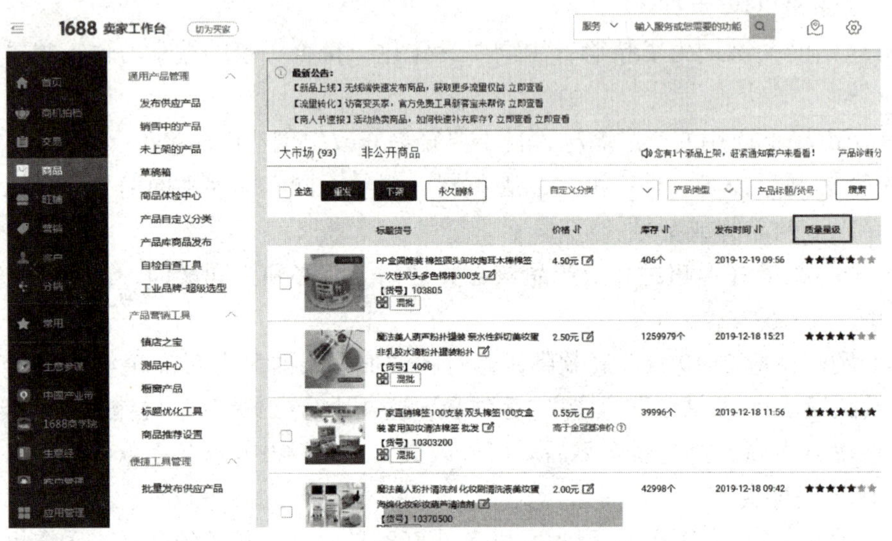

图 5-3　查看信息质量星级

五、管理供应产品信息

产品信息发布后，卖家想了解产品信息是否在 1688 网站正常展示，对供应信息进行修改、删除等，均可通过单击 1688 首页“我的阿里”→“卖家中心”下的“管理供应产品”查看产品信息的发布状态或进行修改、下架、重发、删除、设置橱窗产品等操作。

1. 产品上下架

产品出现缺货后，可以先对销售中的产品进行下架，待产品补货后再将产品上架，在“销售中的产品”中勾选要下架的产品，单击“下架”按钮即可完成产品下架操作，如图 5-4 所示。

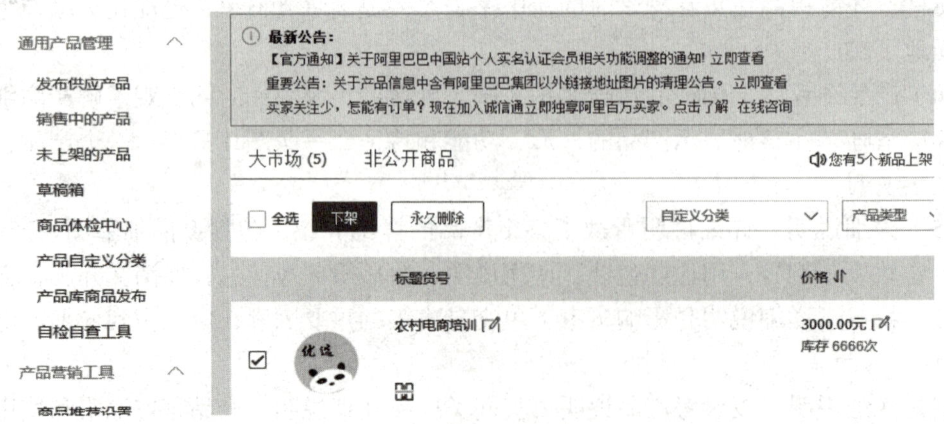

图 5-4　下架供应产品

在“未上架的产品”中勾选需要上架的产品，单击“上架”按钮，即可完成产品上架操作，如图 5-5 所示。

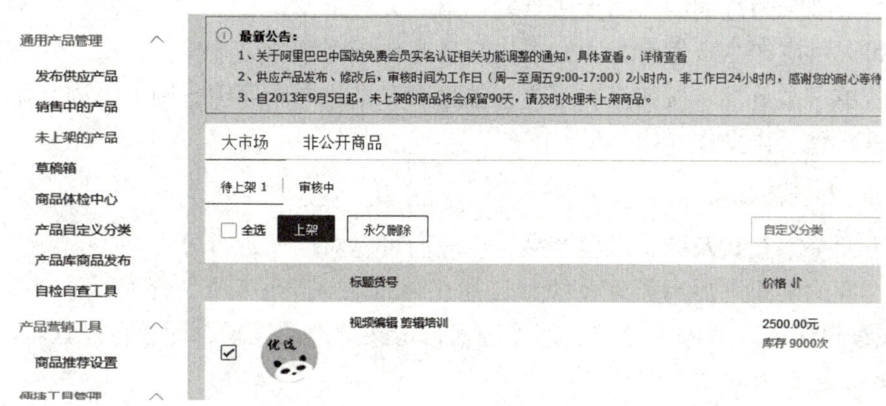

图 5-5 上架供应产品

2. 编辑产品信息

如果要对上架后的产品信息进行编辑和修改，可以在“销售中的产品”页面勾选想要编辑和修改的产品，然后单击“修改详情”进入产品发布的页面进行编辑和修改，如图 5-6 所示。

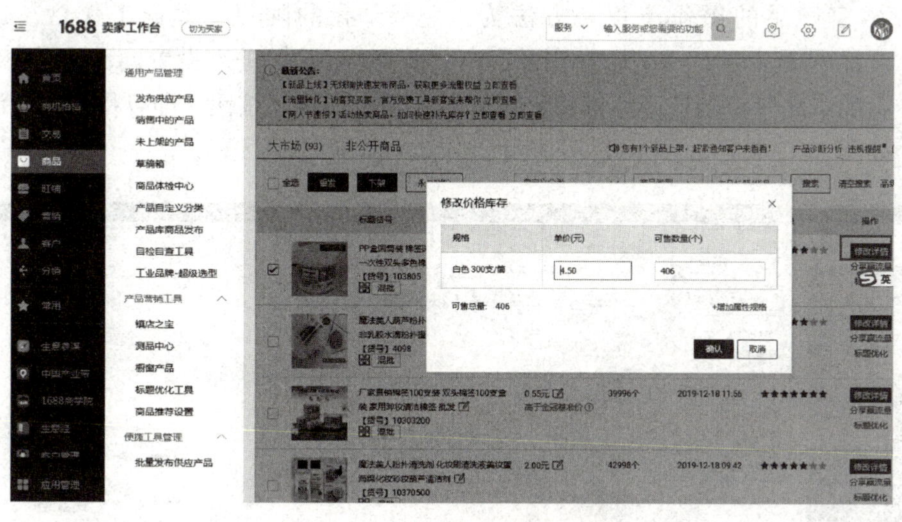

图 5-6 供应产品信息修改操作

新发布的供应产品信息当天就可以修改，并且新发布供应产品信息和修改供应产品信息平台的审核时间是一样的，即工作时间（周一到周五 9：00—17：00）2 小时内，非工作时间 24 小时内，审核通过后即可显示发布和修改后的信息。

诚信通会员发布的供应产品信息，每条产品每天最多可以修改 30 次。目前，在“我的阿里”、卖家工作平台以及商机助理 V4.0 测试版的管理供应产品中均可多次修改供应产品信息，但在老版本的商机助理中则不能多次修改。

目前，在1688网站上，诚信通会员重新发布供应产品信息要注意以下问题：

（1）当天刚转为过期的产品无法重发，第二天可重发；

（2）每天供应产品重发量为400条，超过此数量则第二天重发；

（3）若单击“重发”按钮没有反应，排除未登录或断网原因，则可将浏览器更换成IE浏览器，重新登录再操作。

3. 自定义产品分类

为了方便买家查找及浏览供应产品，供应商可以对产品进行分类。

登录“我的阿里”后台管理系统，选择“商品”→“通用产品管理”→“产品自定义分类”，在编辑区输入“添加分类”即可进入自定义分类的设置页面进行设置。

4. 设置橱窗产品

（1）橱窗推荐位的概念。

橱窗推荐位（简称橱窗位）是1688网站提供给较为优质的卖家的一种激励服务。目前，拥有橱窗位的卖家可自主决定热推哪些产品。设置后，当买家在1688网站上搜索产品（包含网站搜索和店铺内搜索）时，同一卖家产品中将优先展示该卖家设置的橱窗产品。合理利用橱窗位，将大大增加卖家的营销自主权，增加产品曝光机会。

（2）设置橱窗产品的方法。

设置橱窗产品的操作流程和方法为：登录“我的阿里”卖家工作台，选择“商品”→“产品营销工具”→“橱窗产品”→“普通橱窗”，进入设置橱窗推荐产品页面，勾选要推荐的产品并单击该产品信息最后面的“橱窗推荐”按钮，即可将该产品设置为橱窗产品，如图5-7所示。

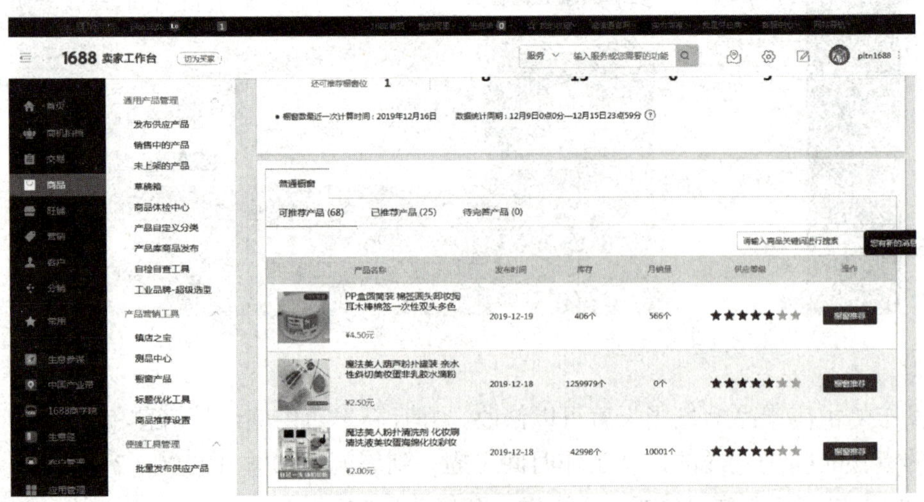

图5-7 设置橱窗产品

1688网站根据其橱窗位计算规则分配给每一个卖家会员一定数量的橱窗位。橱窗位多少主要受周交易额基线、是否加入买家保障、是否实地认证、五星产品比、是否为金牌供应商、销售额排名和五星评价数排名等因素影响。

5. 修改供应产品标题

1688 网站的标题优化工具可以帮助供应商优化产品的标题。具体来说，就是查询每一个产品最相关的关键词，以及这些关键词的相关信息，把有热度的关键词加入标题中。

登录“我的阿里”后台管理系统，选择“商品”→“相关工具”→“标题优化”，即可进入“标题优化”界面，如图 5-8 所示。

图 5-8　“标题优化”界面

单击“标题优化”按钮即可查看优化建议。在“标题优化”设置窗口中可进行“分析建议”或“挑词选词”等操作，如图 5-9、图 5-10 所示。

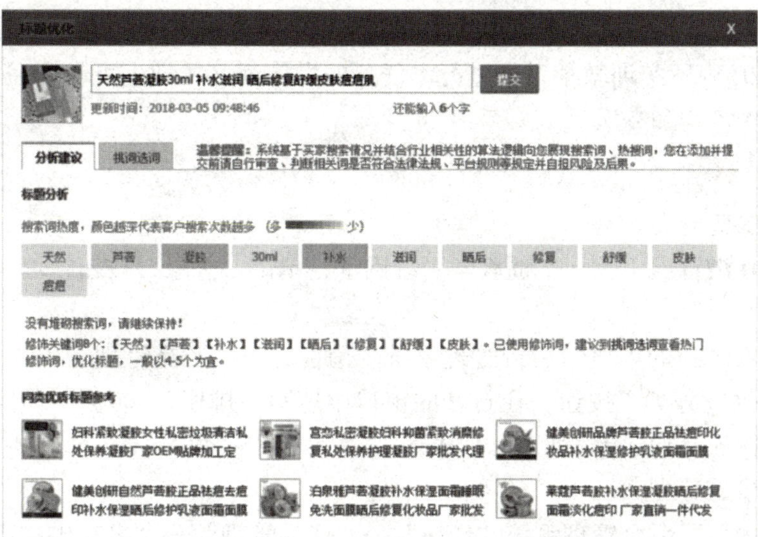

图 5-9　标题优化工具——分析建议

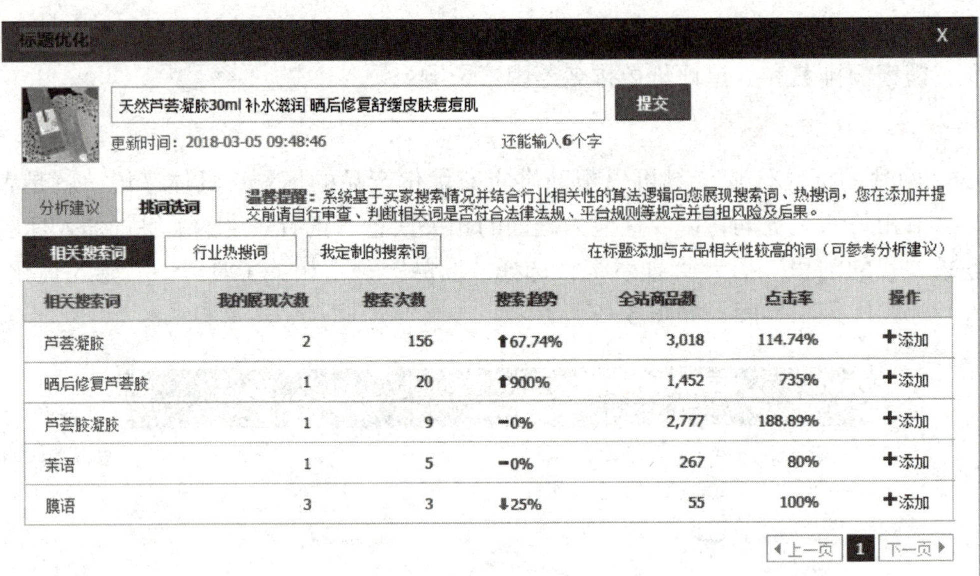

相关搜索词	我的展现次数	搜索次数	搜索趋势	全站商品数	点击率	操作
芦荟凝胶	2	156	↑67.74%	3,018	114.74%	+添加
晒后修复芦荟胶	1	20	↑900%	1,452	735%	+添加
芦荟胶凝胶	1	9	−0%	2,777	188.89%	+添加
莱语	1	5	−0%	267	80%	+添加
膜语	3	3	↓25%	55	100%	+添加

图 5-10　标题优化工具——挑词选词

实训任务

一、供应分类

1. 任务描述

在 B2B 内贸实训教学系统上设置供应分类。

2. 任务目的

通过在 B2B 内贸实训教学系统进行本任务的操作练习，学生可掌握在 1688 平台设置供应分类的操作流程和方法。

3. 操作流程

（1）添加供应分类。

步骤一：在浏览器中输入实训教学系统网址，单击“登录”按钮，填写账户信息，完成登录。

步骤二：在“我的内贸”后台管理系统“销售”→“产品管理”→“发布供应产品”模块，单击“供应分类”按钮，在打开的窗口中填写“排序”“名称”等信息，单击“提交”按钮，如图 5-11 所示，即可添加成功。

（2）修改供应分类。

在“我的内贸”后台管理系统“销售”→“产品管理”→“发布供应产品”模块，单击“供应分类”按钮，在打开的窗口中编写需修改的信息，修改完成后单击“提交”按钮保存修改结果，如图 5-12 所示，即可完成供应分类的修改操作。

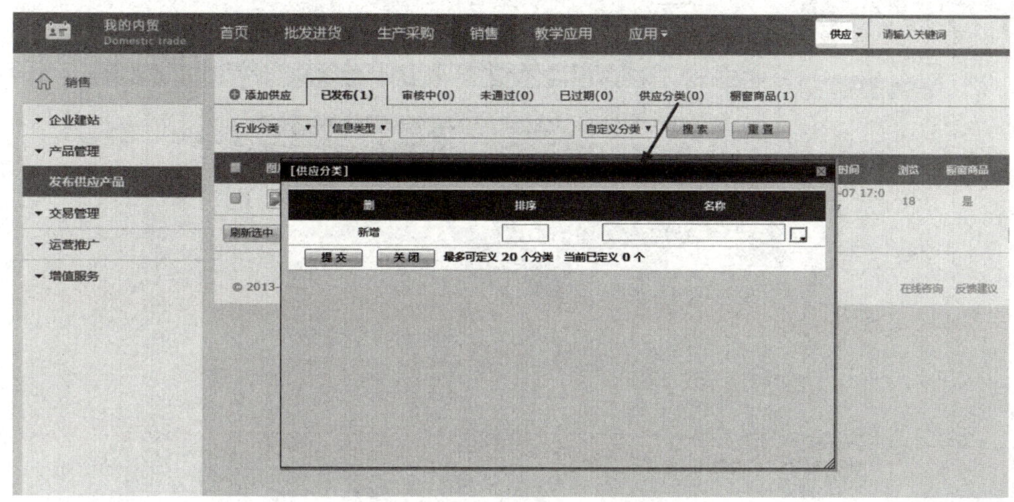

图 5-11 添加供应分类

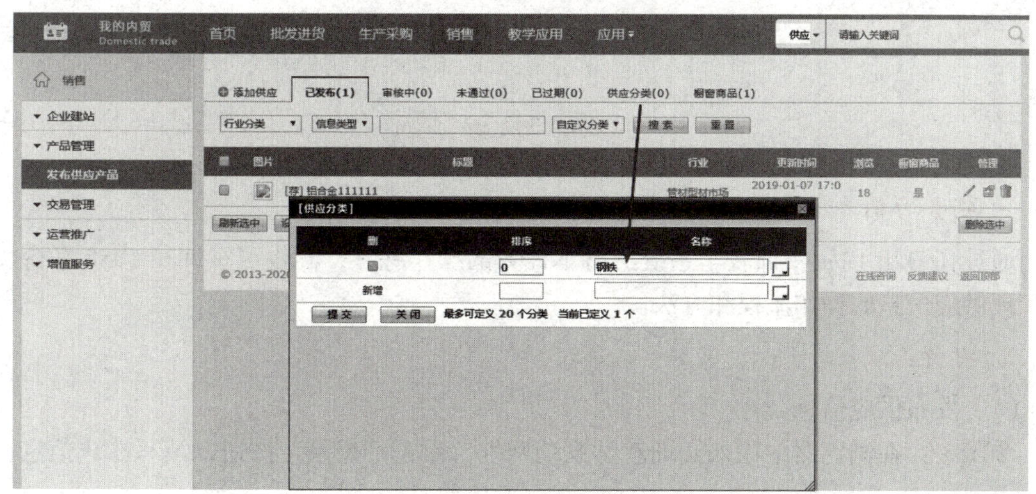

图 5-12 修改供应分类

（3）删除供应分类。

在“我的内贸”后台管理系统“销售”→“产品管理”→“发布供应产品”模块，单击“供应分类”按钮，在打开的窗口中选择需删除的信息，单击“提交”按钮，如图 5-13 所示，在弹出的“提示：您选择删除 X 个分类？确定要删除吗？”窗口，单击“确定”按钮，如图 5-14 所示，即可完成供应分类的删除操作。

二、发布和管理供应信息

1. 任务描述

在 B2B 内贸实训教学系统上发布和管理供应信息。

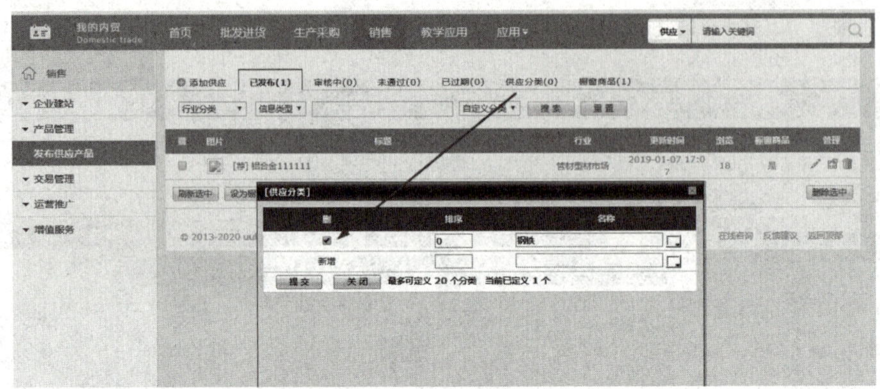

图 5-13 删除供应分类

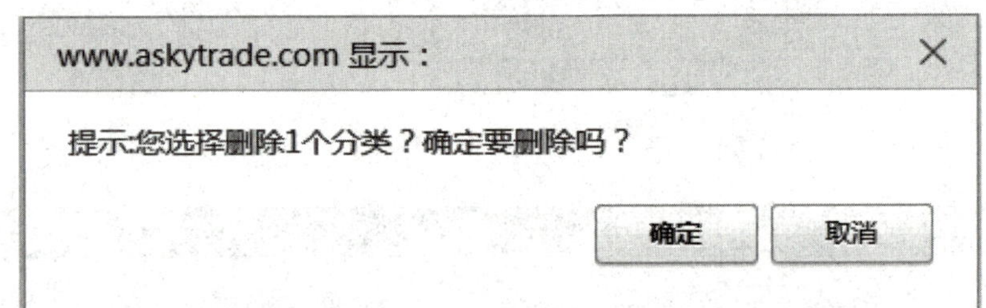

图 5-14 窗口提示信息

2. 任务目的

通过在 B2B 内贸实训教学系统进行本任务的操作练习，学生可掌握在 1688 平台发布和管理供应信息的操作流程和方法。

3. 操作流程

（1）发布供应信息。

步骤一：在浏览器中输入实训教学系统网址，单击“登录”按钮，填写账户信息，完成登录。

步骤二：在“我的内贸”后台管理系统“销售”→“产品管理”→“发布供应产品”模块，单击“添加供应”按钮，即可进入“添加供应”页面，填写信息类型、信息标题、标题颜色、行业分类、产品品牌、详细说明、产品图片、过期时间、主要参数、交易条件、自定义分类、我的推荐等信息，其中加“*”号的为必填项，单击“提交”按钮，如图 5-15 所示，即可添加成功。

（2）管理供应信息。

步骤一：在“我的内贸”后台管理系统“销售”→“产品管理”→“发布供应产品”模块，单击“已发布”按钮，即可进入“已发布”页面，可以对信息进行修改、复制、删除、刷新选中、删除选中、设为橱窗、取消橱窗等操作，在该页面的上方还显示了“添加供应”“审核中”“未通过”“已过期”“供应分类”“橱窗商品”导航按钮，如图 5-16 所示。

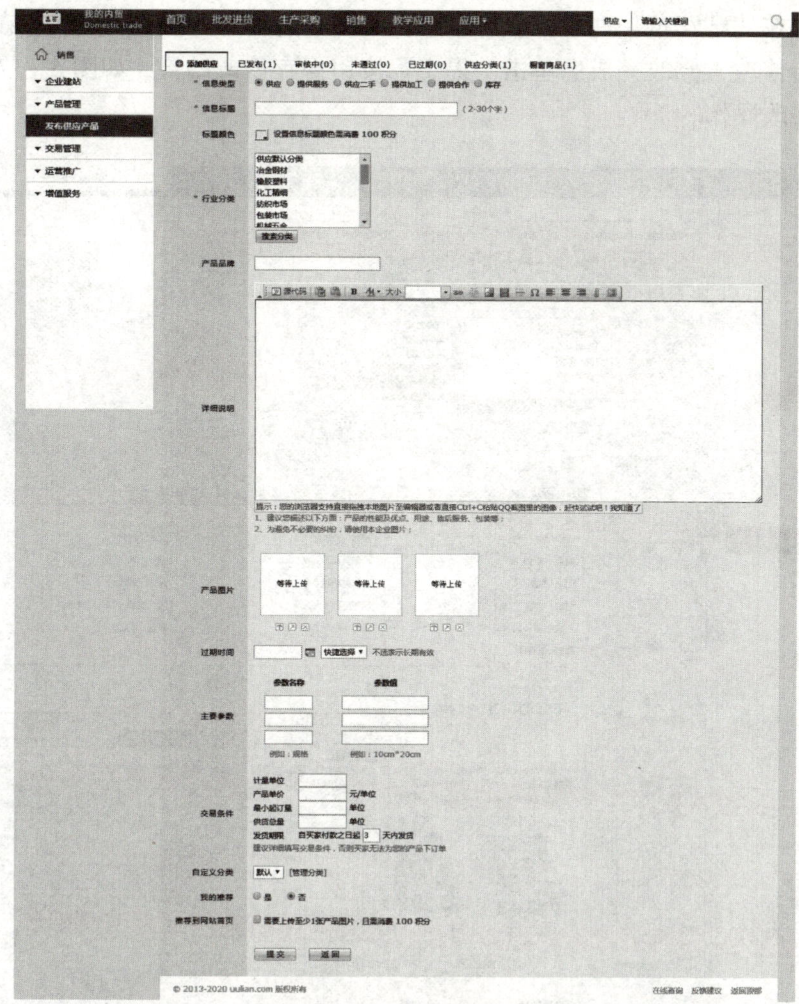

图 5-15　发布供应信息

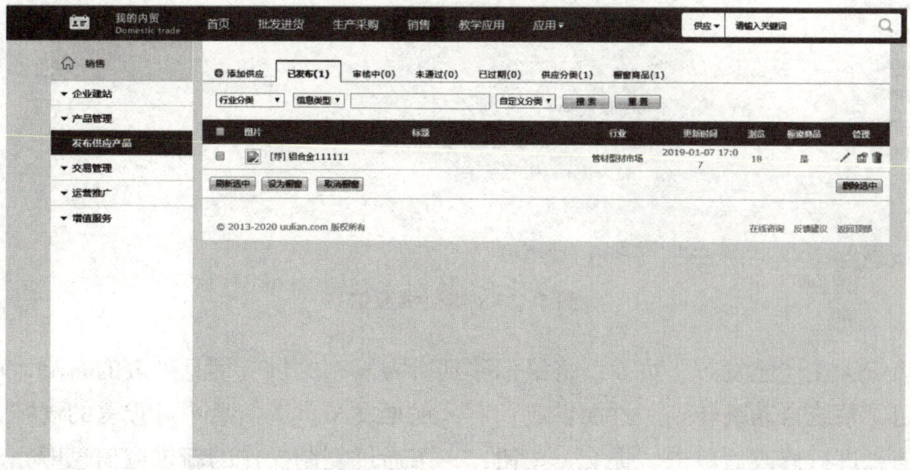

图 5-16　管理供应信息

步骤二：在“已发布”页面，单击需修改的供应信息的“修改”图标，在打开的修改信息窗口进行修改，修改完成后单击“提交”按钮保存修改结果，如图 5-17 所示，即可完成信息的修改操作。

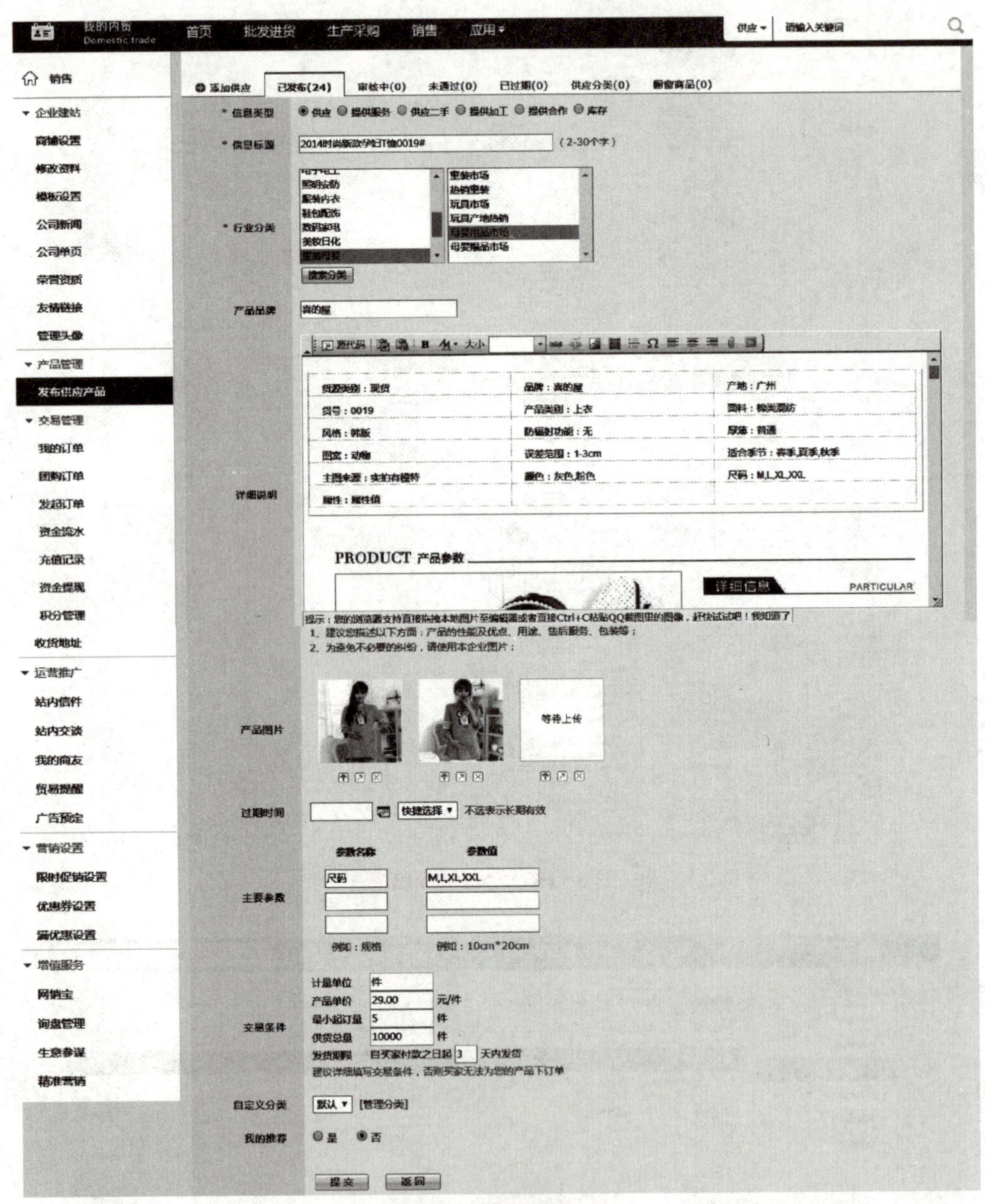

图 5-17 修改供应信息

步骤三：在“已发布”页面，将鼠标移到所需复制的供应信息列表的右端，单击“复制”按钮，系统自动跳转到“添加供应”下，根据发布供应信息不可重复的规则，对复制的供应信息进行修改后单击“提交”按钮，一条通过复制操作的新供应信息即完成编辑和发布，如图 5-18 所示。

步骤四：在“已发布”页面，删除供应信息有单条删除和批量删除两种方式。

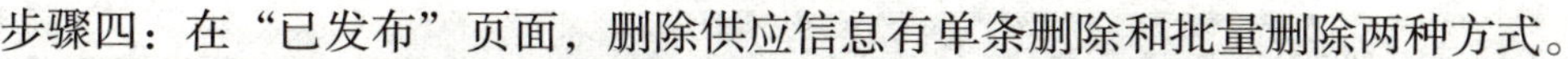

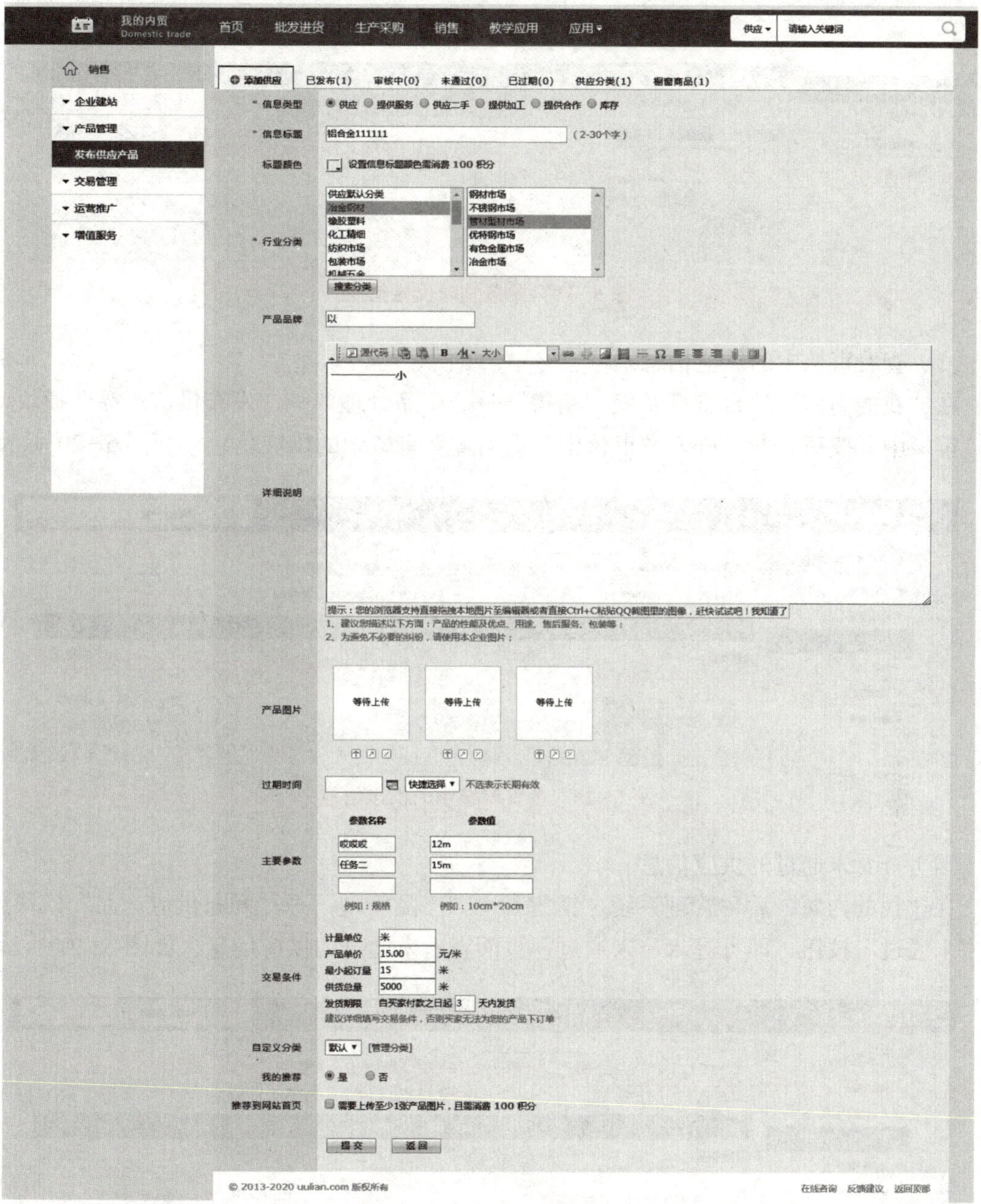

图 5-18　复制供应信息

方法一：单条删除。单击列表中的“删除”图标，即可删除该条供应信息，且不能撤销，如图 5-19 所示。

方法二：批量删除。在列表中选择要删除的供应信息，再单击列表右下角的“删除选中”按钮，即可删除已选择的供应信息，且不能撤销。

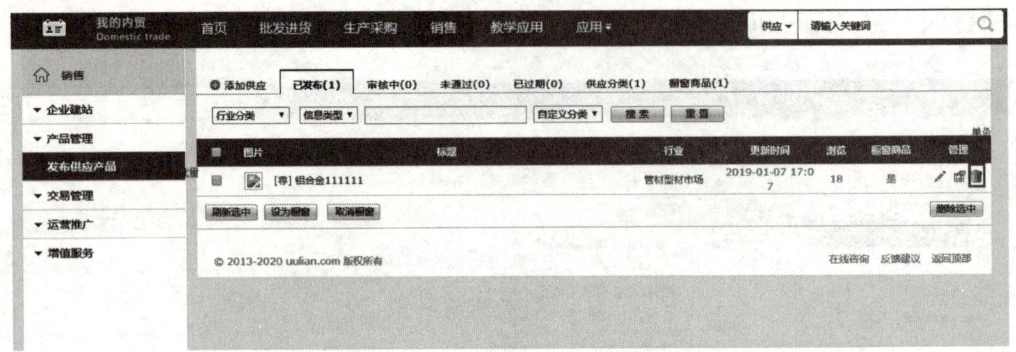

图 5-19 单条删除供应信息

（3）查看审核中的供应信息。

在“我的内贸”后台管理系统“销售”→“产品管理”→“发布供应产品”模块，单击“审核中”按钮，即可进入“审核中”页面查看审核中的供应信息，如图 5-20 所示。

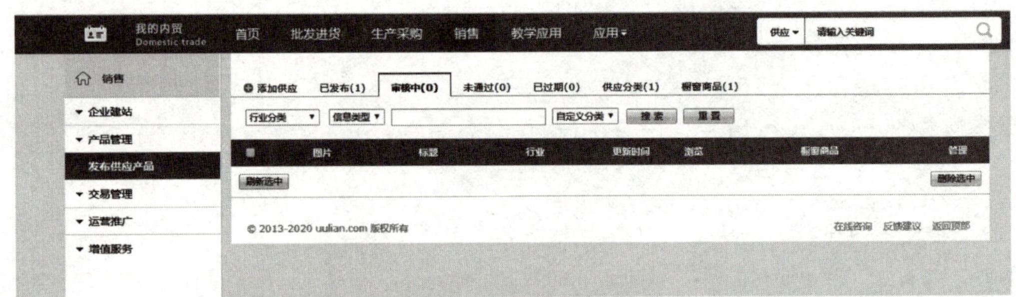

图 5-20 查看审核中的供应信息

（4）查看未通过的供应信息。

在“我的内贸”后台管理系统“销售”→“产品管理”→“发布供应产品”模块，单击“未通过”按钮，即可进入“未通过”页面查看未通过的供应信息，如图 5-21 所示。

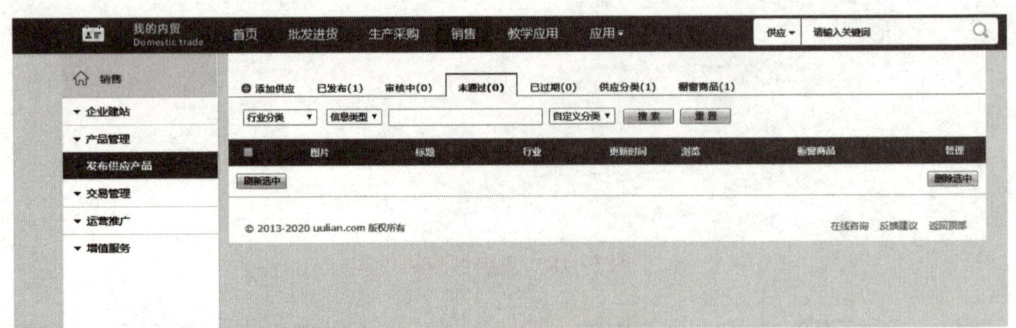

图 5-21 查看未通过的供应信息

（5）查看已过期的供应信息。

在“我的内贸”后台管理系统“销售”→“产品管理”→“发布供应产品”模块，单击“已过期”按钮，即可进入“已过期”页面查看已过期的供应信息，如图 5-22 所示。

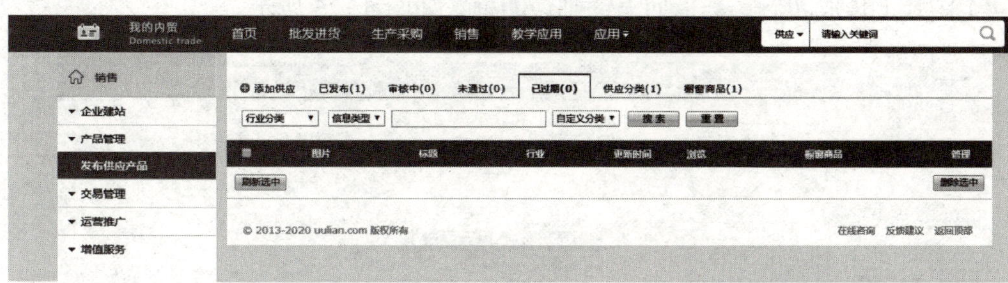

图 5-22　查看已过期的供应信息

4. 添加供应填写说明

信息类型：信息的类型。设置信息类型后，用户就可以在供应首页按信息类型找到该产品。

信息标题：供应产品信息的标题。

标题颜色：选择标题的颜色，若选择“红色”，标题的颜色就变成红色的。设置信息标题颜色需消费 100 积分。

行业分类：供应产品信息的行业分类。

产品品牌：产品品牌信息。

详细说明：供应产品的详细说明。

产品图片：产品的展示图片。

：上传图片。

：图片上传记录。

：删除图片。

过期时间：该供应产品的有效时间。

主要参数：供应产品的相关参数。

交易条件：供应产品相关的交易条件。

我的推荐：是否为推荐产品，若选“是”，则会在供应首页的“推荐产品”栏目下显示。

推荐到网站首页：是否推荐到网站首页，若在框中打钩，则需要上传至少 1 张产品图片，且需消费 100 积分。

上传详细说明图片操作流程：

（1）单击图标，即可弹出上传框，如图 5-23 所示。

（2）单击“选择文件”，即会弹出选择文件框，选择“本地图片”，然后单击“打开”，图片自动上传到服务器上（若服务器上有此商品图片，可直接单击“浏览服务器”按钮，会弹出选择图片框，选择图片后即可跳转到图像页面）。

（3）跳转到图像页面后，在文件地址栏填入网站网址或者其他链接地址，即可显示图片，单击 C 按钮，可显示图片的宽度和高度，再单击“确定”按钮，如图 5-24 所示。

（4）图片上传成功后，会返回至详细说明框，如图 5-25 所示。

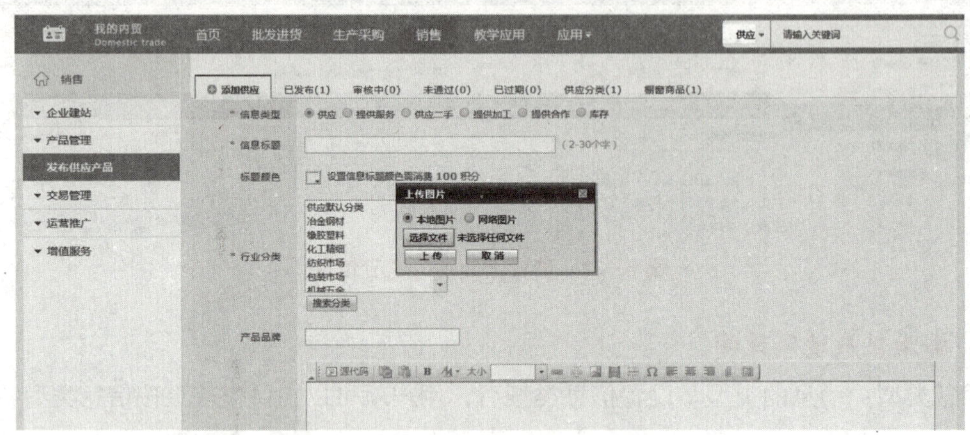

图 5-23 详细说明图片上传框

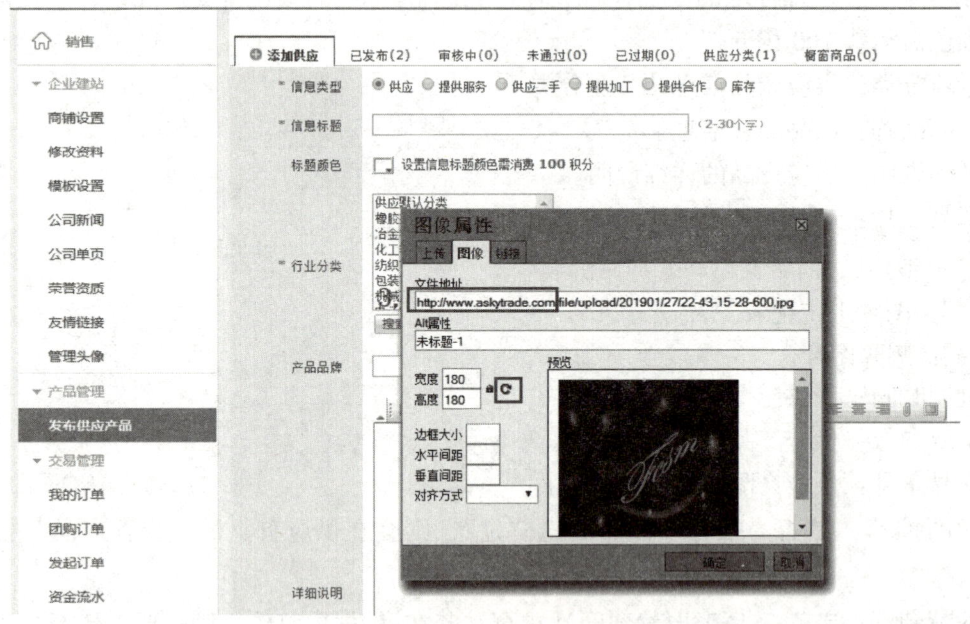

图 5-24 文件链接网址和刷新

上传产品图片操作流程：

（1）单击图标，即可弹出上传框。

（2）单选“本地图片”，即可选择上传本机的图片。

（3）单击“选择文件”，即会弹出选择文件框，选择本地图片，然后单击“打开”按钮，如图 5-26 所示。

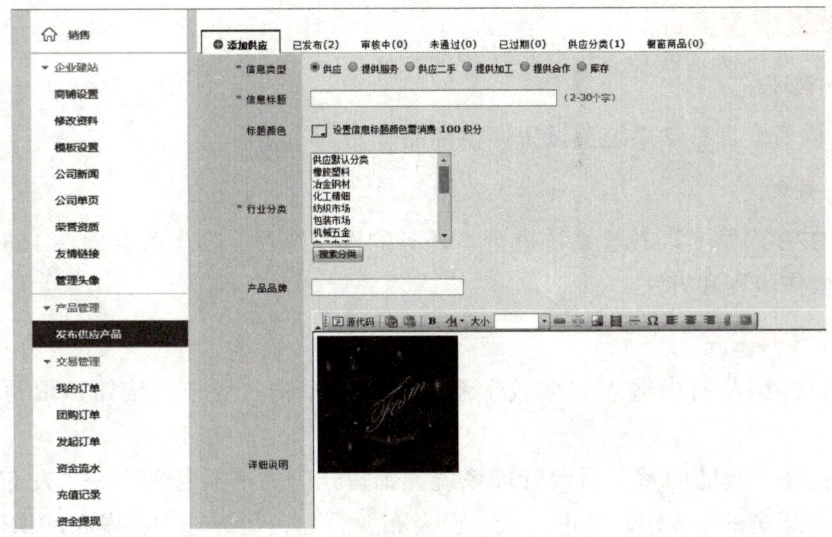

图 5-25　图片上传成功返回详细说明

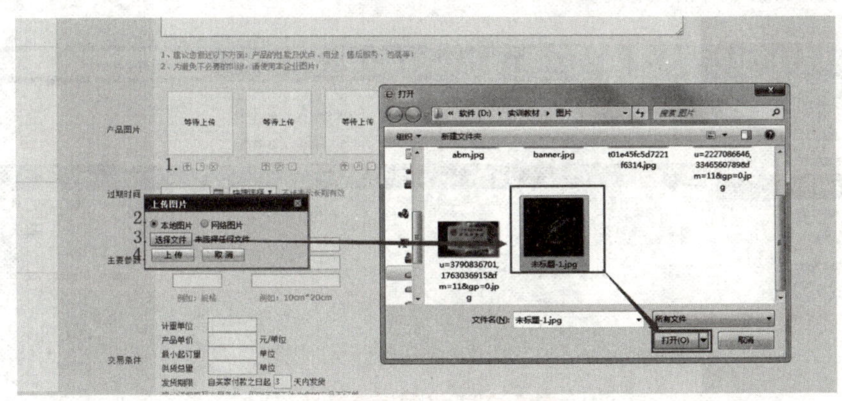

图 5-26　上传本地图片

（4）图片选择完后，会返回至上传图片框，最后再单击该框的“上传”按钮，即可将该图片上传。

当上传图片时，若用户点选“网络图片”，则只需在文本框中输入图片的链接地址，再单击“上传”按钮即可，如图 5-27 所示。

图 5-27　上传网络图片

三、设置橱窗商品

1. 任务描述

在 B2B 内贸实训教学系统上设置橱窗商品。

2. 任务目的

通过在 B2B 内贸实训教学系统进行本任务的操作练习，学生可掌握在 1688 平台设置橱窗商品的操作流程和方法。

3. 操作流程

步骤一：在浏览器中输入实训教学系统网址，单击“登录”按钮，填写账户信息，完成登录。

步骤二：在“我的内贸”后台管理系统“销售”→“产品管理”→“发布供应产品”模块，单击“已发布”按钮，即可进入“已发布”页面，用户选中已发布的供应信息，单击“设为橱窗”按钮，即可把产品设置为橱窗商品，如图 5-28 所示，在“橱窗商品”页面中可查看已设置的橱窗商品。

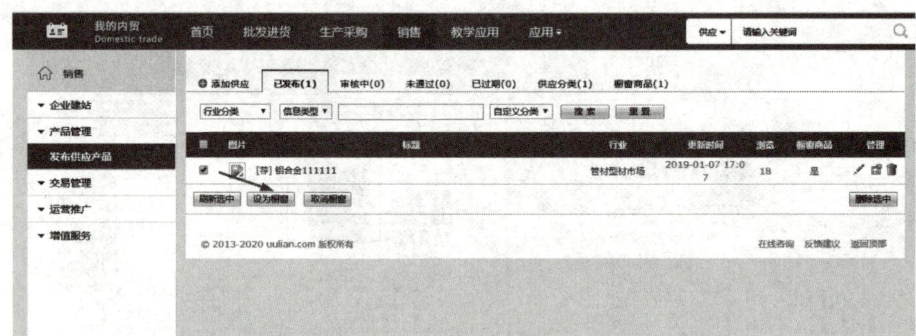

图 5-28 设置橱窗商品

步骤三：在“我的内贸”后台管理系统“销售”→“产品管理”→“发布供应产品”模块，单击“橱窗商品”按钮，即可进入“橱窗商品”页面，用户选中橱窗商品中的信息，单击“取消橱窗”按钮，即可将设置的橱窗商品取消，如图 5-29 所示。

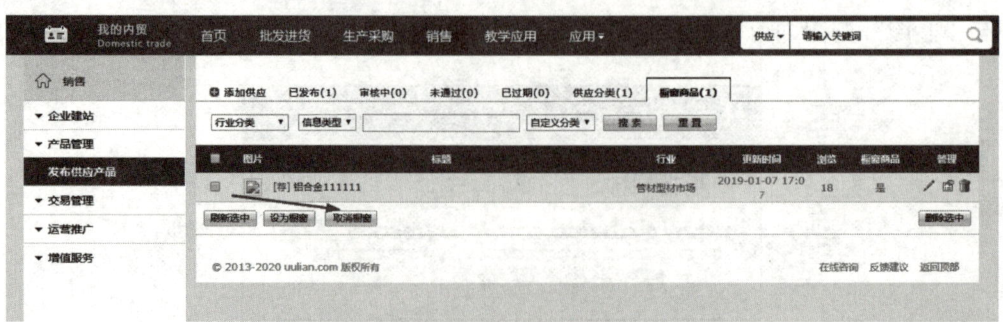

图 5-29 取消橱窗商品

四、批量发布供应产品

1. 任务描述

在 B2B 内贸实训教学系统上批量发布供应产品。

2. 任务目的

通过在 B2B 内贸实训教学系统进行本任务的操作练习，学生可掌握在 1688 平台批量发布供应产品的操作流程和方法。

3. 操作流程

步骤一：在浏览器中输入实训教学系统网址，单击“登录”按钮，填写账户信息，完成登录。

步骤二：单击“批发进货”→“信息管理”→“批发管理”，即可跳转至“批发管理”页面，单击“商机助理数据导入”按钮，即可进入批量发布商品页面，进行商品分类、CSV 文件地址、批量传图、标题颜色、可选属性、运费等信息内容的设置，其中加“*”号的为必填项，单击“提交”按钮，信息即发布成功，如图 5-30 所示。

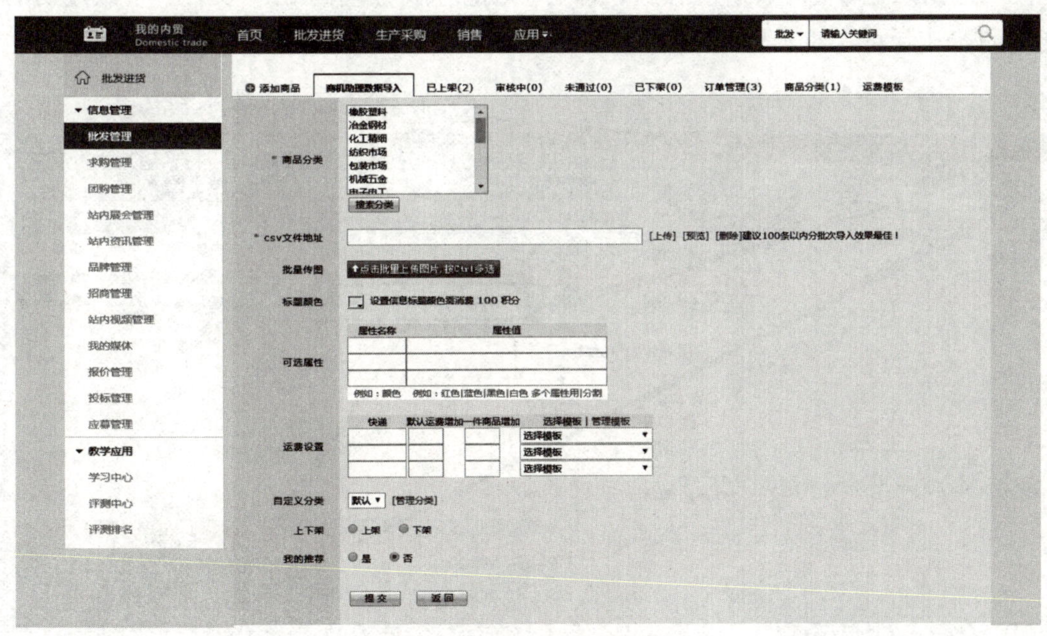

图 5-30　商机助理数据导入

商机助理数据导入填写说明：

（1）商品分类：商品类别名称。设置商品分类后，买家就可以在批发首页按分类找到该商品。

（2）CSV 文件地址：数据包的 CSV 文件。

（3）批量传图：批量上传图片。

（4）标题颜色：选择标题的颜色，若选择“红色”，标题的颜色就变成红色的。设置信息标题颜色需消费 100 积分。

（5）可选属性：商品属性。

（6）运费设置：运费说明。

（7）自定义分类：可对发布的商品进行分类。

（8）上下架：商品是否上下架，若选“是”，则会直接在商品列表显示。

（9）我的推荐：是否为推荐产品，若选“是”，则会在网站首页批发模块中的“推荐产品”栏目下显示。

步骤三：上传 CSV 文件。操作流程如下：

（1）单击“上传”按钮，即可弹出上传框。

（2）单击“选择文件”，即会弹出选择文件框，选择本地文件，然后单击“打开”。

（3）文件选择完后，会返回至上传文件框，单击该框的“上传”按钮，即可将该图片上传。如图 5-31 所示。

（4）文件上传成功后，如图 5-32 所示，单击“预览”按钮，会弹出“下载文件”框，如图 5-33 所示，单击“保存”按钮，即可下载已上传成功的 CSV 文件，下载成功的文件在文件夹中显示，如图 5-34 所示。

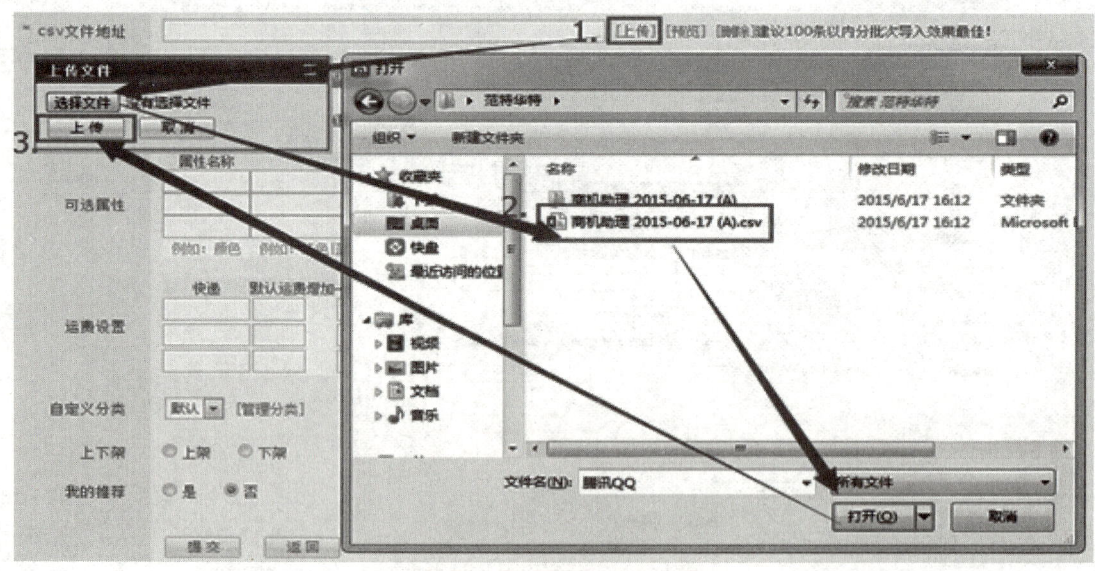

图 5-31 上传商机助理 CSV 文件

* csv文件地址 file/upload/201506/17/17-35-54-35-56.csv [上传] [预览] [删除]建议100条以内分批次导入效果最佳!

图 5-32 商机助理 CSV 文件上传成功

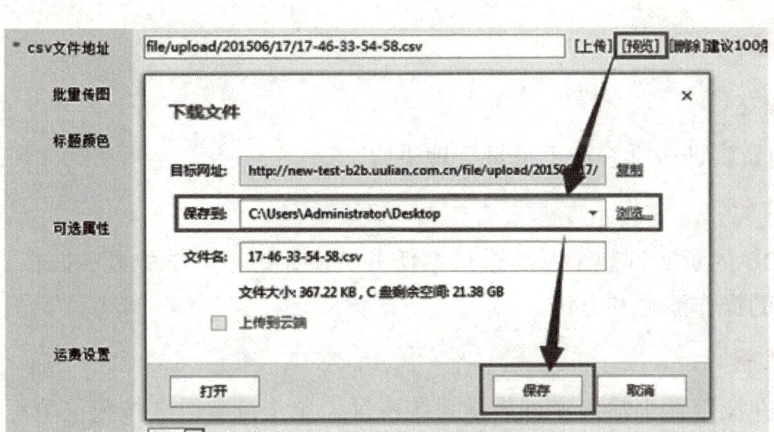

图 5-33　下载 CSV 文件

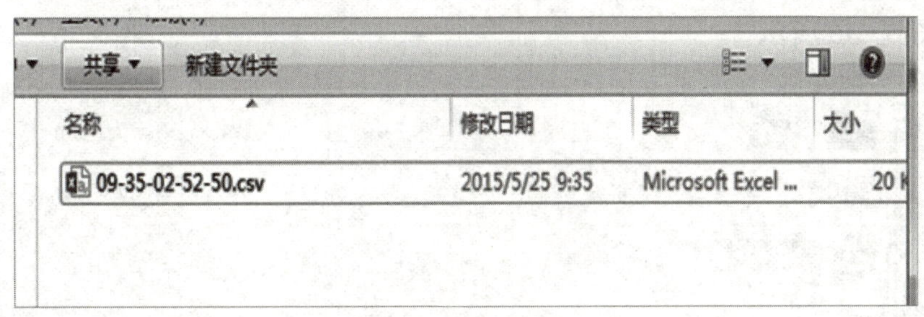

图 5-34　下载成功的 CSV 文件在文件夹中显示

步骤四：批量上传图片。

批量传图可以将多张图片导入商品详情内容中，操作流程如图 5-35 所示：

（1）单击 **↑点击批量上传图片，按Ctrl多选** 按钮，即可弹出图片选择框；

（2）用户需选择本地图片，可按 Ctrl 键多选图片，或者按“Ctrl + A”组合键选择全部图片（最多可上传 1 000 张图片）；

（3）图片选择完成后，单击“打开”按钮，图片即上传成功。

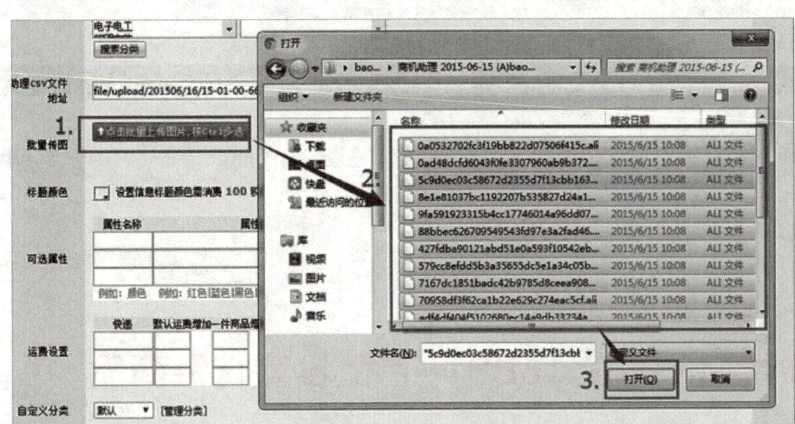

图 5-35　批量传图

五、批量管理供应产品

1. 任务描述

在 B2B 内贸实训教学系统上批量管理供应产品。

2. 任务目的

通过在 B2B 内贸实训教学系统进行本任务的操作练习，学生可掌握在 1688 平台批量管理供应产品的操作流程和方法。

3. 操作流程

步骤一：在浏览器中输入实训教学系统网址，单击“登录”按钮，填写账户信息，完成登录。

步骤二：批量下架。在“已上架”页面选中信息，单击 批量下架 按钮，即可批量下架选中的信息，如图 5-36 所示。

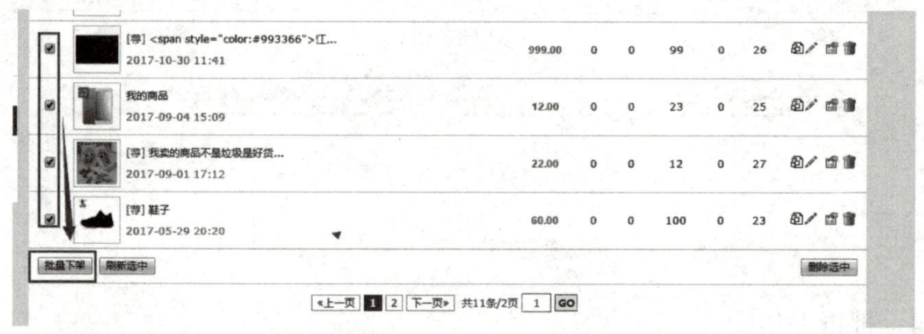

图 5-36 批量下架

步骤三：批量上架。在“已下架”页面选中信息，单击 批量上架 按钮，即可批量上架选中的信息，如图 5-37 所示。

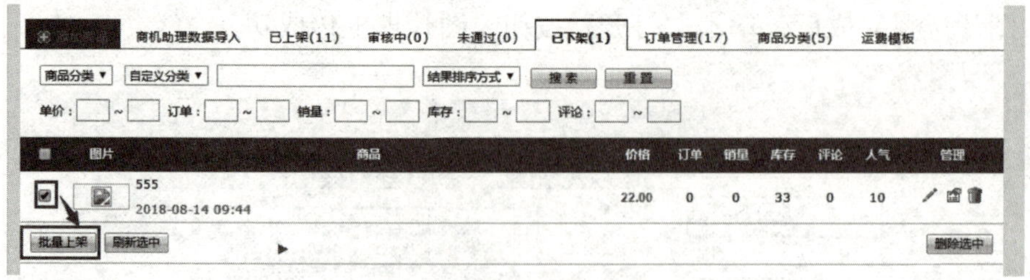

图 5-37 批量上架

 拓展学习——在 1688 平台上设置特供商品

在 1688 平台上，发布特供商品的功能是供应商在新款预订期防止同行抄版商品，

从而只为核心买家提供优先看版的权利。目前，特供商品已升级为新品专供。

一、发布特供商品

方法一：进入“我的阿里”→“供应产品”→“我要发布”，勾选“会员特供”，信息通过审核，成功发布后，此条信息即为特供商品，如图 5-38 所示。

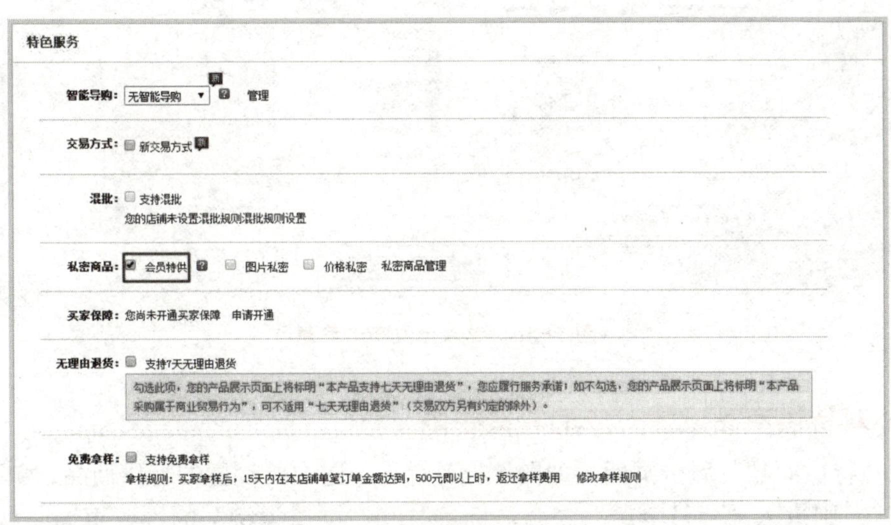

图 5-38　发布特供商品方法一页面

方法二：进入“我的阿里”→“客户管理”→“权益管理”→“特供商品”，新发布或者导入已发布的信息，如图 5-39、图 5-40 所示，在底部的“特色服务”勾选“会员特供”标签，成功发布后，此条信息即为特供商品。

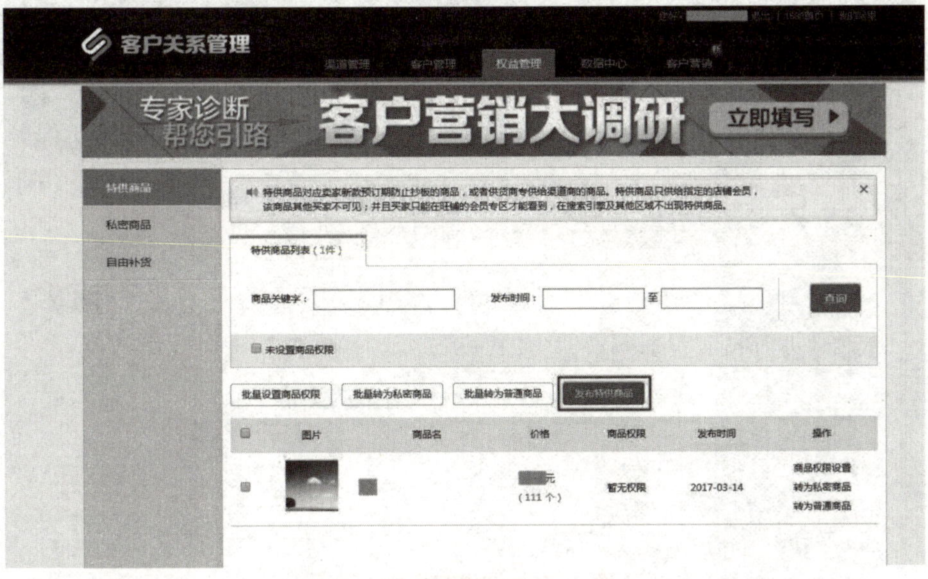

图 5-39　发布特供商品方法二页面

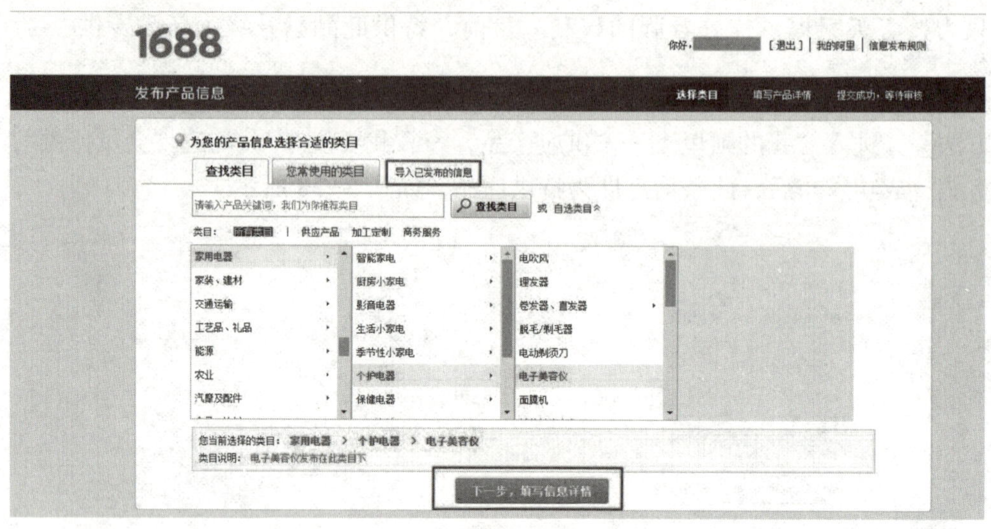

图 5-40　导入已发布的信息

二、对特供商品设置对应的等级权限

进入“特供商品”后台页面，如图 5-41 所示，选中要设置的特供商品，单击“商品权限设置”，则进入“会员等级”、“会员标签”和“渠道类型”的设置页面，如图 5-42 所示，此时可以选择该特供商品可被查看的会员等级、会员标签或者渠道类型，选择完毕后单击“确认”按钮。

上述操作完毕后，进入旺铺装修界面，在“会员专区”板块后的“显示在导航上”的复选框上打钩即可，如图 5-43 所示。

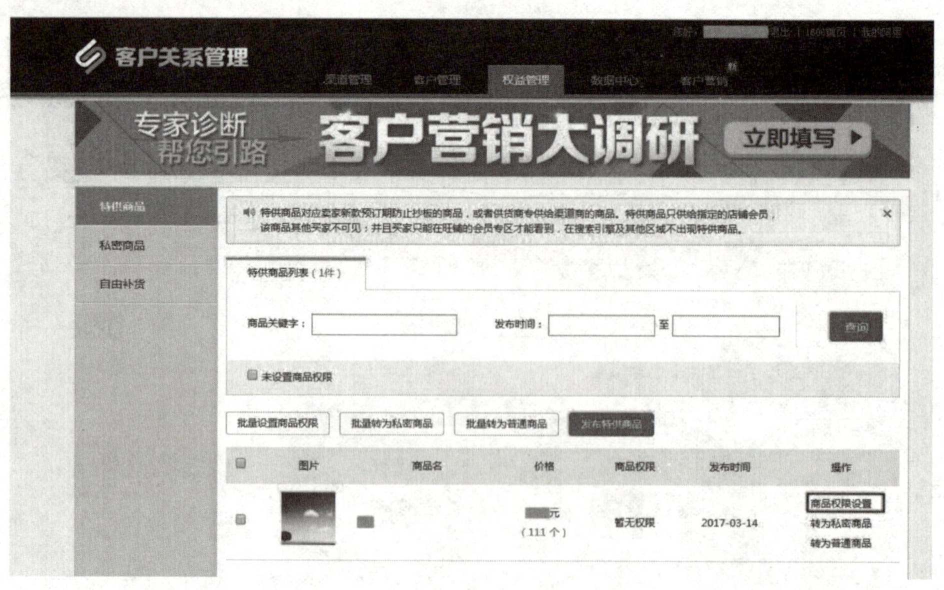

图 5-41　特供商品后台页面

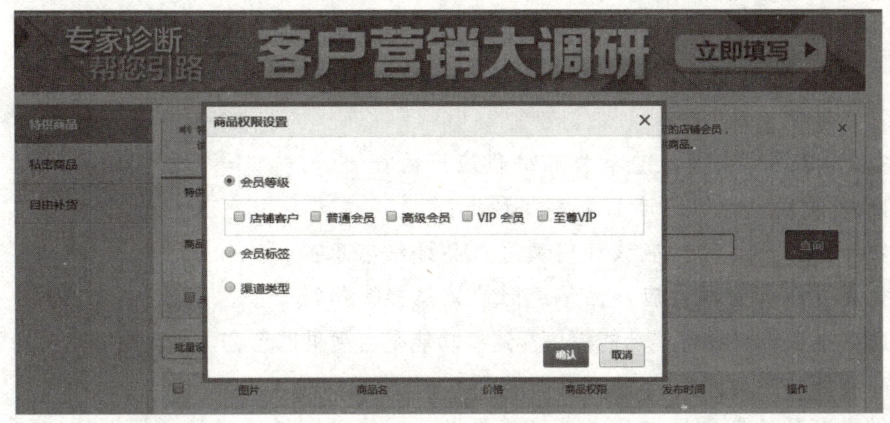

图 5-42　商品权限设置页面

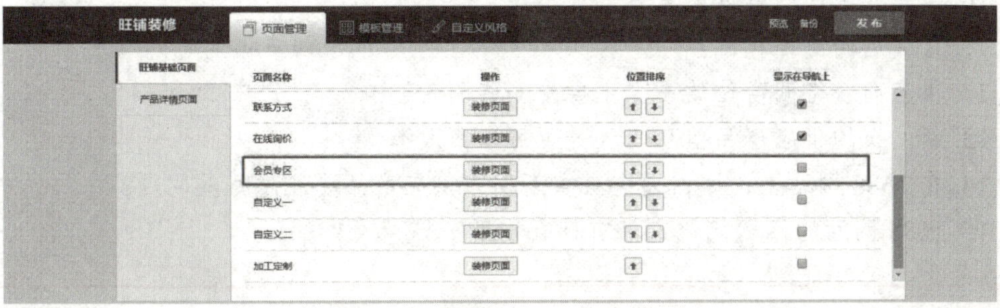

图 5-43　会员专区显示设置页面

另外，也可以将“特供商品”转为“私密商品”和“普通商品”，具体操作如下：进入“我的阿里”→“客户管理”→“权益管理”→“特供商品”，单击“转为私密商品”或“转为普通商品”，如图 5-44 所示。

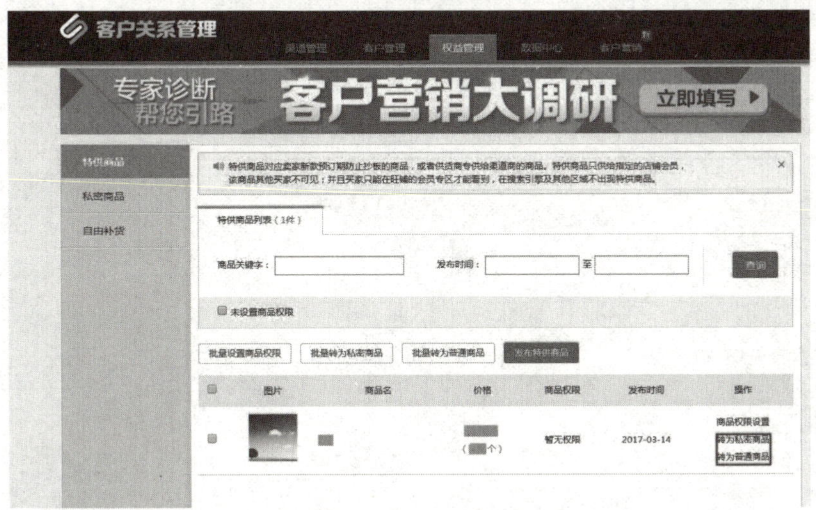

图 5-44　“转为私密商品”和“转为普通商品”页面

习题

1. 什么是供应产品?
2. 在 1688 网站上怎么查看发布的供应产品?
3. 1688 网站上的供应产品有哪些种类?
4. 发布供应产品时，应该如何填写产品详细信息?
5. 批量发布和管理供应产品信息时应该怎样操作?
6. 1688 电商小秘有哪些功能模块? 这些功能是由阿里巴巴公司提供服务和支持的吗?
7. 高质量的供应产品信息有什么作用?
8. 供应产品信息质量有几个等级（星级）? 等级高低说明什么问题?
9. 高质量的供应产品信息的标题应该怎么写?
10. 撰写详细说明可以参考哪些资料?
11. 什么是橱窗推荐位?
12. 供应商获得橱窗位的多少主要受哪些因素影响?
13. 新发布的供应产品信息当天是否可以修改?
14. 在 1688 网站上，诚信通会员重新发布供应产品要注意哪些问题?
15. 1688 网站的标题优化工具有什么作用?

批发管理

知识准备

一、批发信息的概念

在 1688 平台上，批发信息是指标注了价格和起订数量、可以直接下单购买的供应信息，也即可交易信息。换句话说，卖家发布供应产品时，在交易信息中选择了“支持网上订购”并填写了计量单位、价格区间两个必填项，买家单击“立即订购”按钮并支付货款，卖家即可发货的就是一条可交易信息。一条可交易信息如图 6-1 所示。

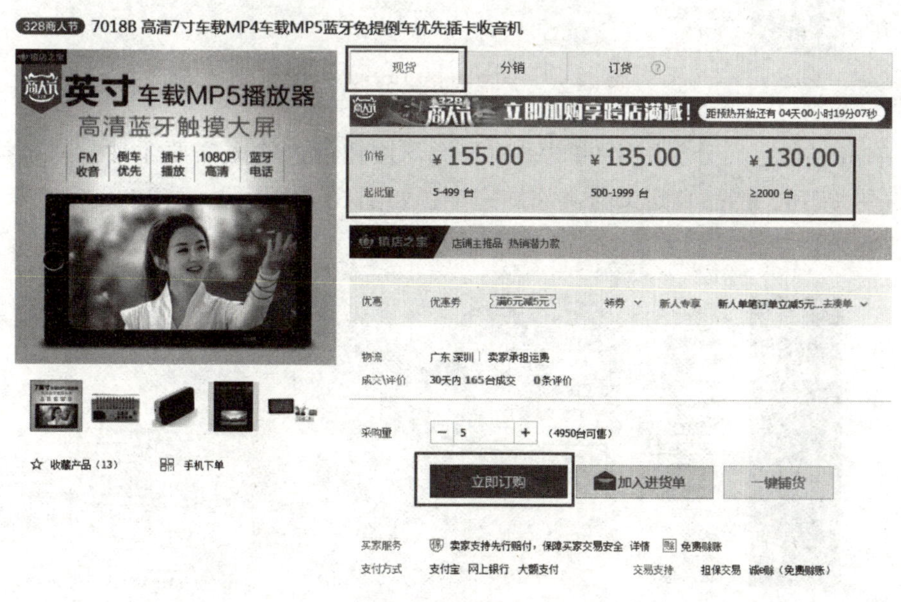

图 6-1　一条可交易信息

发布一条可交易的供应产品信息的方法与步骤如下：

（1）登录“我的阿里”，单击“供应产品”→“我要发布”，按要求填写相应信息。

（2）填写交易信息时，选择“支持网上订购”。

（3）填写计量单位和价格区间这两个必填项，单击“提交”，发布可交易的供应产品信息的操作完毕。

发布可交易的供应产品信息前，需要先绑定支付宝账户，因为支持网上订购的产品都是使用支付宝完成交易的。

二、产品自定义分类

在1688平台上，产品自定义分类功能可以让卖家按照其希望的分类方式定义其供应产品的所属类目，同时可将其自定义分类（类目）展示在企业网站上，让买家更便捷地浏览产品，同时让供应产品分类更专业。

添加产品自定义分类的操作方法如下：

（1）登录后沿着“我的阿里”→“商品”→“通用产品管理”路径，单击“产品自定义分类”，进入“产品自定义分类”页面，如图6-2所示。

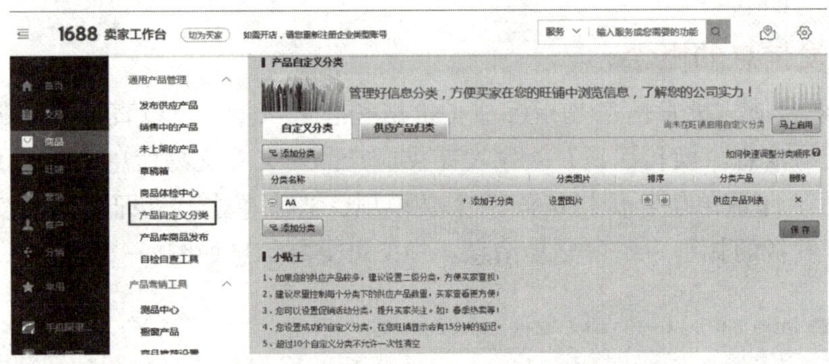

图6-2 “产品自定义分类”页面

（2）单击“自定义分类”下的“添加分类”按钮后，输入需要添加的“分类名称”，单击“保存”按钮，产品自定义分类添加完毕，如图6-3所示。

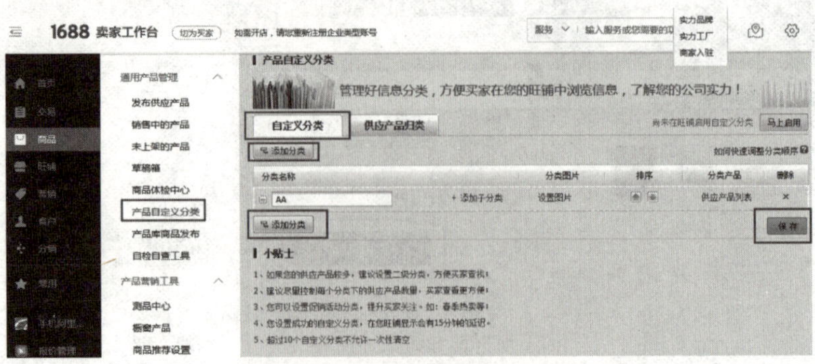

图6-3 添加产品自定义分类操作页面

（3）要使添加的分类在旺铺上显示，添加自定义分类完成后，单击页面右上角“尚未在旺铺启用自定义分类”后的“马上启用”按钮即可，如图 6-4 所示。

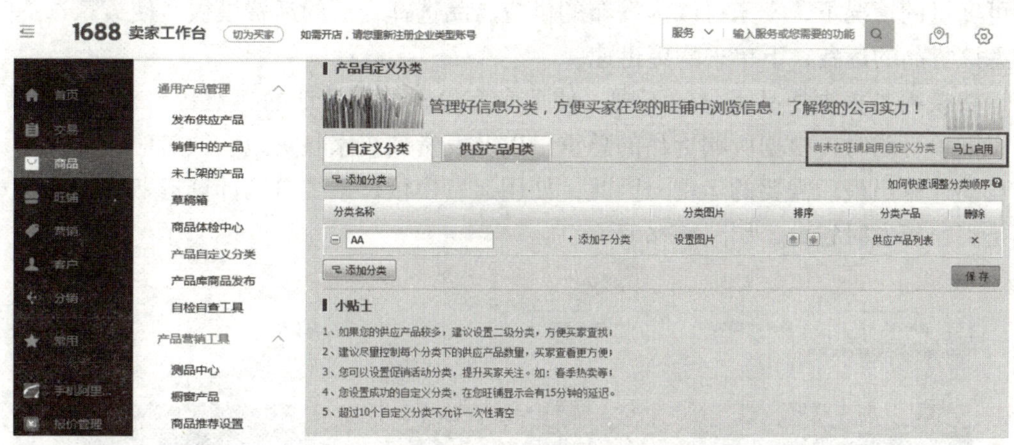

图 6-4　启用自定义分类操作页面

三、在自定义分类下添加商品

设置好产品自定义分类后，卖家需要把供应产品放到对应的自定义分类下，这样分类下才会显示对应的产品信息。在自定义分类下添加商品的操作方法如下：

（1）登录后沿着“我的阿里”→“商品”→“通用产品管理”路径，单击“产品自定义分类”。

（2）在“产品自定义分类”页面选择“供应产品归类”，将对应的产品添加到合适的分类中即可，如图 6-5 所示。

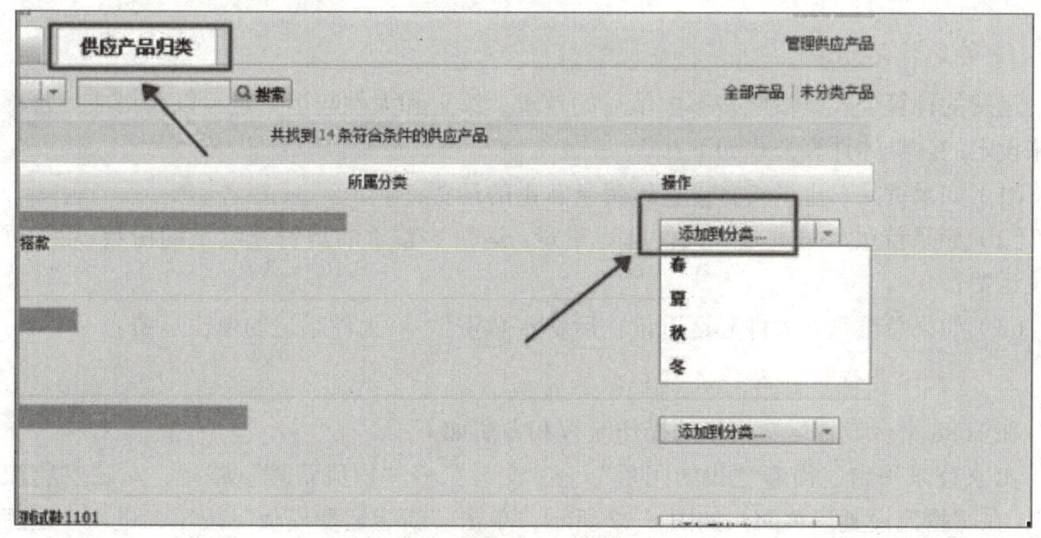

图 6-5　供应产品归类操作页面

四、运费模板

为了方便买家在 1688 平台与卖家进行支付宝担保交易时更好地确认运费，在货品的运费可度量的情况下，卖家可以为发布的供应产品选择合适的运费模板，使买家选择货品时知悉该货品的运费，下单采购更迅速。

运费模板是根据货品重量的不同，使用卖家设置的到各地的运费费率来计算运费的。当买家下单订购时，根据所购货品的总重量以及发货到买家收货地址的对应运费费率，系统将自动计算出最后需要的运费。因此，使用运费模板，系统自动计算运费，不论是对卖家还是买家都省时省力，如图 6-6 所示。

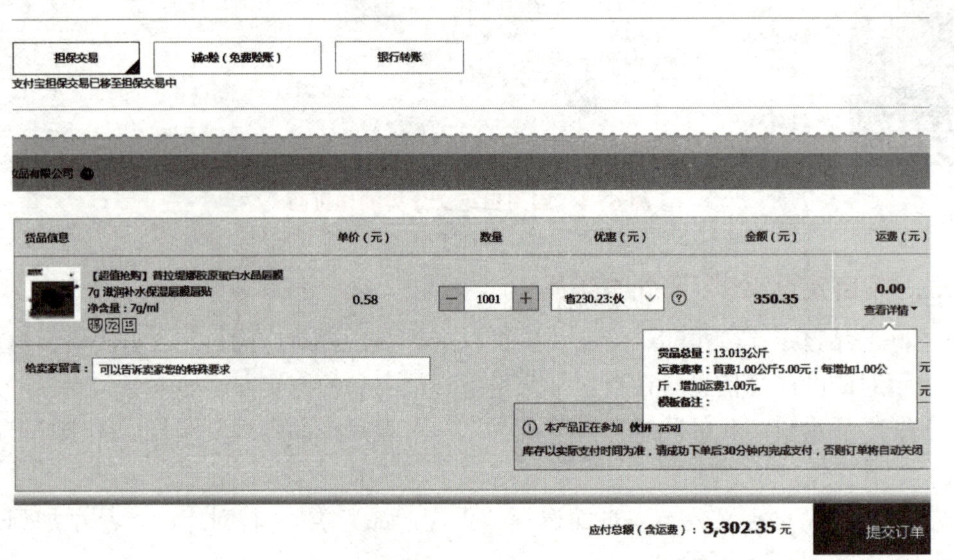

图 6-6　运费模板信息

1. 运费计算方法

运费的计算公式是按照费率中填写的首重、续重和大件起运重量，以及对应的价格参数来设定的。具体计算公式如下：

（1）如果货品总重量≤首重：运费 = 首重的运费；

（2）如果首重＜总重量＜大件起运重量：运费 = 首重的运费 + 续重的份数 × 续重的单位运费；

（3）如果总重量≥大件起运重量：运费 = 总重量 × 大件起运的单位运费。

2. 设置运费模板的操作流程和方法

在 1688 平台设置运费模板的操作流程和方法如下：

卖家登录平台，沿着“我的阿里”→“交易”→“物流管理”路径，单击“物流设置”，在“物流设置”页面，如图 6-7 所示，单击“新建运费模板”按钮，进入“运费模板设置”页面，如图 6-8 所示。

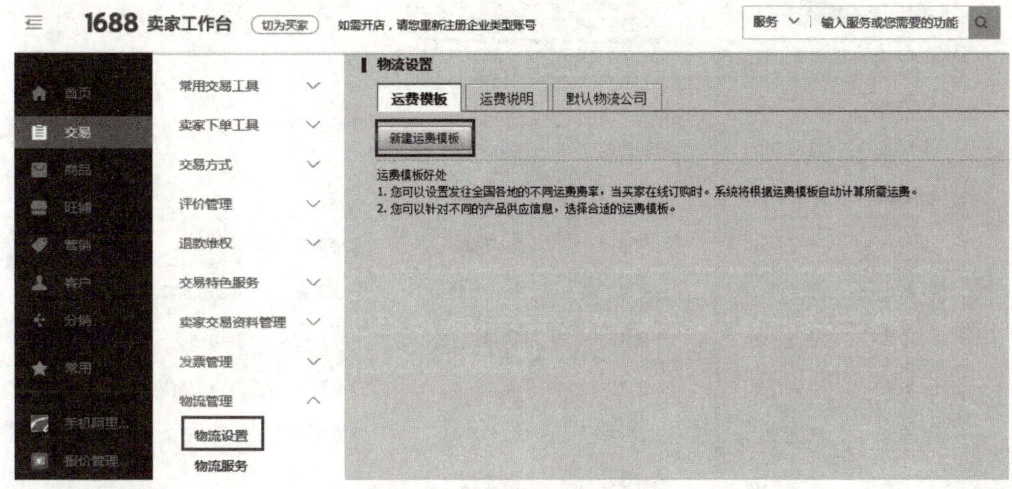

图 6-7 “物流设置”页面

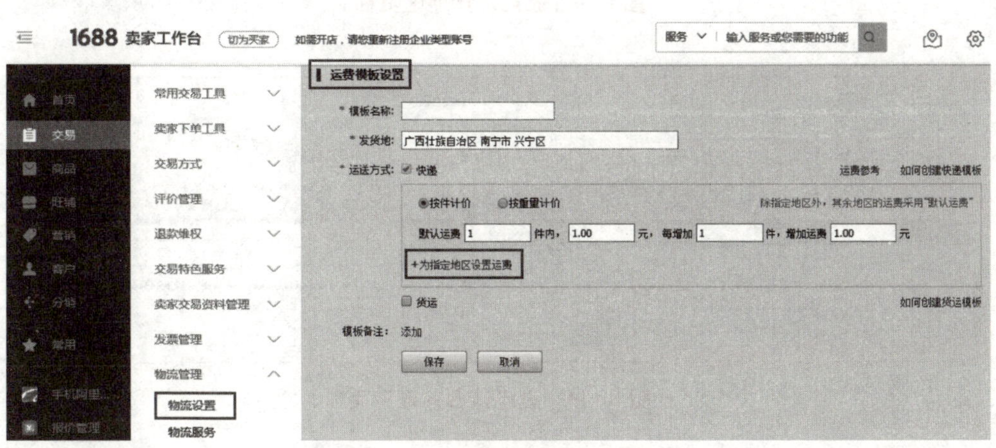

图 6-8 “运费模板设置”页面

单击“为指定地区设置运费”按钮，在弹出的添加发货地区窗口选择地区，如图 6-9 所示，并设定计费标准，如图 6-10 所示，如果需要详细说明，可以给运费模板添加备注，然后单击“保存”按钮，设置运费模板操作完毕。如图 6-11 所示，此为运费模板设置案例。

设置运费模板之后，还可以为已发布的全部供应产品批量设置运费模板，批量设置运费模板的操作流程和方法如下：

（1）在“运费模板”页面，单击“管理关联信息”按钮，如图 6-12 所示。

（2）在“全部供应产品”中选择要修改运费模板设置的信息，然后单击“批量修改”，选择运费模板后确认即可，如图 6-13 所示。

如果发布供应产品时，选择的运费模板是“按件计价”的，则货品重量为非必填项；如果选择的运费模板是“按重量计价”的，则货品重量为必填项。

为指定地区设置运费

红色文字表示在其他指定地区中有勾选，再次勾选会更新之前该省份的设置

江浙沪	上海	浙江省	江苏省		
华东	福建省	安徽省	山东省		
华南	广东省	广西	海南省		
华中	江西省	河南省	湖北省	湖南省	
华北	北京	天津	河北省	山西省	内蒙古
东北	辽宁省	吉林省	黑龙江省		
西北	陕西省	甘肃省	青海省	宁夏	新疆
西南	重庆	四川省	贵州省	云南省	西藏
港澳台	台湾省	香港	澳门		

保 存　取 消

图 6-9　添加发货地区页面

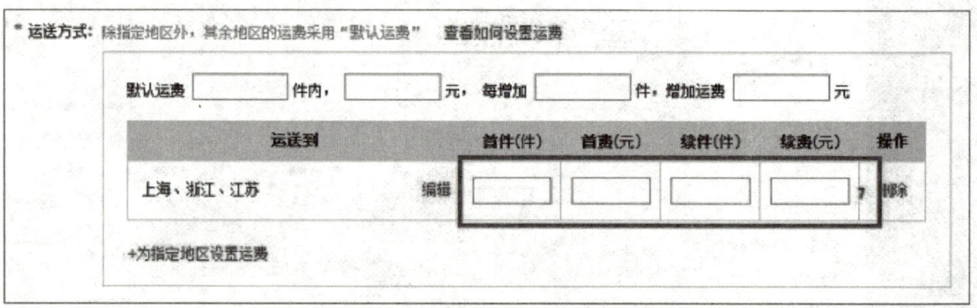

图 6-10　设定计费标准页面

运费模板设置　< 返回模板列表

* 模板名称：衣服

* 计价方式：按件数　按重量

* 运送方式：除指定地区外，其余地区的运费采用“默认运费”　查看如何设置运费

默认运费 2 件内，10.00 元，每增加 1 件，增加运费 2.00 元

运送到		首件(件)	首费(元)	续件(件)	续费(元)	操作
浙江、江苏、上海	编辑	1	6.00	1	2.00	删除

+为指定地区设置运费

添加备注

保存　取消

图 6-11　运费模板设置案例

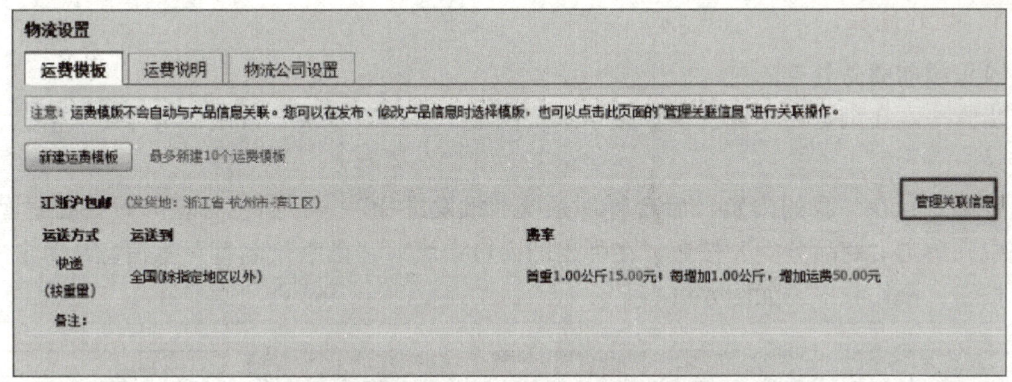

图 6-12 单击“管理关联信息”按钮

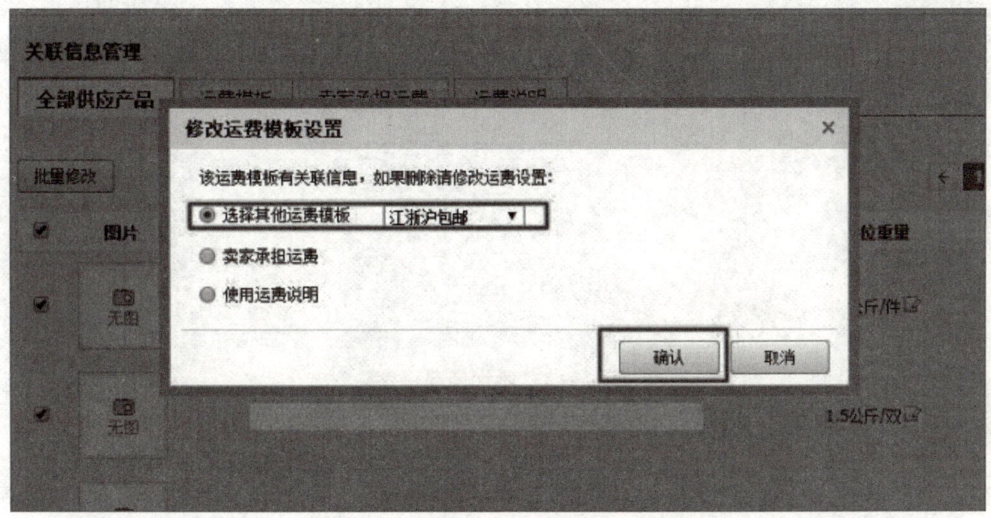

图 6-13 批量修改运费模板设置页面

实训任务

一、商品分类

1. 任务描述

在 B2B 内贸实训教学系统上设置商品分类。

2. 任务目的

通过在 B2B 内贸实训教学系统进行本任务的操作练习，学生可掌握在 1688 平台设置旺铺商品分类的操作流程和方法。

3. 操作流程

（1）添加商品分类。

步骤一：在浏览器中输入实训教学系统网址，单击“登录”按钮，填写账户信息，完成登录。

步骤二：在“我的内贸”后台管理系统“批发进货”→“信息管理”→“批发管理”模块中，单击“商品分类”按钮，在弹出的窗口中填写“排序”“名称”等信息，单击“提交”按钮，操作完毕，如图 6-14 所示。

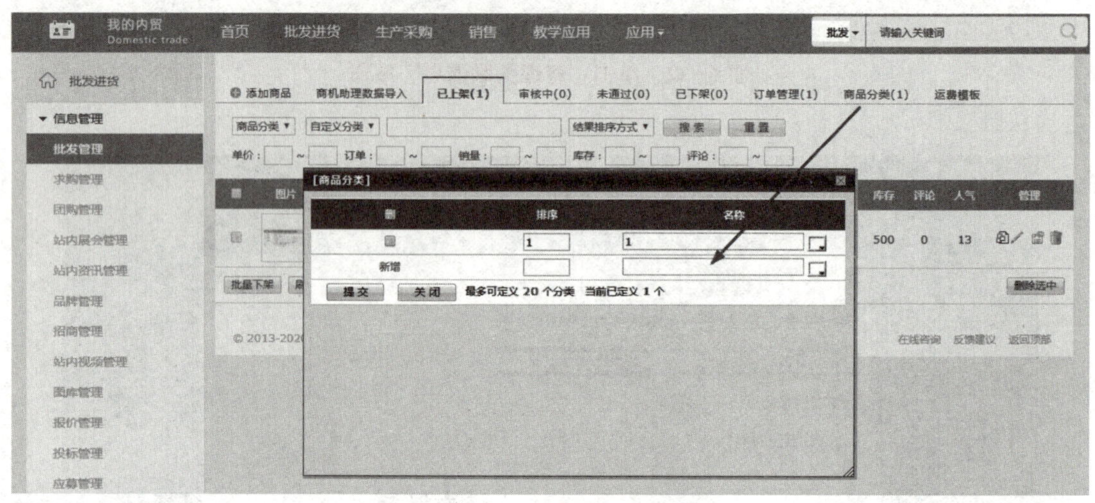

图 6-14 添加商品分类

（2）修改商品分类。

在“我的内贸”后台管理系统“批发进货”→“信息管理”→“批发管理”模块，单击“商品分类”按钮，在打开的窗口编写需修改的信息，修改完成后单击“提交”按钮保存修改结果，即可完成信息的修改操作，如图 6-15 所示。

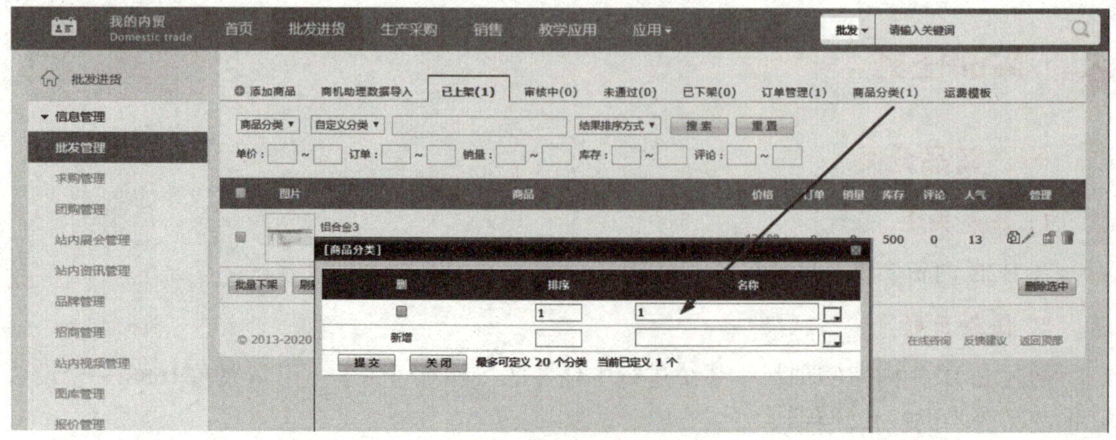

图 6-15 修改商品分类

（3）删除商品分类。

在“我的内贸”后台管理系统“批发进货”→“信息管理”→“批发管理”模块，单击“商品分类”按钮，在打开的窗口选择需删除的信息，按照提示操作，即可完成信息的删除操作，如图 6-16 所示。

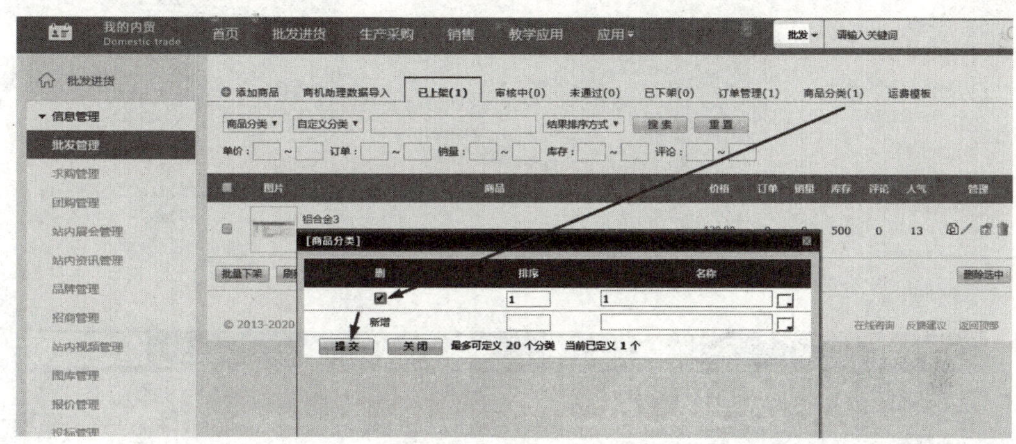

图 6-16　删除商品分类

二、设置运费模板

1. 任务描述

在 B2B 内贸实训教学系统上设置运费模板。

2. 任务目的

通过在 B2B 内贸实训教学系统进行本任务的操作练习，学生可掌握在 1688 平台设置运费模板的操作流程和方法。

3. 操作流程

（1）添加运费模板。

步骤一：在浏览器中输入实训教学系统网址，单击“登录”按钮，填写账户信息，完成登录。

步骤二：在“我的内贸”后台管理系统“批发进货”→“信息管理”→“批发管理”模块，单击“添加模板”按钮，即可进入“添加模板”页面，设置模板名称、快递名称、默认运费、显示顺序、备注信息等信息，其中加“*”号的为必填项，单击“确定”按钮，即可添加成功，如图 6-17 所示。

（2）修改运费模板。

在“我的内贸”后台管理系统“批发进货”→“信息管理”→“批发管理”模块，单击“运费模板”按钮，即可进入“运费模板”页面，在打开的窗口编辑需修改的信息，修改完成后单击“确定”按钮保存修改结果，即可完成信息的修改操作，如图 6-18 所示。

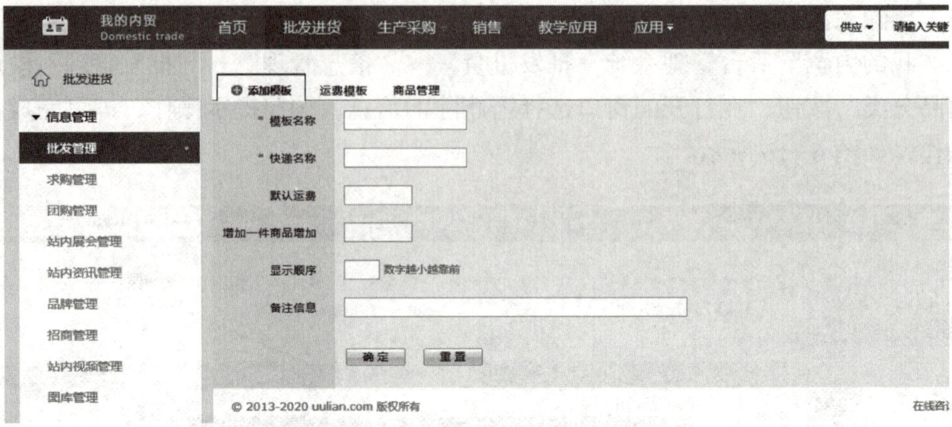

图 6-17 添加运费模板

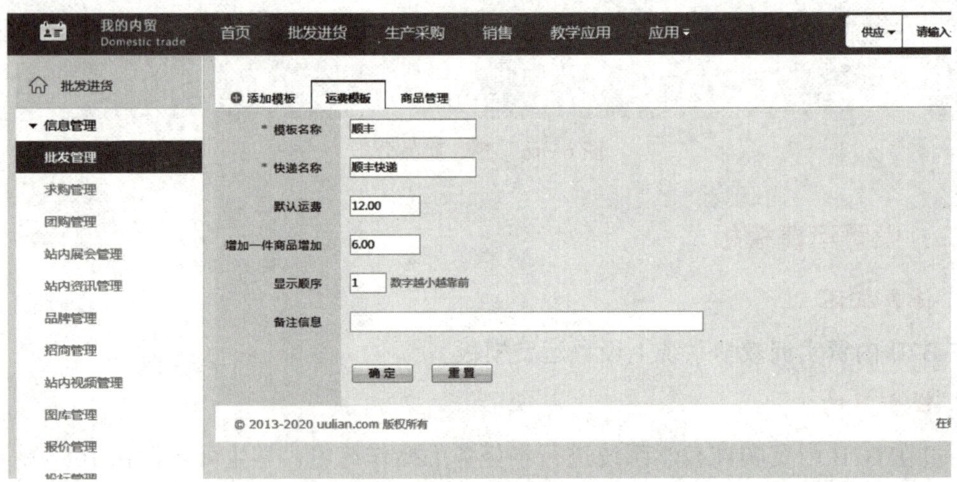

图 6-18 修改运费模板

（3）删除运费模板。

在“我的内贸”后台管理系统“批发进货”→“信息管理”→“批发管理”模块，单击“运费模板”按钮，即可进入“运费模板”页面，单击需删除的模板信息的“删除”图标，按照相应的提示操作后，即可删除该条模板，如图 6-19 所示。

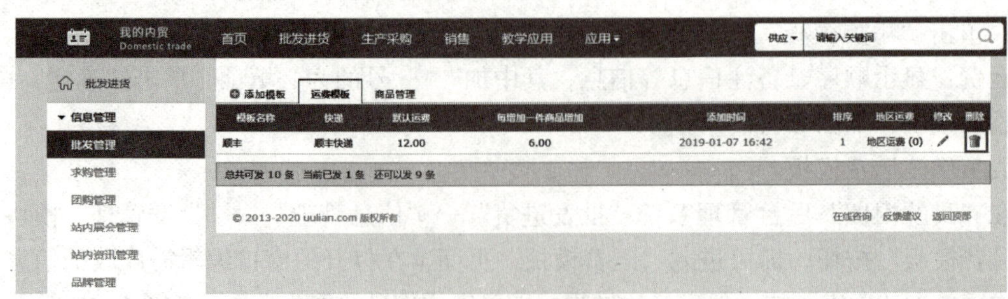

图 6-19 删除运费模板

4. 添加运费模板填写说明

模板名称：模板的名称。

快递名称：快递公司的名称。

默认运费：设置快递运费。

增加一件商品增加：购买多件商品时，每增加一件商品会增加多少运费。

显示顺序：快递名称显示的顺序。

备注信息：对快递备注信息。

三、添加和管理批发商品

1. 任务描述

在 B2B 内贸实训教学系统上添加和管理批发商品。

2. 任务目的

通过在 B2B 内贸实训教学系统进行本任务的操作练习，学生可掌握在 1688 平台添加和管理批发商品的操作流程和方法。

3. 操作流程

（1）添加商品。

步骤一：在浏览器中输入实训教学系统网址，单击“登录”按钮，填写账户信息，完成登录。

步骤二：在“我的内贸”后台管理系统“批发进货”→“信息管理”→“批发管理”模块，单击“添加商品”按钮，即可进入“添加商品”页面，设置商品分类、商品名称、标题颜色、商品价格、商品库存、商品品牌、商品图片、商品详情、可选属性、运费等信息，其中加“*”号的为必填项，单击“确定”按钮，即可添加成功，如图 6-20 所示。

（2）管理已上架商品。

步骤一：在“我的内贸”后台管理系统“批发进货”→“信息管理”→“批发管理”模块，单击“已上架”按钮，即可进入“已上架”页面，可以对信息进行关联、修改、复制、删除，在该页面的上方还显示了“添加商品”“商机助理数据导入”“审核中”“未通过”“已下架”“订单管理”“商品分类”“运费模板”导航，如图 6-21 所示。

步骤二：在“已上架”页面，单击需关联的商品信息的“关联”图标，即可进入关联商品页面进行商品关联，如图 6-22 所示。

步骤三：在“已上架”页面，单击需修改的商品信息的“修改”图标，在打开的修改信息的窗口进行修改，修改完成后单击“提交”按钮保存修改结果，即可完成信息的修改操作，如图 6-23 所示。

步骤四：在“已上架”页面，单击需复制的商品信息的“复制”图标，在打开的复制信息的窗口进行复制，复制完成后单击“提交”按钮保存复制结果，即可完成信息的复制操作，如图 6-24 所示。

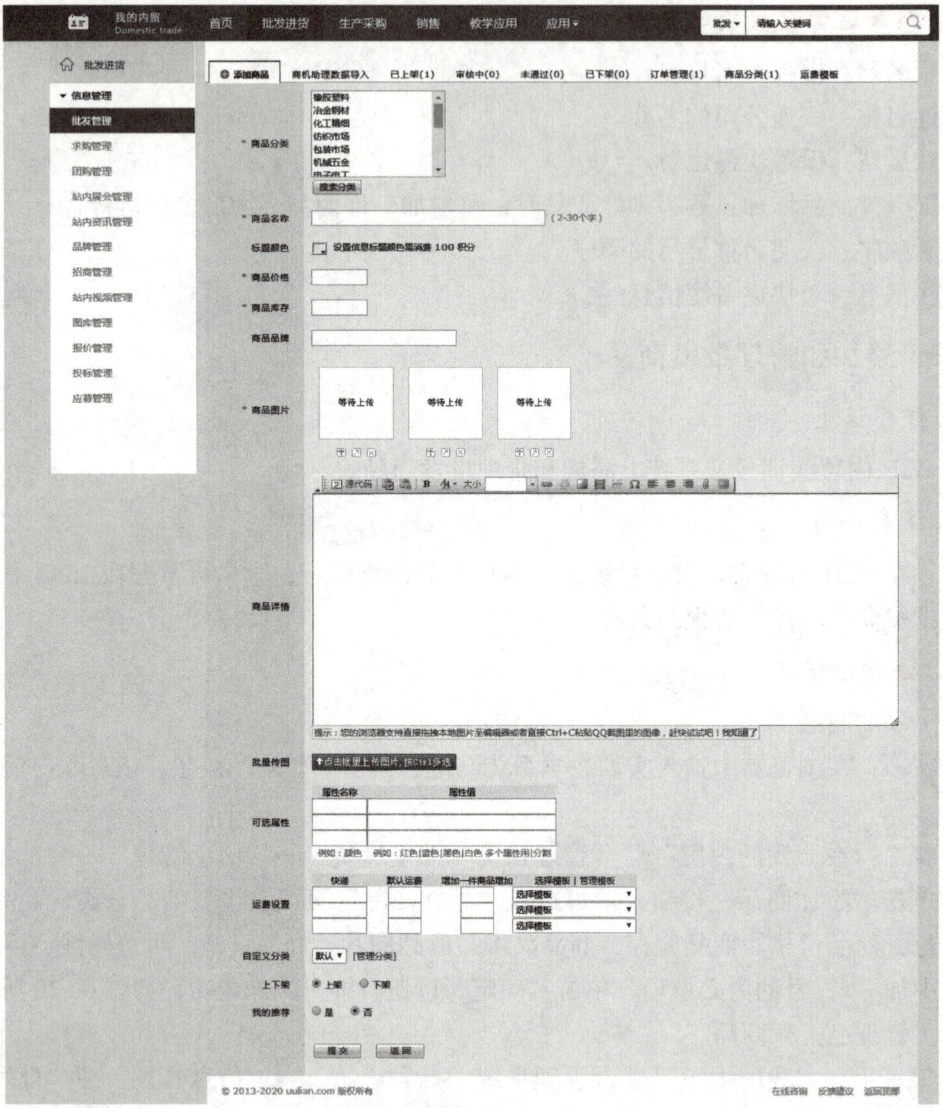

图 6-20 添加商品

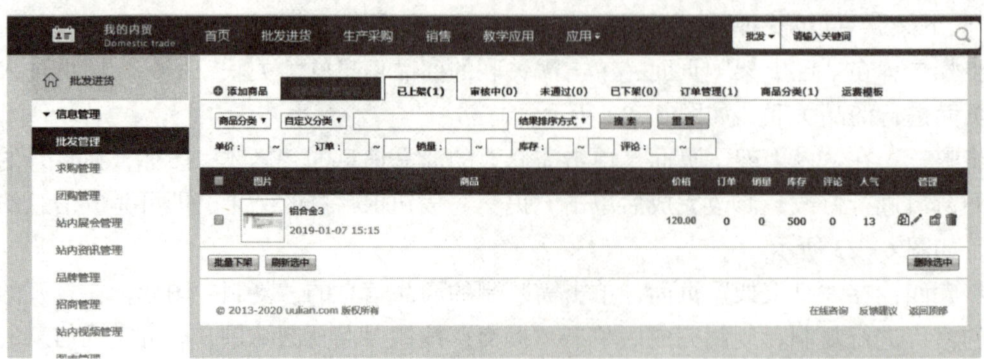

图 6-21 已上架商品

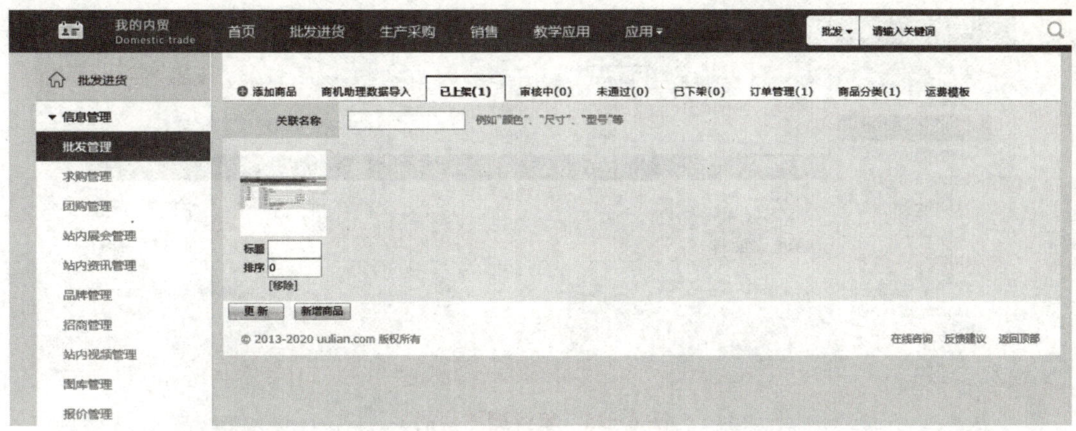

图 6-22　关联商品

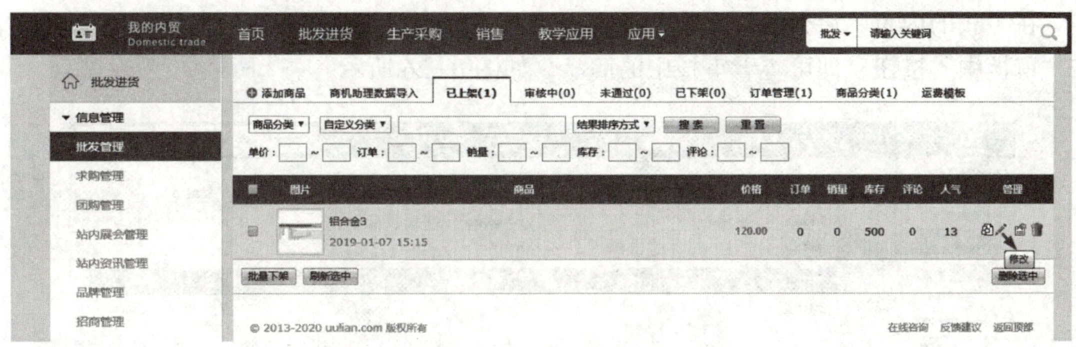

图 6-23　修改商品

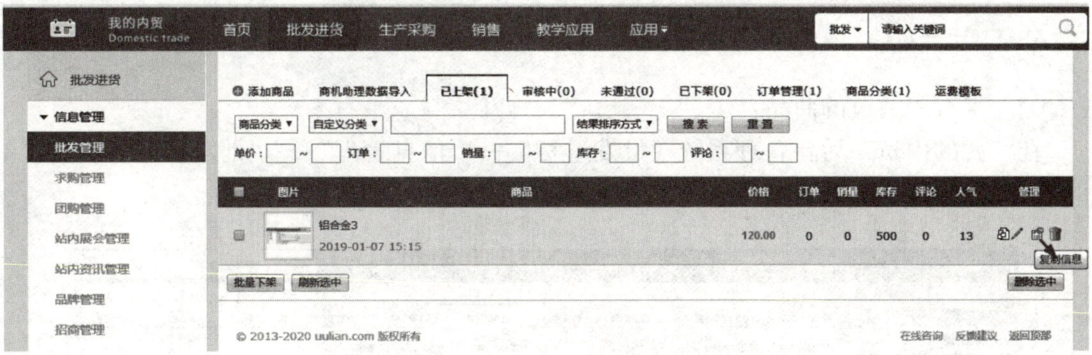

图 6-24　复制商品

步骤五：删除商品信息有单条删除和批量删除两种方法。

方法一：单条删除。用户单击列表中的“删除”图标，即可删除该条商品信息，且不能撤销，如图 6-25 所示。

方法二：批量删除。用户在列表中选择要删除的商品信息，再单击列表右下角的“删除选中”按钮，即可删除已选择的商品信息，且不能撤销。

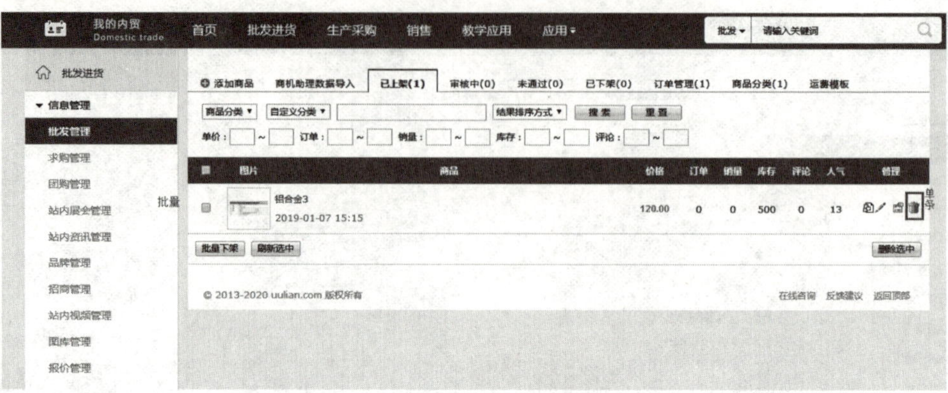

图 6-25　单条删除商品

（3）查看审核中的商品。

在“我的内贸”后台管理系统“批发进货”→“信息管理”→“批发管理”模块，单击“审核中”按钮，即可查看审核中的商品，如图 6-26 所示。

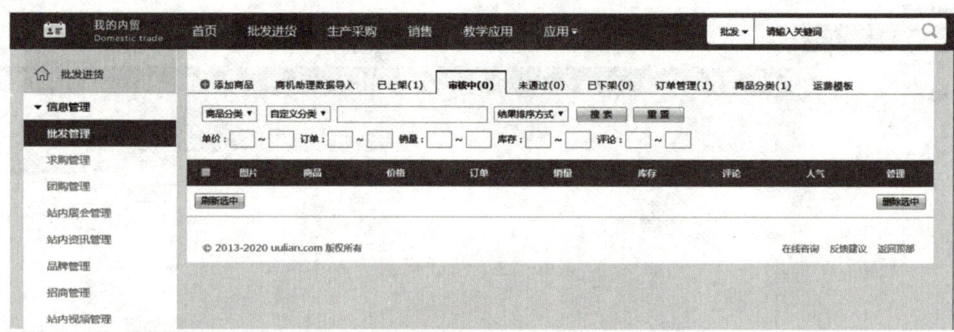

图 6-26　查看审核中的商品

（4）查看未通过的商品。

在“我的内贸”后台管理系统“批发进货”→“信息管理”→“批发管理”模块，单击“未通过”按钮，即可查看未通过的商品，如图 6-27 所示。

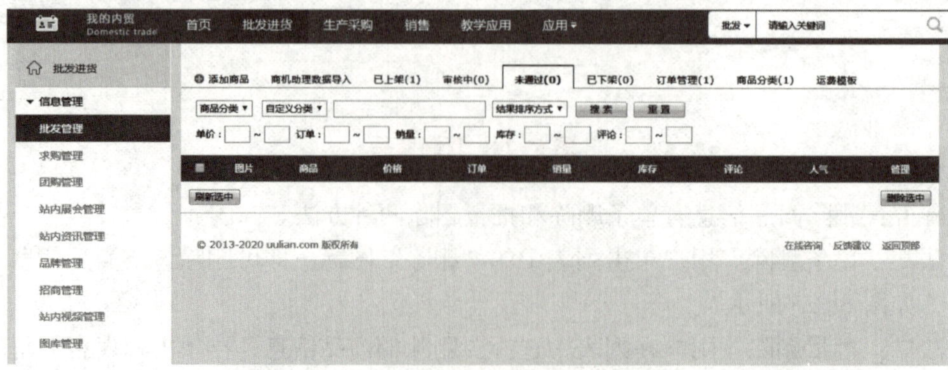

图 6-27　查看未通过的商品

（5）查看已下架的商品。

在“我的内贸”后台管理系统“批发进货”→“信息管理”→“批发管理”模块，单击“已下架”按钮，即可查看已下架的商品，如图 6-28 所示。

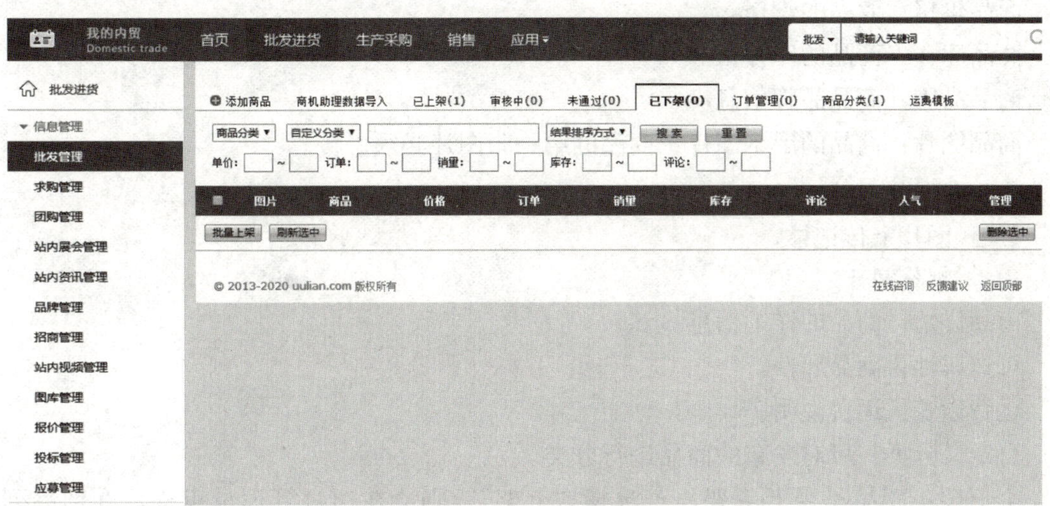

图 6-28　查看已下架的商品

（6）订单管理。

在“我的内贸”后台管理系统“批发进货”→“信息管理”→“批发管理”模块，单击“订单管理”按钮，即可进入“订单管理”页面，如图 6-29 所示。

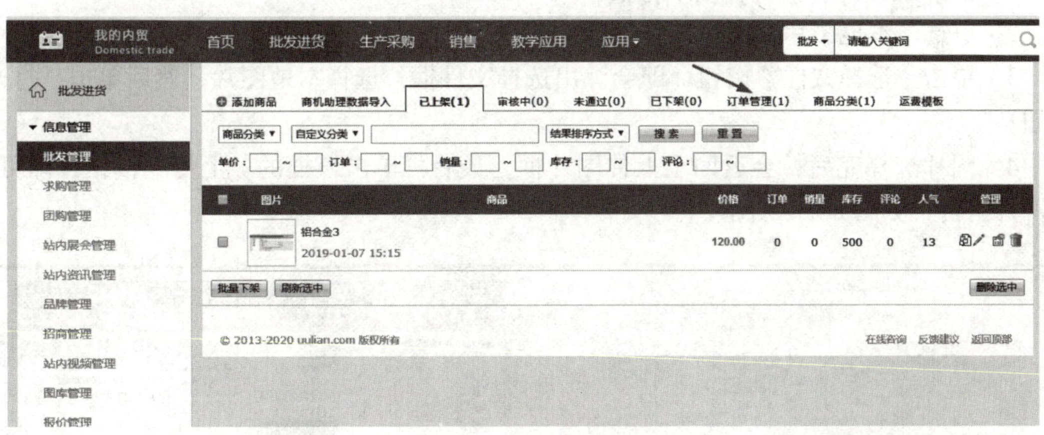

图 6-29　“订单管理”页页

4. 批发管理填写说明

（1）添加商品。

商品分类：商品类别名称。设置商品分类后，用户就可以在批发首页按分类找到该商品。

商品名称：商品的名称。

标题颜色：选择标题的颜色，若选择“红色”，标题的颜色就变成红色。设置信息标题颜色需消费 100 积分。

商品价格：商品的价格。

商品库存：商品的库存量。

商品品牌：商品品牌信息。

商品图片：商品的展示图片，商品的第一张图片必须上传。

：上传图片。

：图片上传记录。

：删除图片。

商品详情：商品的详细信息。

可选属性：商品属性。

运费设置：运费说明。

自定义分类：可对发布的商品进行分类。

上下架：商品是否上下架，若选择“上架”，则会在通过管理员审核后在商品列表显示。

我的推荐：是否为推荐产品，若选择“是”，则会在公司首页的“推荐产品”栏目下显示。

上传商品图片操作流程如下：

1）单击图标，即可弹出上传框；

2）点选“本地图片”，即可选择上传本机的图片；

3）单击“选择文件”按钮，即会弹出选择文件框，选择本地图片，然后单击“打开”按钮；

4）图片选择完后，会返回至上传图片框，最后再单击该框的“上传”按钮，即可将该图片上传，如图 6-30 所示。

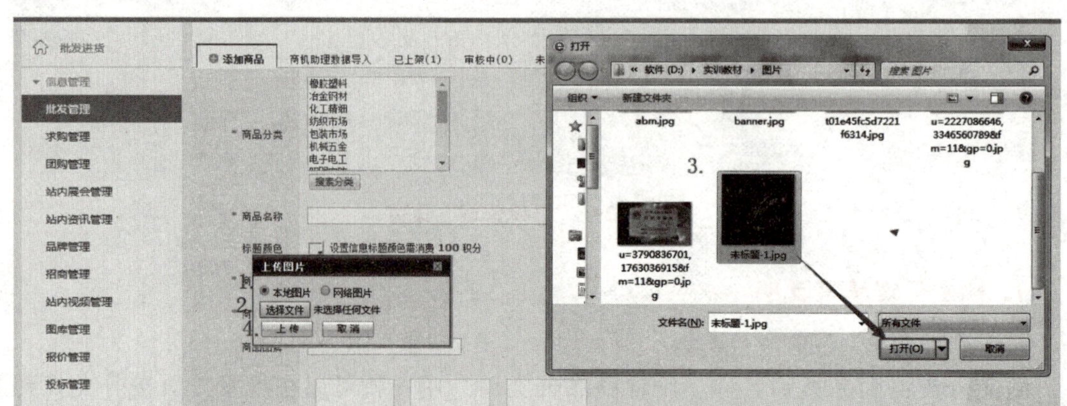

图 6-30 上传本地图片

若上传图片时，用户选择“网络图片”，则只需在文本框中输入图片的链接地址，再单击“上传”按钮即可，如图6-31所示。

图6-31　上传网络图片

上传商品详情图片操作流程如下：

1）单击图标，即可弹出上传框；

2）单击“选择文件”按钮，即会弹出选择文件框，选择本地图片，然后单击“打开”按钮，图片自动上传到服务器上，如图6-32所示（若服务器上有此商品图片，可直接单击“浏览服务器”按钮，弹出选择图片框选择图片，即可跳转到图像页面）；

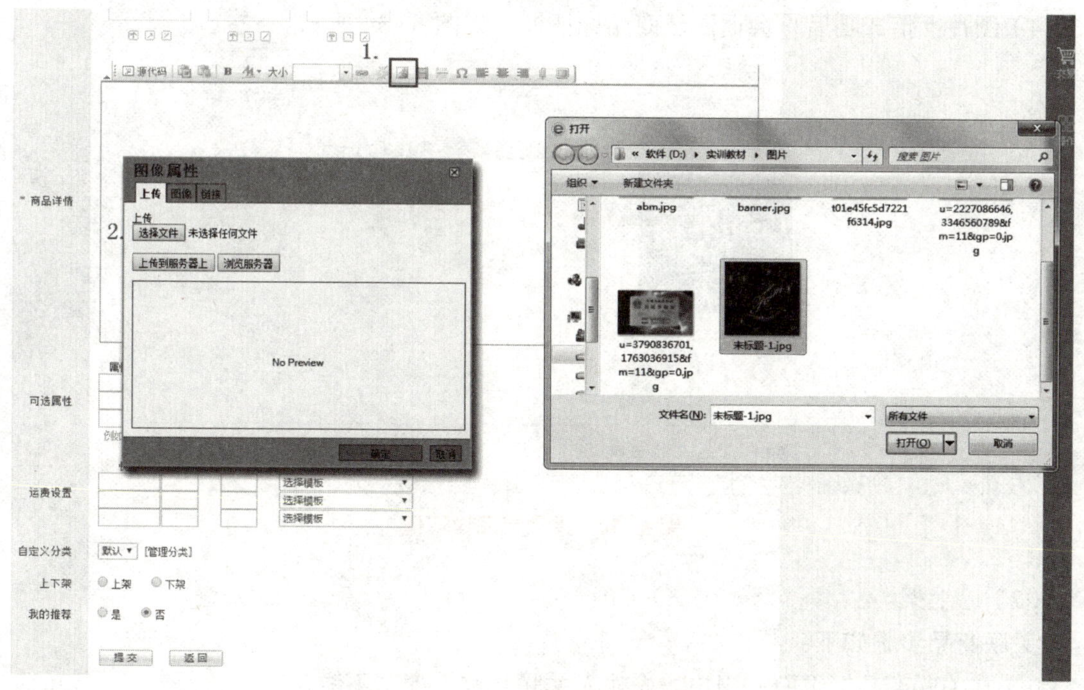

图6-32　上传商品详情图片

3）跳转到图像页面，在文件地址框中填入网站网址或者其他链接地址，即可显示图片，单击按钮，可显示图片的宽度和高度，再单击“确定”按钮，如图6-33所示；

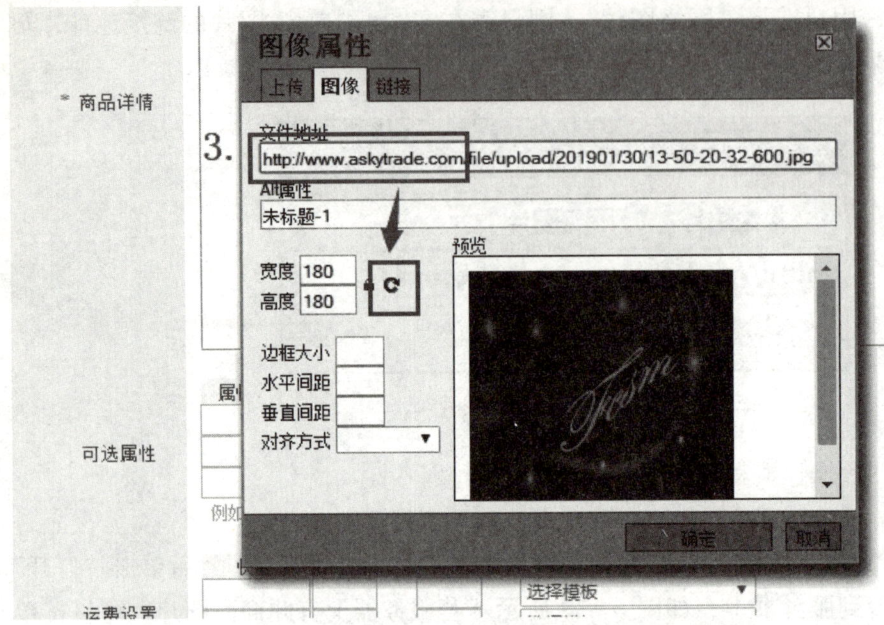

图 6-33　图片链接网址和刷新按钮

4）图片上传成功后，会返回至商品详情框，如图 6-34 所示。

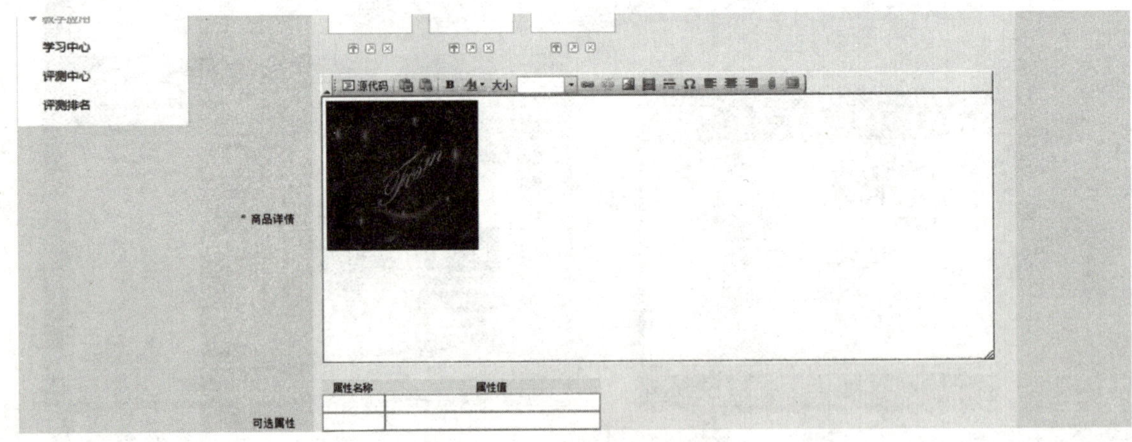

图 6-34　返回商品详情框

（2）已上架。

关联商品步骤如下：

1）在关联商品框页面，用户需先输入关联名称，如"不锈钢"；

2）单击"新增商品"，即会弹出商品选择框，该框中的商品列表显示商品，如图 6-35 所示；

3）在商品选择框中选择商品，单击"选择"按钮，即可将该商品带回至关联设置页面；

4）用户可输入关联商品的标题，该标题是当鼠标移至该商品图片时会显示的标题名称，若填写，则系统会自动显示商品名称；

5）用户单击“移除”按钮，可将该关联商品移除，即不关联该商品了。

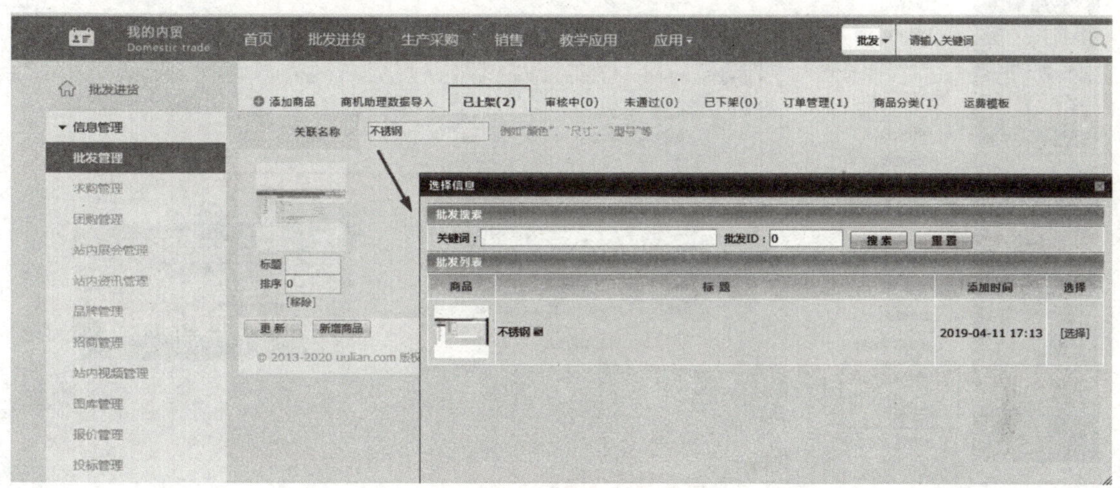

图 6-35 关联商品

 拓展学习——在 1688 平台上设置混批

1688 平台以批发和采购业务为核心，1688 大市场以批发为主，为了不影响批发商的批发体验，1688 平台取消了 1 件起批业务。但供应商可以通过设置混批来满足 1688 市场 1 件代销业务的开展，同时可以方便微商等非淘宝买家下单购买。

在 1688 平台上，混批是指不限定商品种类和样式，只要买家总采购金额或数量达到要求，即可进行批发销售。混批规则设置成功后，对所有支持混批的商品生效。从买家角度讲，混批就是当买家在 1688 平台采购时，如果没有达到卖家设置的起批数量，但选择的商品支持混批且满足混批条件，那么买家也可下单购买。例如，1688 某旺铺的商品起批量是 3 件，而该旺铺部分商品支持混批，混批条件是满 300 元或 3 件，那么买家可以在支持混批的商品中进行选购，当采购金额满 300 元或者采购商品满 3 件时，即可下单购买。

在 1688 平台上，混批仅适用于服装、小商品等消费品行业采购，机械、化工、塑料等原材料行业则没有这样的购买模式。

混批条件并不是商品下单的最低条件，仅当商品采购量不满足商品起批量时生效，若买家下单时已满足商品起批量，则可以直接下单而不需要满足混批条件。

设置混批有两种方式：

（1）登录后，在“我的阿里”→“营销”→“其他营销工具”下进入“混批设置”页面，按照需要设置混批条件和批发说明，如图 6-36 所示。

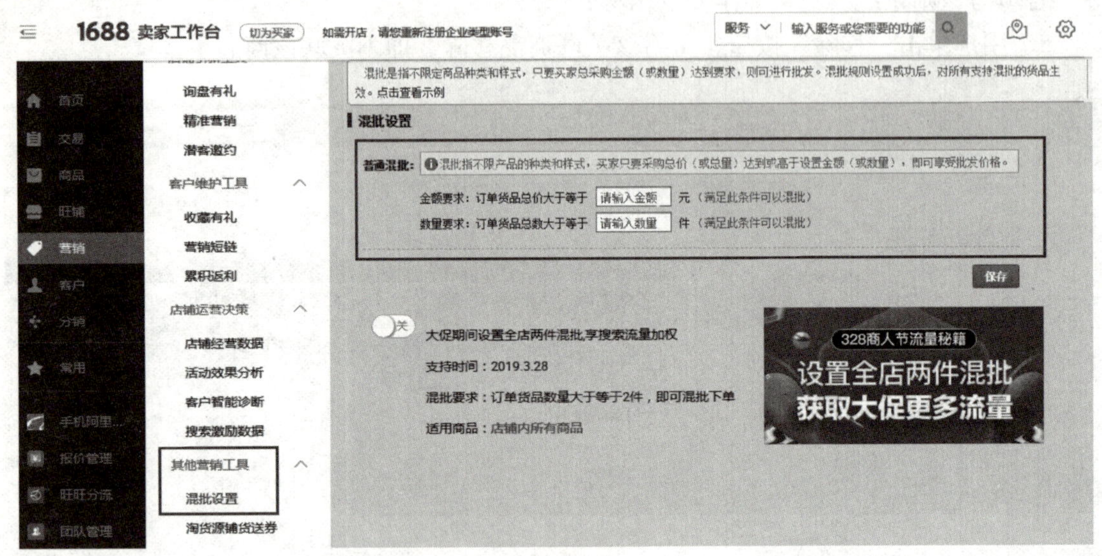

图 6-36 “混批设置”页面

（2）在供应信息发布或编辑页面，在“特色服务”中勾选“支持混批”，然后单击“混批规则设置”进入相关页面，设置混批条件和批发说明，如图 6-37 所示。

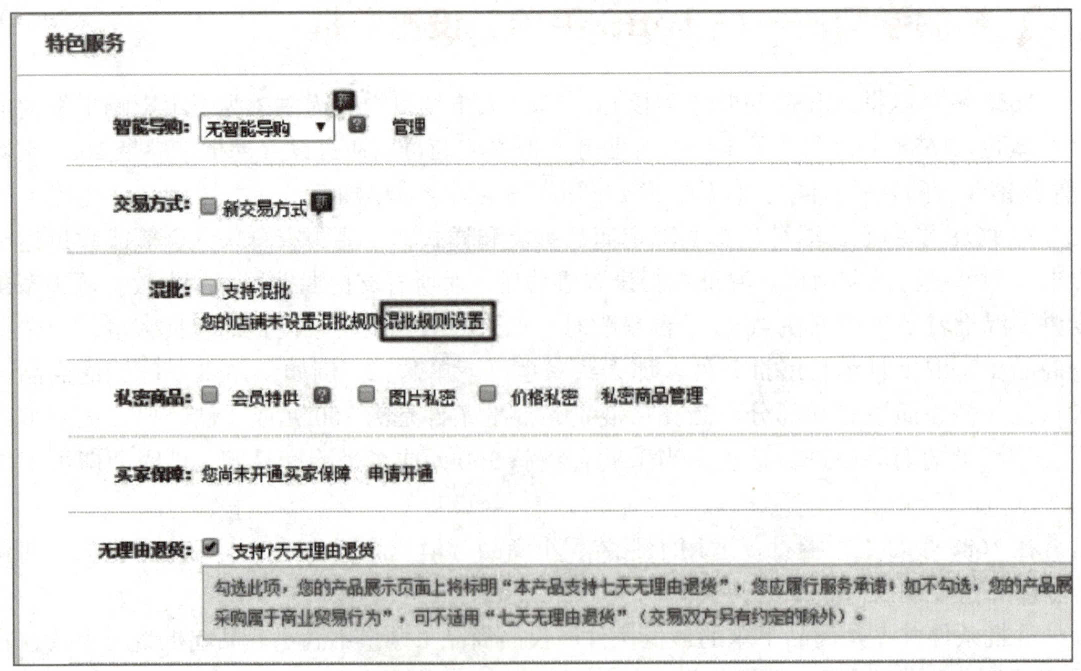

图 6-37 “特色服务”页面

习题

1. 什么是批发信息?
2. 怎样发布一条可交易的供应产品信息?
3. 在 1688 平台上，产品自定义分类有何意义?
4. 在 1688 平台上，如何添加产品自定义分类?
5. 怎么做才能使添加的产品分类在旺铺上显示?
6. 怎么把供应产品放到对应的自定义分类下?
7. 使用运费模板的意义是什么?
8. 1688 平台上的混批是指什么?
9. 在 1688 平台上，混批适用于什么行业，不适用于什么行业?
10. 设置混批有哪些方法?

生产采购

一、发布询价单的采购流程

询价单是采购商为了快速、广泛地寻找适合的供应商而在采购平台上发布的采购或定制需求。发布询价单的采购方法和流程如下：

（1）发布询价单。在阿里巴巴首页，单击“发布询价单”，如图 7-1 所示。

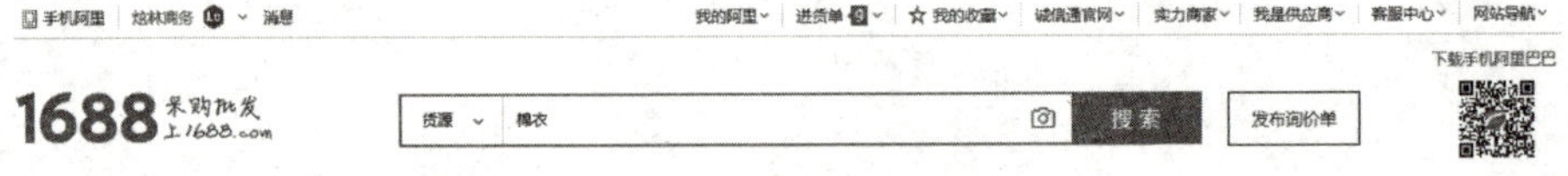

图 7-1　发布询价单入口（1）

或者，登录“我的阿里”，单击“采购”→“寻源发布”→“发布询价单”，如图 7-2 所示。

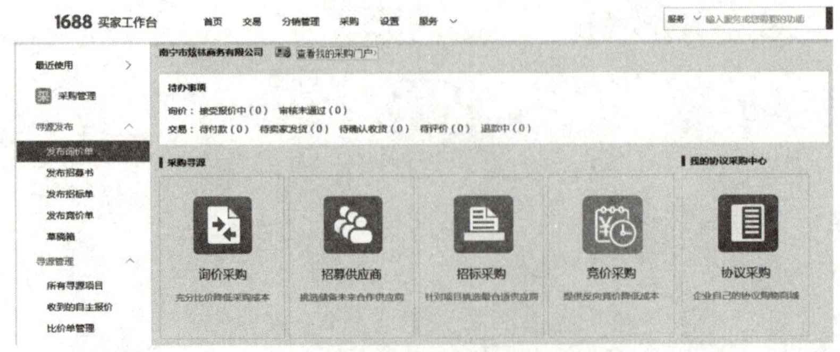

图 7-2　发布询价单入口（2）

（2）填写采购信息。一张询价单包括采购类型、产品名称、所属行业、采购数量、收货地、补充说明和联系信息等。

产品名称填写规则如下：

1）需填写完整、明确的产品名称，且必须与内容描述相匹配。

2）产品名称中严禁带有任何禁售产品，以及其他非法字词。

3）产品名称中不要填写包括电话、邮箱、QQ、旺旺等任何形式的联系方式。

在“采购要求”中选择相应的选项。为了缩小询价范围，在“对供应商要求”中可以限制报价供应商所在地区、注册资金等。

询价单要填写的内容如图 7-3、图 7-4 所示。

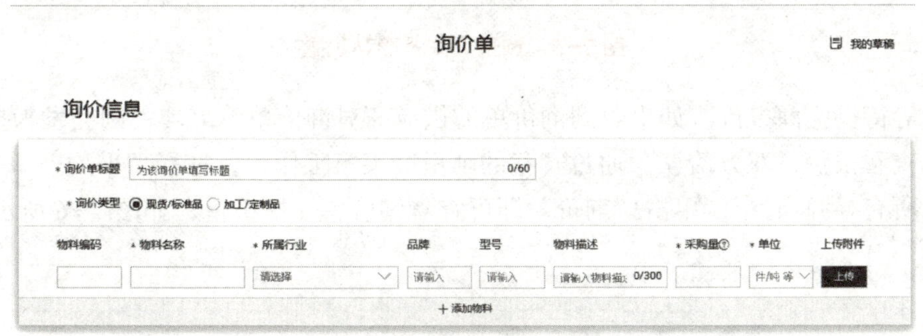

图 7-3　询价单要填写的内容（1）

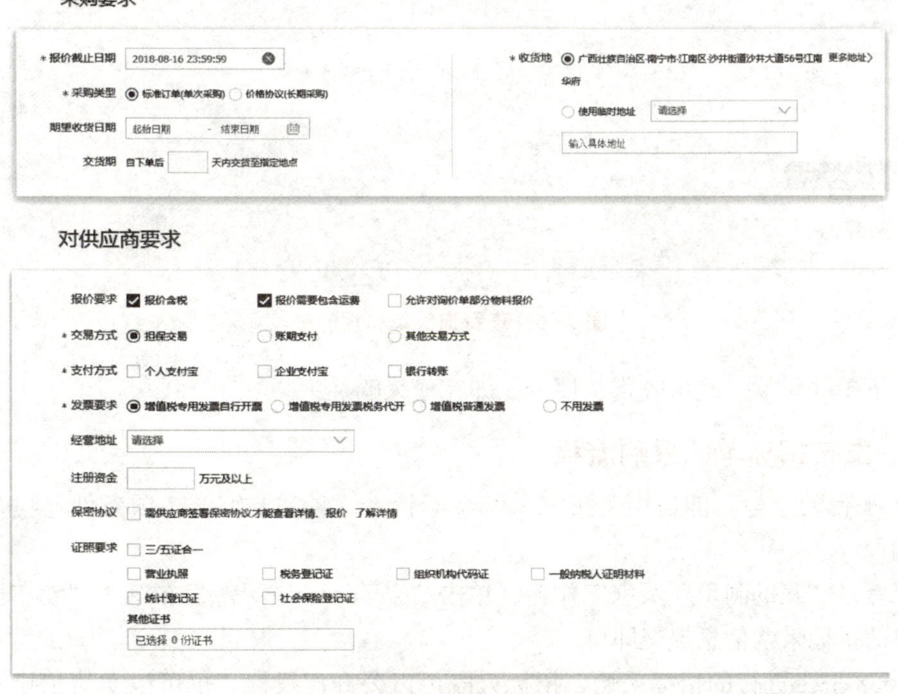

图 7-4　询价单要填写的内容（2）

在“询价方式及隐私设置”中可以设置是否对所有 1688 供应商进行公开征集，还可以设置比价的方式是否密封，采购商的联系方式是否公开等，如图 7-5 所示。

询价方式及隐私设置

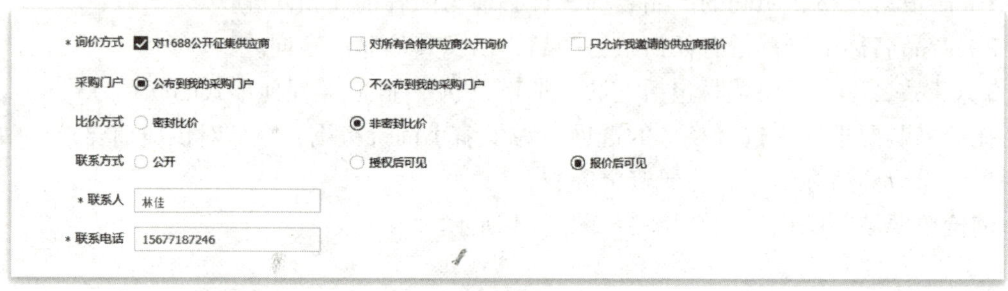

图 7-5 询价方式及隐私设置

（3）等待供应商报价。如果收到询价单的供应商对询价单感兴趣，则会发来报价。

（4）查看报价，双方洽谈。通过“我的阿里”买家工作台，选择“采购”→“寻源管理”→“所有寻源项目”，单击“询价”即可查看询价单、报价单，如图 7-6 所示。

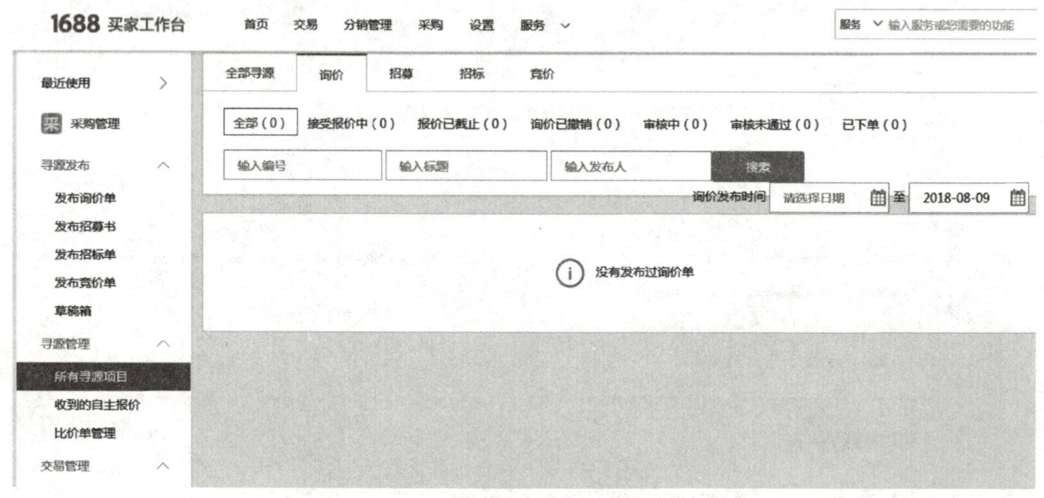

图 7-6 查看询价单和报价单

（5）下单并付款、确认收货、评价，即完成采购。

二、发布招标单的采购流程

1688 平台的招标功能适用于买家采购金额较大，且需要综合各项条件寻找合作供应商的采购。

买家登录“我的阿里”买家工作台，单击“采购”→“寻源发布”→“发布招标单”，填写完整的招标采购信息提交即可。

在 1688 平台进行的招标采购，招标人既可以公开招投标，也可以邀请招投标。公开报名的供应商以及被邀请的供应商均需要经过报名流程并且通过采购商的资质审核后，才可以正式参与投标、提交投标文件，具体流程如图 7-7 所示。

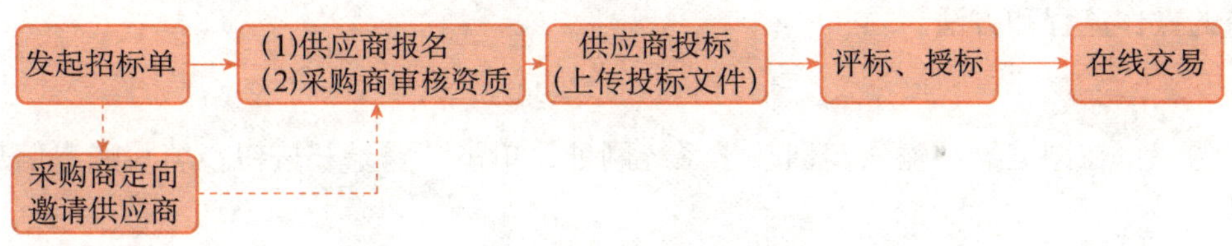

图 7-7 1688 平台招标采购流程

三、发布竞价单的采购流程

1688 平台的竞价采购（又称反向竞价、反向竞拍）是一种最大限度地帮助采购商降低采购成本的极高效的采购方式。在竞价过程中，供应商的每一次报价均不能高于其上一次报价，直至将价格降至最低。

登录“我的阿里”买家工作台，单击“采购”→“寻源发布”→“发布竞价单”，填写完整的采购信息提交即可。

1688 平台竞价采购的具体流程如图 7-8 所示。

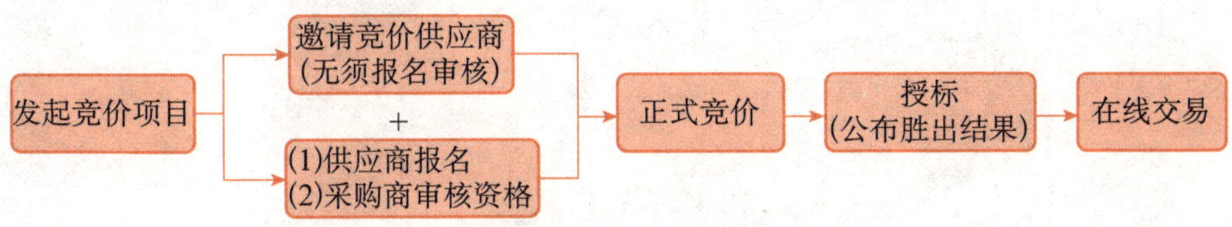

图 7-8 1688 平台竞价采购流程

四、发布招募书的采购流程

在 1688 平台上，采购商如果想公开招募供应商，可以发布招募书以寻找合适的供应商。登录“我的阿里”买家工作台，单击“采购”→“寻源发布”→“发布招募书”，填写完整的采购信息提交即可。

对招募书进行管理、查阅等可以登录“我的阿里”买家工作台，选择“采购”→“寻源管理”→“所有寻源项目”，单击“招募”进行有关招募信息的查询和管理。

实训任务

一、发布询价单

1. 任务描述

在 B2B 内贸实训教学系统上发布询价单。

2. 任务目的

通过在 B2B 内贸实训教学系统进行本任务的操作练习，学生可掌握在 1688 平台发布询价单的操作流程和方法。

3. 操作流程

步骤一：在浏览器中输入实训教学系统网址，单击“登录”按钮，填写账户信息，完成登录。

步骤二：在“我的内贸”后台管理系统“批发进货”→“采购管理”→“寻源发布”模块，单击“发布询价单”按钮，即可进入发布询价单页面，设置标题、询价产品、选择分类、产品名称、数量、单位、产品描述、报价截止时间、期望收货日期、报价要求、收货地、对供应商要求、补充说明、询价方式、采购门户、报价查看要求等信息，其中加“*”号的为必填项，单击“确定发布”按钮，即可添加成功，如图 7-9 所示。

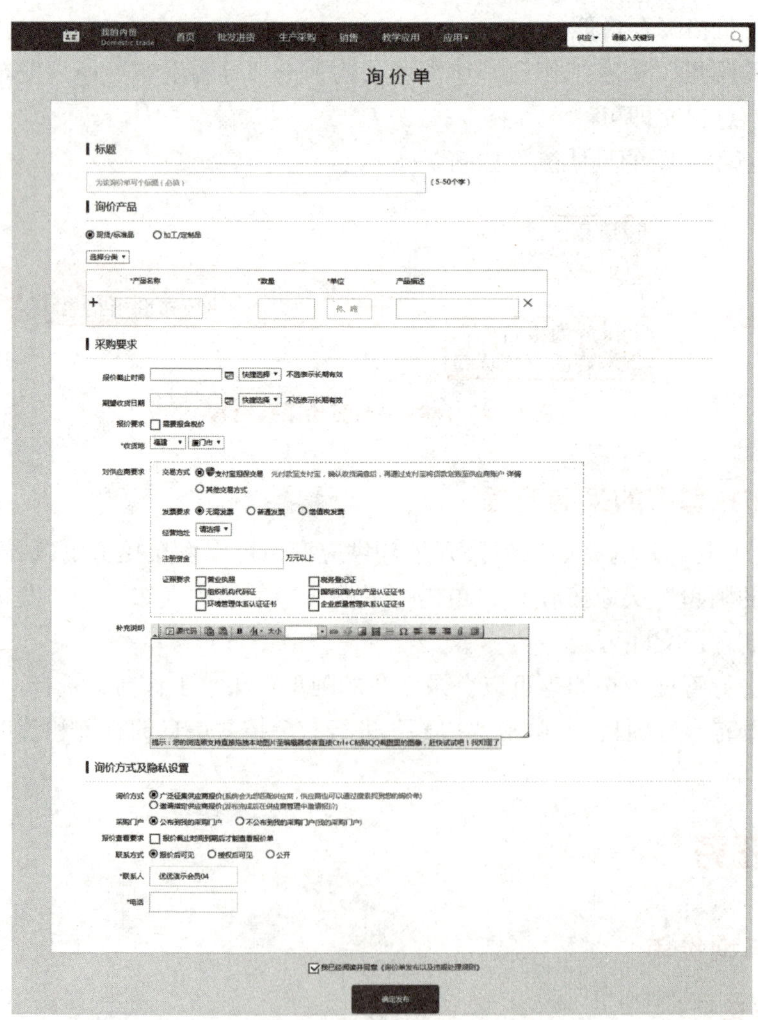

图 7-9　发布询价单

4. 询价单填写说明

标题：询价单信息的标题，标题中要包含公司项目名称，如关键词要包含产品名称，便于供应商搜索报价，一般格式是“×× 公司 ×× 产品采购”。填写产品的名称很有必要，也很重要，直接决定了采购商的询价单能否被供应商搜索到，也决定了网站能否为采购商推荐优质供应商。

选择分类：询价单信息的分类。

产品名称：询价单产品名称，需填写正规的名称，不要填写俗称或者难以识别的简称。

数量：产品的数量。

单位：产品的单位。

产品描述：产品的详细描述说明，如产品规格、质量等。需要填写完整的产品描述要求，让供应商明确知道采购商的需求，从而提供靠谱的报价，避免误报。

报价截止时间：采购产品报价截止日期。要留有足够的时间让商家报价，尽量在 5 个工作日以上。

期望收货日期：采购商期望的收货日期。

报价要求：是否需要报采购产品的含税价。

收货地：采购产品的收货地址。

对供应商要求：对采购产品供应商的详细要求。

补充说明：采购产品信息的补充说明，如对质量、规格、交货细节、开票等做具体要求。

采购门户：是否“公布到我的采购门户”。若选择“公布到我的采购门户”，则可在采购门户上看到该信息。

报价查看要求：是否需要在报价时间截止之后才能看到报价要求。

联系方式：是否公开联系方式。如选择“是”，即在信息中显示联系方式。

二、发布招标单

1. 任务描述

在 B2B 内贸实训教学系统上发布招标单。

2. 任务目的

通过在 B2B 内贸实训教学系统进行本任务的操作练习，学生可掌握在 1688 平台发布招标单的操作流程和方法。

3. 操作流程

步骤一：在浏览器中输入实训教学系统网址，单击“登录”按钮，填写账户信息，完成登录。

步骤二：在“我的内贸”后台管理系统“生产采购”→“采购管理”→“寻源发布”模块，单击“发布招标单”按钮，即可进入发布招标单页面，设置招标项目、行业分类、招标产品、发票要求、交货期、报名截止时间、投标截止时间、公布结果时间、联系方式等信息，其中加“*”号的为必填项，单击“发布”按钮，即可添加成功，如图 7-10 所示。

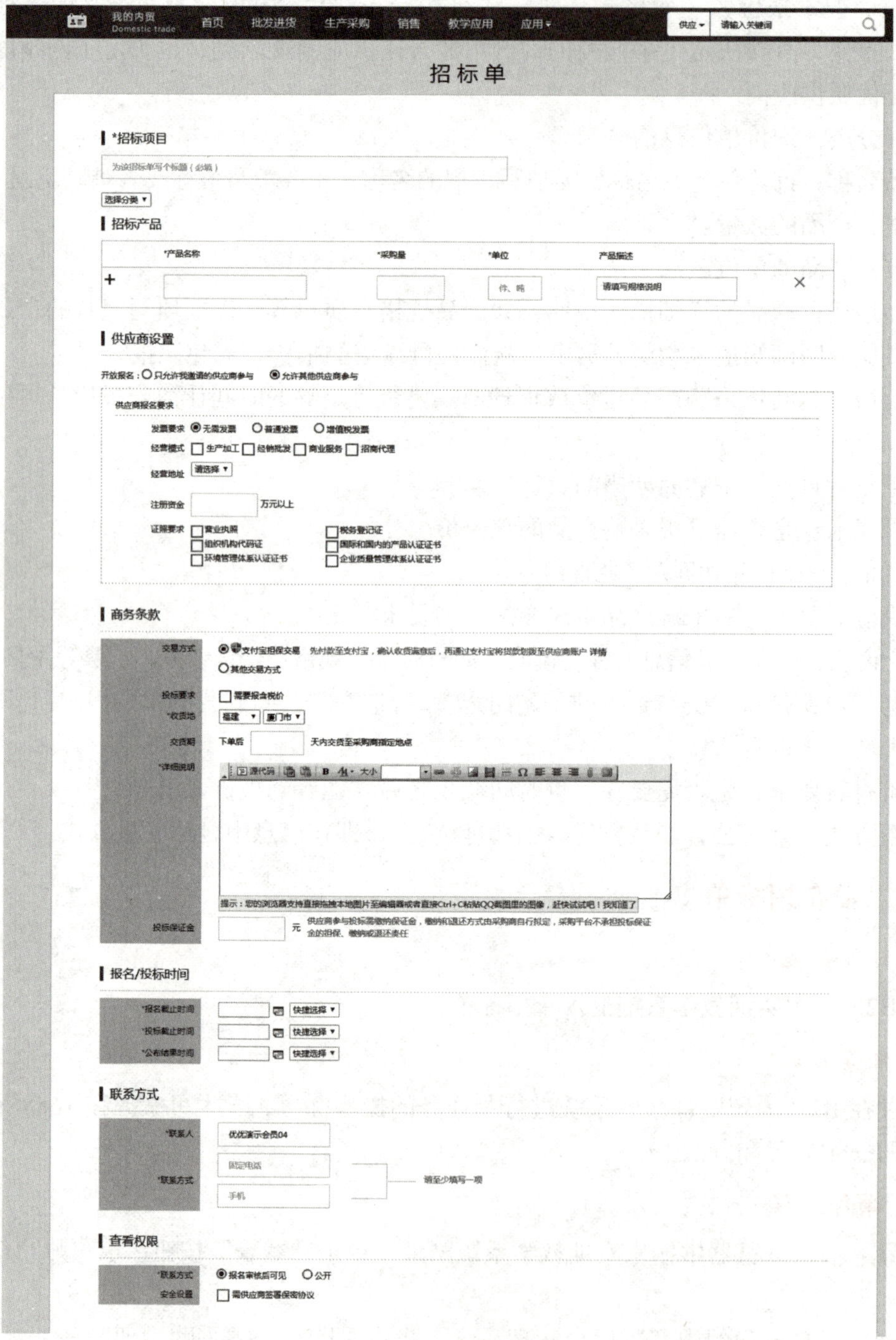

图 7-10 发布招标单

4. 招标单填写说明

招标项目：招标项目名称。

选择分类：招标项目对应的行业。

产品名称：招标产品名称，需填写正规的名称，不要填写俗称或者难以识别的简称。

采购量：采购的数量。

单位：采购产品的单位。

供应商设置：对报名 / 投标的详细要求。

交易方式：招标的交易方式。

收货地：采购产品的收货地址。

交货期：招标产品的交货日期。

详细说明：招标的详细内容。

报名截止时间：招标信息报名的截止日期。要留有足够的时间让商家报价，尽量在 5 个工作日以上。

投标截止时间：供应商投标的截止日期。

公布结果时间：公布招标信息的结果日期。

三、发布招募书

1. 任务描述

在 B2B 内贸实训教学系统上发布招募书。

2. 任务目的

通过在 B2B 内贸实训教学系统进行本任务的操作练习，学生可掌握在 1688 平台发布招募书的操作流程和方法。

3. 操作流程

步骤一：在浏览器中输入实训教学系统网址，单击“登录”按钮，填写账户信息，完成登录。

步骤二：在“我的内贸”后台管理系统“生产采购”→“采购管理”→“寻源发布”模块，单击“发布招募书”按钮，即可进入发布招募书页面，设置所属行业、招募品类、需求描述、年计划采购金额、招募标题、报名截止日期、对供应商要求、补充说明等信息，其中加“*”号的为必填项，点击“发布”按钮，即可发布成功，如图 7-11 所示。

4. 发布招募书填写说明

所属行业：招募书信息的分类。

招募品类：招募书信息类别。

需求描述：招募信息的要求描述。

年计划采购金额：招募采购的金额。

招募标题：招募信息的标题。

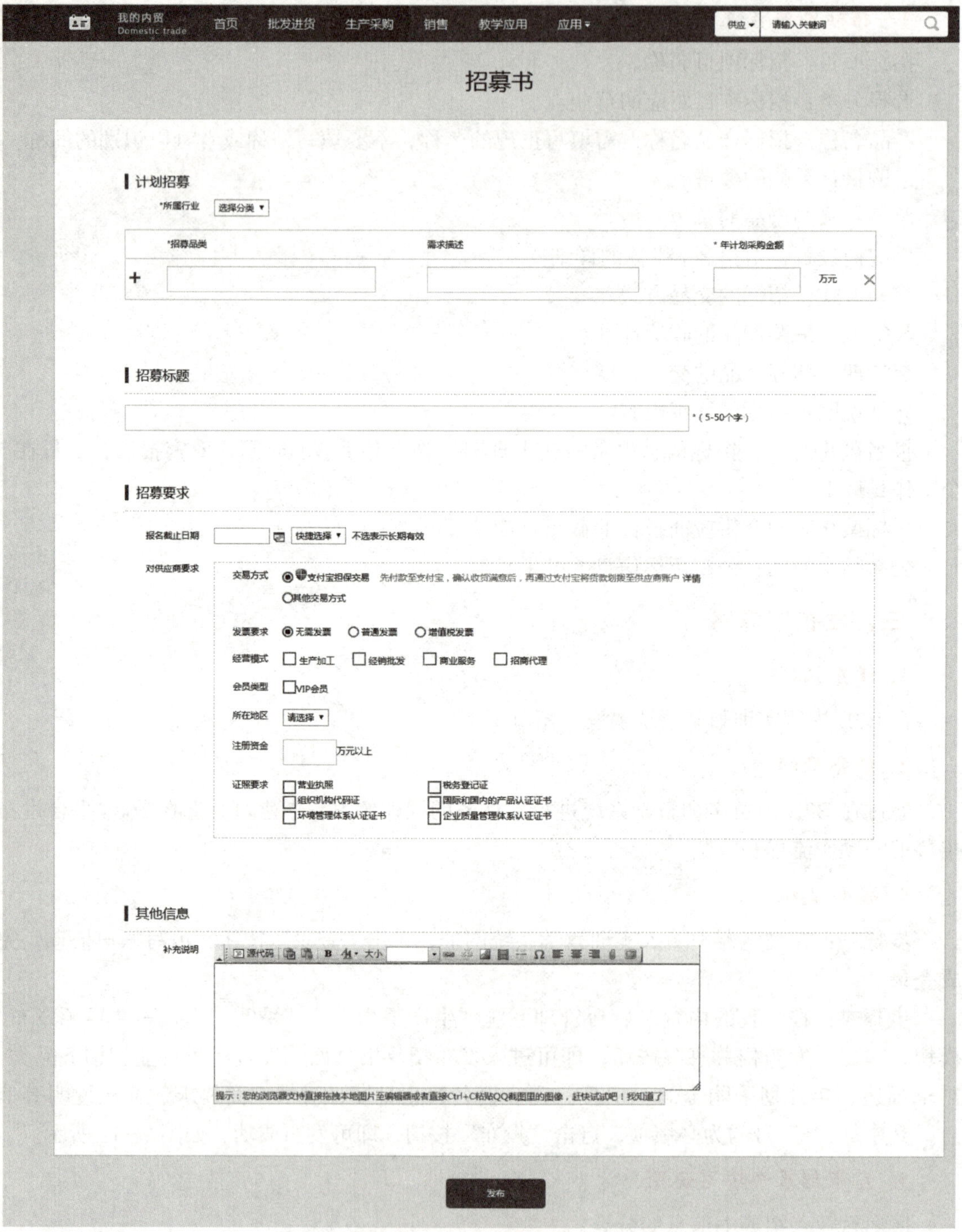

图 7-11　发布招募书

报名截止日期：采购产品报名的截止时间，应留有足够的时间让商家报价，尽量在 5 个工作日以上。

对供应商要求：对招募供应商的详细要求。

补充说明：招募书的补充说明。

四、发布报价单

1. 任务描述

在 B2B 内贸实训教学系统上发布报价单。

2. 任务目的

通过在 B2B 内贸实训教学系统进行本任务的操作练习，学生可掌握在 1688 平台发布报价单的操作流程和方法。

3. 操作流程

步骤一：在浏览器中输入实训教学系统网址，单击“登录”按钮，填写账户信息，完成登录。

步骤二：在“我的内贸”后台管理系统“生产采购”→“报价管理”模块，单击“商机库”按钮，即可进入“商机库”页面，商机库中设有“询价单”“招标单”“招募书”，供应商可以对“询价单”“招标单”“招募书”进行报价或者报名。

步骤三：单击“询价单”按钮，即可进入“询价单”页面，如图 7-12 所示，供应商根据想要报价的“询价单”信息单击“报价”按钮，进行报价。

进入“报价单”页面，填写报价信息，单击“发送报价”按钮，如图 7-13 所示。报价成功后可在“报价 / 应募 / 投标管理”下的“报价单管理”页面显示。

图 7-12　“询价单”页面

图 7-13 填写报价单

五、投标报名

1. 任务描述

在 B2B 内贸实训教学系统上进行投标报名。

2. 任务目的

通过在 B2B 内贸实训教学系统进行本任务的操作练习，学生可掌握在 1688 平台进行投标报名的操作流程和方法。

3. 操作流程

步骤一：在浏览器中输入实训教学系统网址，单击“登录”按钮，填写账户信息，完成登录。

步骤二：在“我的内贸”后台管理系统“生产采购”→“报价管理”模块，单击“商机库”按钮，即可进入“商机库”页面，商机库中有“询价单”“招标单”“招募书”，供应商可以对“询价单”“招标单”“招募书”进行报价或者报名。

步骤三：单击“招标单”按钮，即可进入“招标单”页面，供应商根据想要报价的“招标单”信息单击“报名”按钮，进行报名，如图 7-14 所示。

图 7-14 “招标单”页面

进入“招标单详情”页面，单击“立即报名”按钮，如图 7-15 所示。

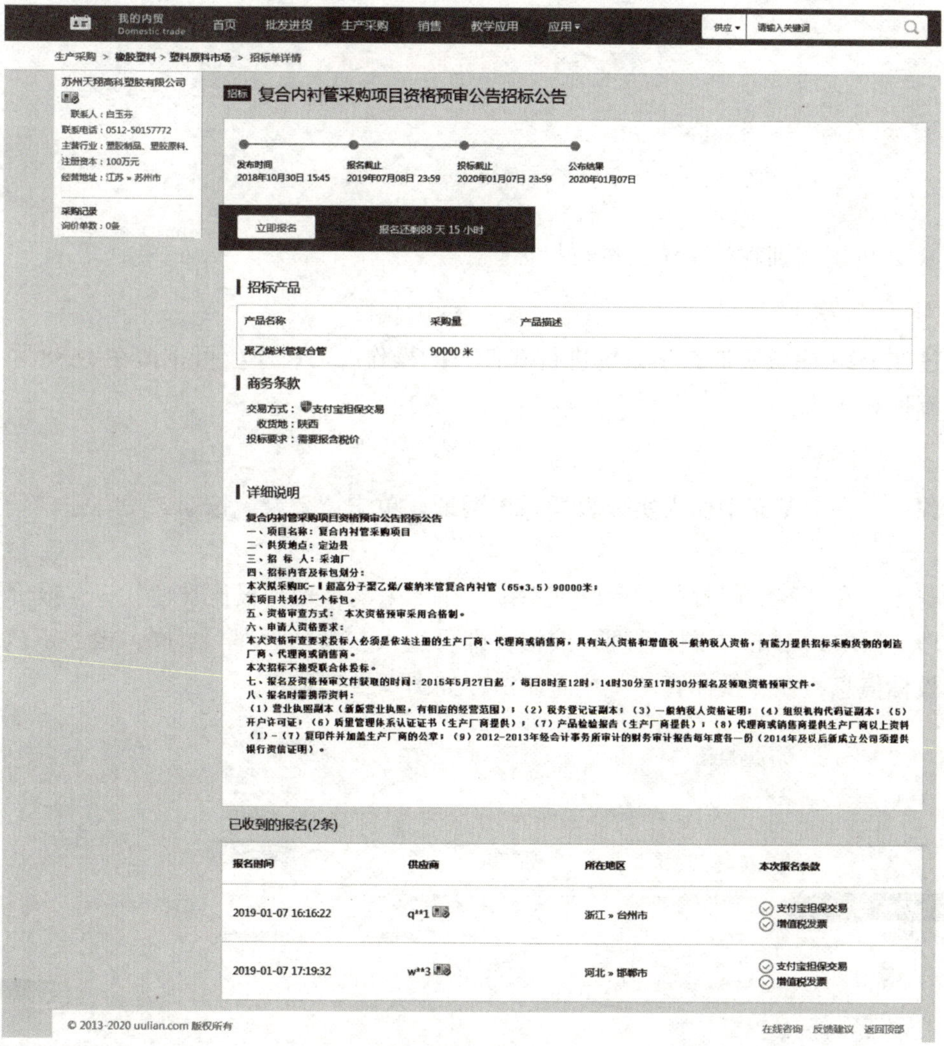

我的内贸 Domestic trade　首页　批发进货　生产采购　销售　教学应用　应用▾　供应▾　请输入关键词

生产采购 > 橡胶塑料 > 塑料原料市场 > 招标单详情

苏州天翔高科塑胶有限公司
联系人：白玉芬
联系电话：0512-50157772
主营行业：塑胶制品、塑胶原料、
注册资本：100万元
经营地址：江苏 » 苏州市

采购记录
询价单数：0条

招标 复合内衬管采购项目资格预审公告招标公告

发布时间	报名截止	投标截止	公布结果
2018年10月30日 15:45	2019年07月08日 23:59	2020年01月07日 23:59	2020年01月07日

立即报名　报名还剩88 天 15 小时

招标产品

产品名称	采购量	产品描述
聚乙烯米管复合管	90000 米	

商务条款

交易方式：支付宝担保交易
收货地：陕西
投标要求：需要报含税价

详细说明

复合内衬管采购项目资格预审公告招标公告
一、项目名称：复合内衬管采购项目
二、供货地点：定边县
三、招 标 人：采油厂
四、招标内容及标包划分：
本次拟采购HC-Ⅱ超高分子聚乙烯/碳纳米管复合内衬管（65*3.5）90000米；
本项目共划分一个标包。
五、资格审查方式： 本次资格预审采用合格制。
六、申请人资格要求：
本次资格审查要求投标人必须是依法注册的生产厂商、代理商或销售商，具有法人资格和增值税一般纳税人资格，有能力提供招标采购货物的制造厂商、代理商或销售商。
本次招标不接受联合体投标。
七、报名及资格预审文件获取的时间：2015年5月27日起 ，每日8时至12时，14时30分至17时30分报名及领取资格预审文件。
八、报名时需携带资料：
（1）营业执照副本（新版营业执照，有相应的经营范围）；（2）税务登记证副本；（3）一般纳税人资格证明；（4）组织机构代码证副本；（5）开户许可证；（6）质量管理体系认证证书（生产厂商提供）；（7）产品检验报告（生产厂商提供）；（8）代理商或销售商提供生产厂商以上资料（1）-（7）复印件并加盖生产厂商的公章；（9）2012-2013年经会计事务所审计的财务审计报告每年度各一份（2014年及以后新成立公司须提供银行资信证明）。

已收到的报名(2条)

报名时间	供应商	所在地区	本次报名条款
2019-01-07 16:16:22	q**1	浙江 » 台州市	支付宝担保交易 增值税发票
2019-01-07 17:19:32	w**3	河北 » 邯郸市	支付宝担保交易 增值税发票

© 2013-2020 uulian.com 版权所有　在线咨询　反馈建议　返回顶部

图 7-15 “招标单详情”页面

进入“投标报名”页面，填写报名信息，单击“确定”按钮，如图 7-16 所示，报名成功，等待审核，可在“投标管理”页面显示。

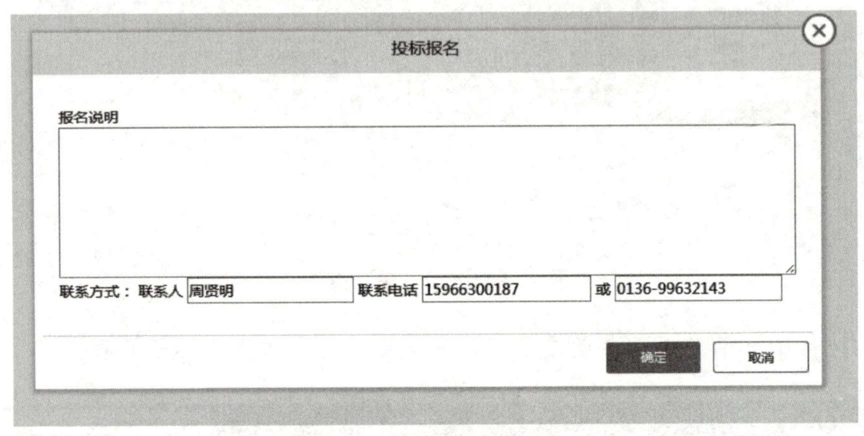

图 7-16 “投标报名”页面

六、投标

1. 任务描述

在 B2B 内贸实训教学系统上进行投标。

2. 任务目的

通过在 B2B 内贸实训教学系统进行本任务的操作练习，学生可掌握在 1688 平台投标的操作流程和方法。

3. 操作流程

步骤一：在浏览器中输入实训教学系统网址，单击“登录”按钮，填写账户信息，完成登录。

步骤二：在“我的内贸”后台管理系统“生产采购”→“报价管理”→“报价 / 应募 / 投标管理”模块，单击“投标管理”按钮，即可进入“投标管理”页面，报名审核或报名成功的投标信息，在“投标管理”页面显示，如图 7-17 所示。

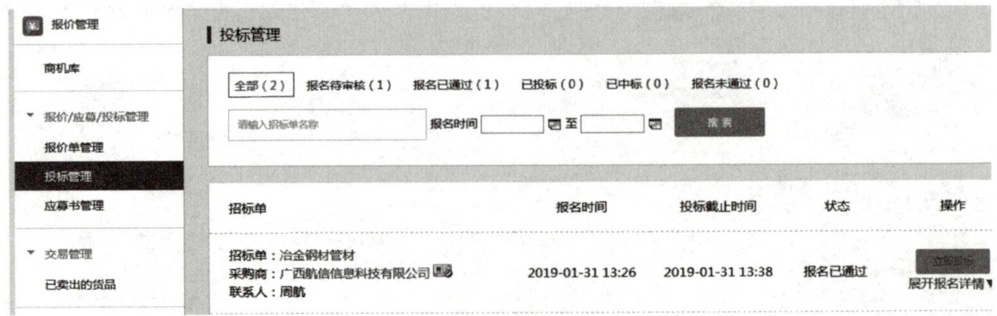

图 7-17 “投标管理”页面

步骤三：查看状态显示，若报名已审核通过，在该投标单上单击“立即投标”按钮，即可进入“投标单”页面，填写投标信息，单击“发送投标”按钮，如图 7-18 所示，投标成功，等待采购商审核，可在“投标管理”页面显示。

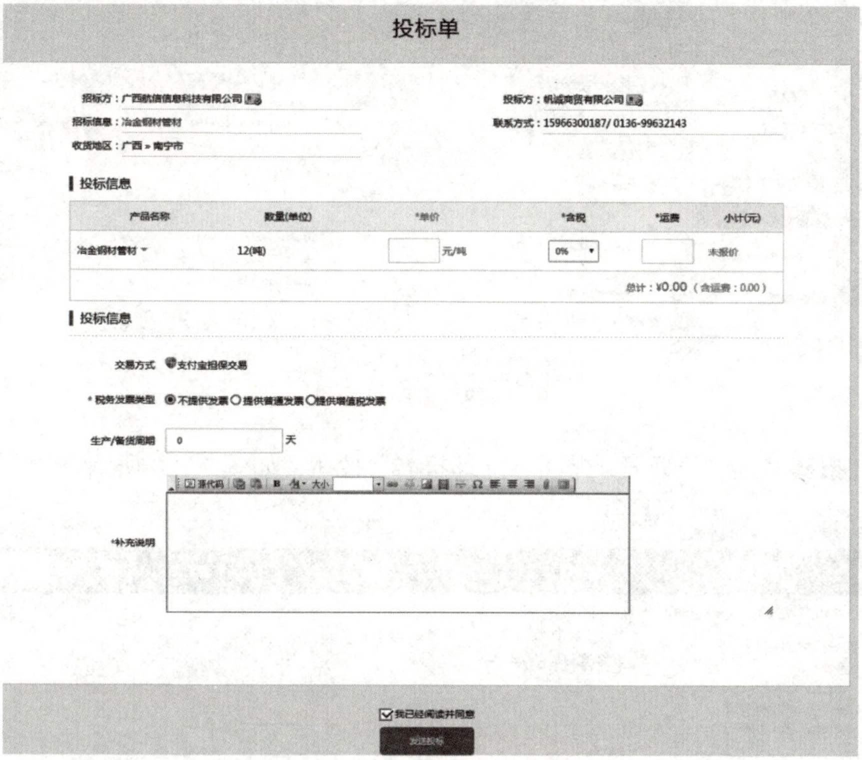

图 7-18　填写投标单

七、应募报名

1. 任务描述

在 B2B 内贸实训教学系统上进行应募报名。

2. 任务目的

通过在 B2B 内贸实训教学系统进行本任务的操作练习，学生可掌握在 1688 平台应募报名的操作流程和方法。

3. 操作流程

步骤一：在浏览器中输入实训教学系统网址，单击“登录”按钮，填写账户信息，完成登录。

步骤二：在“我的内贸”后台管理系统“生产采购”→“报价管理”模块，单击“商机库”按钮，即可进入“商机库”页面，商机库中有“询价单”“招标单”“招募书”，供应商可以对“询价单”“招标单”“招募书”进行报价或者报名。

步骤三：单击“招募书”按钮，即可进入“招募书”页面，供应商根据想要报名的“招募书”信息单击“报名”按钮，进行报名，如图 7-19 所示。

图 7-19　招募书页面

进入“招募书详情”页面，单击“立即报名”按钮，如图 7-20 所示。

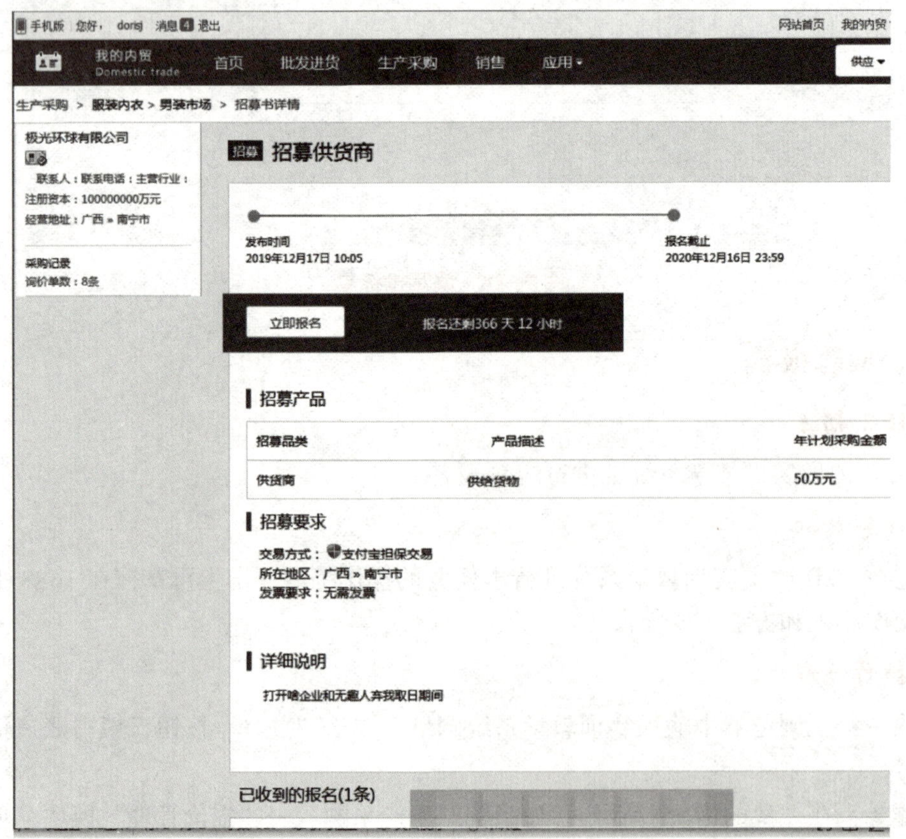

图 7-20　招募书详情

进入“应募报名表”页面，填写报名信息，单击“立即报名”按钮，如图 7-21 所示，报名成功，等待审核，可在“应募书管理”页面显示。

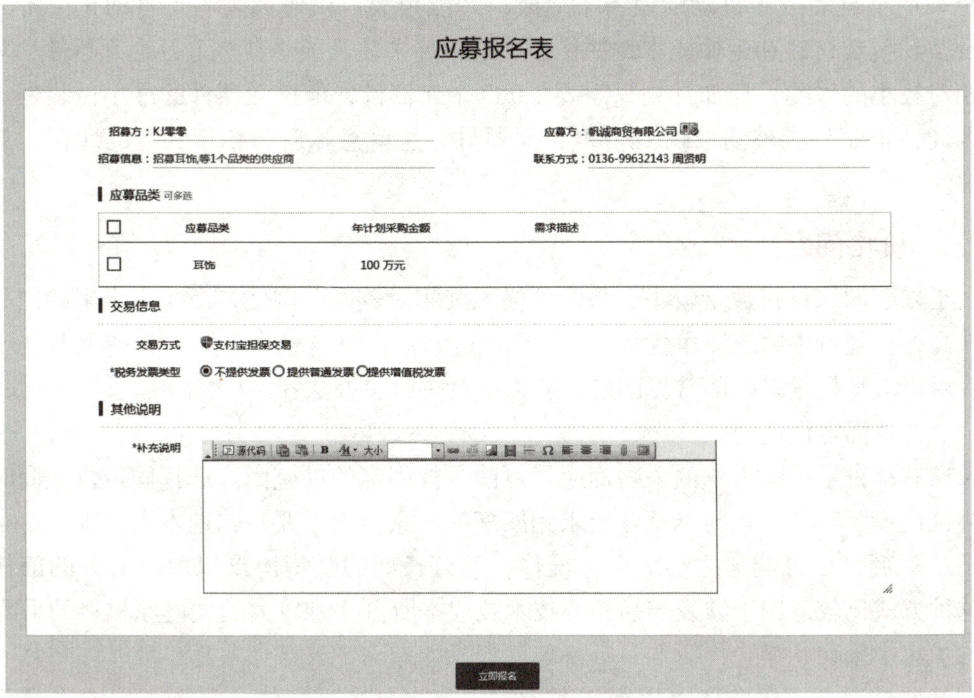

图 7-21　填写应募报名表

拓展学习——在 1688 平台上小批量采购的技巧

在生产经营采购中，不少企业或多或少有小批量采购的需求。对于需求旺盛、技术成熟、生产相对稳定的产品而言，大批量采购其原材料是降低成本、提高效率和缩短交货周期的有效途径。而对于某些特殊的、目标客户相对较少的产品，或某些处于新技术、新设计推广期的产品，由于其市场需求量相对较小，大批量采购其生产用原材料无疑会增加企业库存，占用企业过多资金，因此，最有效的采购方法是小批量、多批次采购。然而，小批量、多批次采购往往会遇到下述问题。

一、最小订货量问题

在 1688 平台上，无论是标准件还是定制件，都有最小订货量的要求。这是由于供应商要有一定的产量才能收回为生产这一产品所投入的成本，这一数量要求通常被称为平衡点产量。例如，生产印花布的过程中需要投入图案设计、刻版、生产用原材料以及人工等费用，供货商为消化这些费用，往往要求采购商购买一定数量的产品。如果达不到一定数量，生产厂家将出现亏损，亏损的订单厂家绝不会接单。

二、最小包装问题

最小包装问题常见于标准元器件。大多数标准元器件的生产自动化程度较高，包装工作也采用全自动或半自动的设备来完成，产能很大。供应商为满足自动化设备的生产效率及节约包装材料和运输成本，往往在一个包装中装入成千甚至上万个元器件。对于需求量相对较小的采购，比如计划只需要 1 000 个元器件，但该元器件的最小包装是 10 000 个，因此，企业只能被动采购 10 000 个元器件，这就意味着将积压大量的库存，甚至会造成浪费。

三、价格问题

由于采购的原材料数量较小，采购价格无疑相对较高，因此，所生产出来的产品价格自然就高，在同行中缺乏竞争优势。

针对以上小批量采购的常见问题，有以下几个解决办法：

（1）寻找固定供应商。

长期有小批量采购需求的采购商应尽可能寻找固定的供应商。选择固定供应商时，应尽量挑选规模及经营方式与本企业要求相匹配的厂家，而不要一味地求大、求全。一旦找到合适的厂商，尽可能与之结成合作伙伴，签订长期的供货协议以取得对方的信任与支持。这种方式比较适用于涉及产品核心技术或成本所占比重较大的关键原材料的采购。

（2）集中采购。

在某些情况下，采购商可以把零散的需求集中起来进行统一采购。采购人员可将原材料清单进行整合，在需求可以预见的情况下进行集中采购。集中采购有两层含义：一是集中需求量，即将一定时间内不同产品所使用的相同原材料的需求量进行整合，力求达到供应商的最小批量要求，或将较小批量整合成较大批量，以求争取到更优惠的价格。这种方法的缺点是可能会在一定时间内增大库存量。二是集中向某个供应商采购。这种方案更适用于标准品的采购或面向产品较齐全的代理商的采购。由于代理商的经营模式较生产厂家更为灵活，它们往往代理较多的产品线，而其对采购要求的最小订货量也较生产厂家更低，因此很多时候向一至两家产品线较全的代理商集中采购是小批量采购的一种上佳选择。当然，代理商或经销商通常会在原厂报价的基础上收取一定比例的费用。

（3）寻找零散的多余库存。

从代理商或生产厂家手上寻找一些零散的多余库存也是一种可行的好办法，而且往往能以较低的价格获得需要的原材料。但其缺点是无法保证供货的稳定性，且花费时间较长。

（4）成套采购。

现在有很多企业采取成套采购的方式来尽可能减少不必要的库存，这种方法在小批量采购的情况下非常适用。成套采购是指将原材料按最终产品项目分类，由采购商指定某一供应商根据某最终产品原料清单指明的原材料，按用量一一配齐并送至采购商。这种方法是第三方物流服务的一种，其特点是最大限度地减少了库存并转嫁了采购成本和采购风险。但需注意的是，企业应计算这种服务的成本并确定何种情况下适用。

习题

1. 什么是询价单？如何发起询价单？
2. 1688 平台的询价单包含哪些信息？填写询价单的产品名称有哪些规则与要求？
3. 1688 平台的招标功能适用于买家什么采购需求？
4. 什么是 1688 平台的竞价采购？竞价过程对报价有何规定？
5. 采购商在 1688 平台发布招募书的目的是什么？

营销与推广供应产品

一、网销宝的服务与应用

1. 什么是网销宝

网销宝，现已改版为数字营销，是阿里巴巴公司为诚信通会员提供的一项增值服务，是帮助卖家（供应商）达到全链路推广的营销推广平台，其中有营效宝、首位展示、1688分销客、明星商铺、品牌宝、企业展播、线下展位七大营销推广服务产品，在很大程度上能帮助卖家有效地提升产品、品牌和公司的曝光度，让潜在的买家（采购商）第一时间找到企业的产品和旺铺。

网销宝（数字营销）中的营效宝、首位展示、1688 分销客三项服务产品主要定位于为供应商的产品进行营销，着眼于供应商的产品营销效果。明星商铺、品牌宝、企业展播、线下展位主要定位于企业品牌宣传和推广。

2. 营效宝

营效宝是按单击付费的推广服务。通过关键词竞价的方式，诚信通会员利用这项服务可以让产品信息排在同类产品信息之前，优先展示，最大限度地提升产品的曝光量和流量，增加成交机会。

在 1688 网站首页上用关键词搜索，如“化妆品批发”，排在最前边的标题后有“广告”字样的产品，即为购买了营效宝推广服务的产品，如图 8-1 所示。

（1）营效宝的计费方式。

营效宝推广按单击付费。只有当买家在推广的时间和地域内单击了推广的产品信息，1688 平台才收取卖家的推广费，即从卖家预付的费用中扣费。每次扣费的金额取决于卖家为关键词设定的出价金额。卖家不仅可以设置出价金额，还可以设置日推广限额，每日推广的费用不会超过日限额。

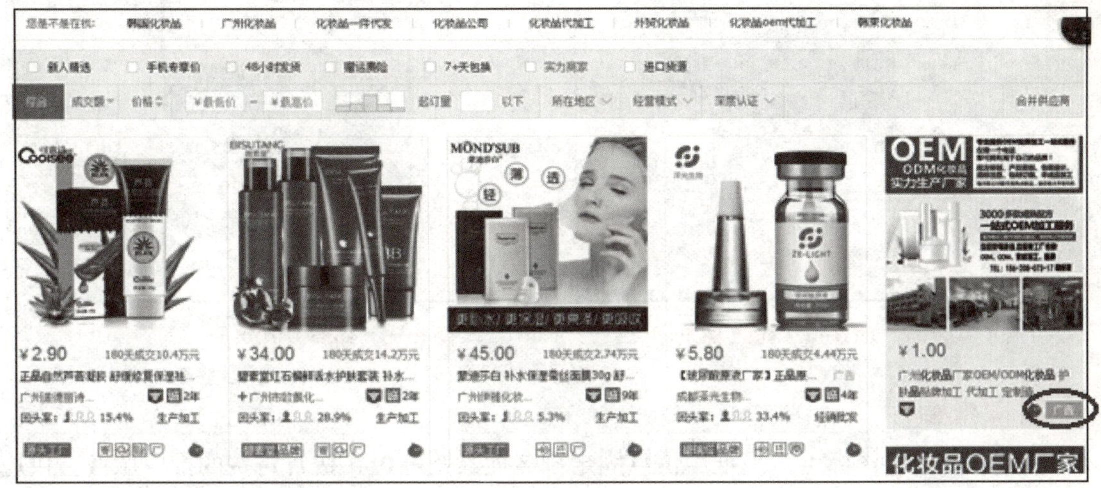

图 8-1　营效宝信息

（2）营效宝的展现位置。

营效宝的展示位置分为 PC 端和手机端展示位，PC 端展示位主要有以下这些：

1）1688 产品搜索结果页左、右两侧带“广告”字样的信息，如图 8-2 所示；

2）1688 产品搜索结果页底部热门推荐位，如图 8-2 所示；

3）1688 供应商搜索结果页带有“广告”字样展位，如图 8-3 所示；

4）1688 商友圈右侧“热门商机”板块图文展位，如图 8-4 所示；

手机端展示位主要是产品搜索结果页带“广告”字样的信息，每隔 10 个自然搜索位出现一个广告位，如图 8-5 所示。

图 8-2　1688 产品搜索结果页

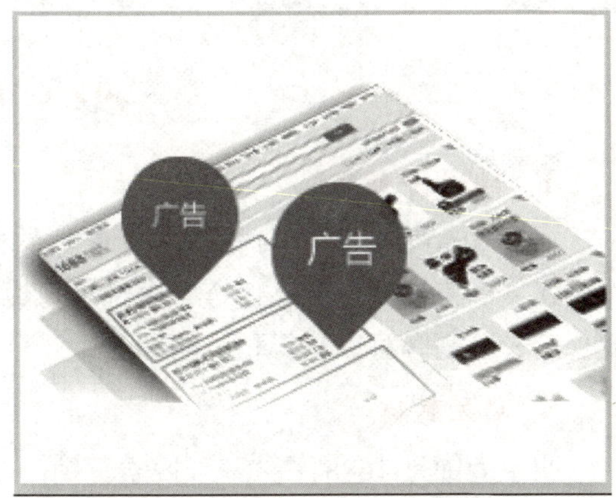

图 8-3　1688 供应商搜索结果页

图 8-4 1688 商友圈

图 8-5 1688 手机 App

3. 首位展示

首位展示也叫作标王，是推广信息固定排名搜索第一位，按月付费的推广服务。供应商购买这项服务可大大提升产品在潜在客户面前的曝光量和询盘量。

标王产品信息展示在阿里巴巴产品搜索结果首页左侧主搜展示第一位，并带有“皇冠”标识，如图 8-6 所示。

图 8-6 首位展示信息

4. 1688 分销客

1688 分销客类似于淘宝平台的淘宝客推广，是 1688 平台推出的按交易效果付费的合作模式。商家设置好产品佣金，分销客可以获取推广产品的专属链接进行推广，在线交易成功后，分销客可以获得相应的佣金。

5. 明星商铺

明星商铺是 1688 平台基于搜索营销的一种推广方式。当买家在 1688 平台产品或供应商搜索引擎的搜索框内输入套餐内关键词时，明星商铺的推广信息将以动态大图形式在搜索结果页最上方的黄金位置固定展现，如图 8-7 所示。

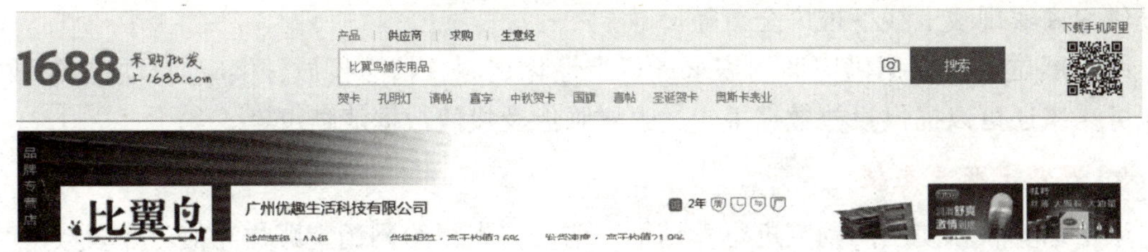

图 8-7　明星商铺展示信息

6. 品牌宝

品牌宝是图片创意类展示广告，投放在 1688 平台的生意经、商友圈、热销频道等页面，按千次展现计费，单击不收费，每次展现最低仅需 0.03 元（千次展现 30 元起），且通过每日消耗上限控制投放成本。网销宝白金及以上会员，可通过实时竞价的方式购买品牌宝广告位。

7. 企业展播

企业展播是为有生产销售实力的商家提供企业实力展示推广的广告服务，有定向展播和搜索展播两种服务产品供供应商选择。定向展播投放的位置是 1688 首页焦点广告图的二三四轮播位；搜索展播主要是在搜索结果页右侧核心区域，将企业的信息以个性化、动态大图片的形式，固定展示在搜索结果页面右侧的第一或第二位，往下翻页仍可见，如图 8-8 所示。

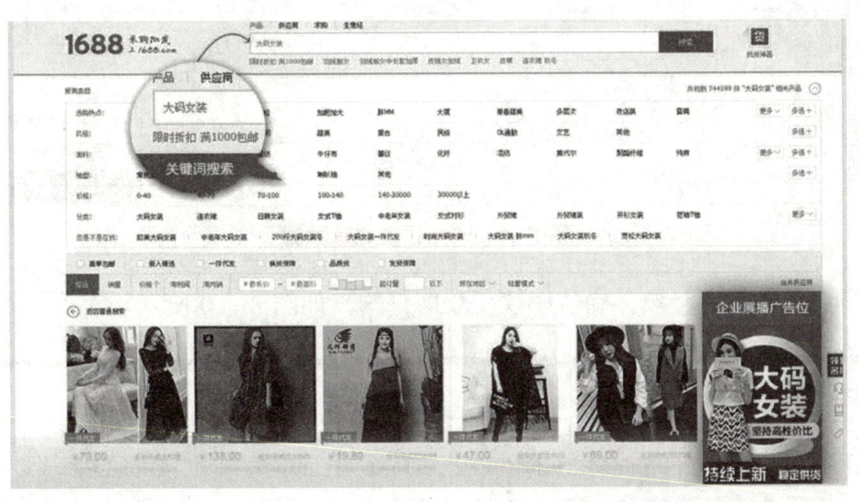

图 8-8　企业展播之搜索展播展示位

企业展播服务按关键词及投放周期固定收费，同一时间一个关键词最多售卖给 2 家企业，不同的关键词有不同的价格，一般会按照 30 天、15 天、7 天订购，时间不同价格不同，包时段投放，单击不扣费。

8. 线下展位

线下展位是基于阿里电商生态圈，以 B 类市场营销推广为核心，在线下投放的广告媒体，如公交候车亭资源、楼宇的 LCD 视频广告、高铁刷屏机等。阿里巴巴数字营销能够帮助供应商实现线上线下推广全覆盖。

线下展位可以根据供应商的需求进行个性化定制，精准投放，供应商自主控制成本，该服务未来还可以提供投放数据报告，人群画像及投放数据清晰可见。

9．网销宝账户充值

诚信通卖家在使用网销宝进行营销推广前，首先得给网销宝账户充值。登录数字营销工作后台，在首页左侧“可用余额”旁点击“充值”，即可进入“账户充值”页面。充值方式有三种，即推广充值包、包月套餐和手机充值。

进入“账户充值”页面后的线上充值操作步骤如下：

第一步：选择线上充值方式，如图 8-9 所示。

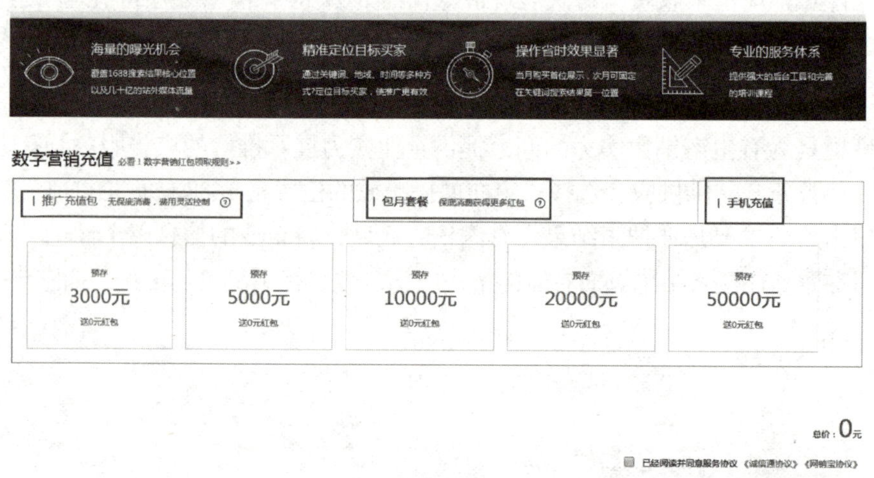

图 8-9 选择线上充值方式

第二步：选择充值金额，确认协议，立即订购，如图 8-10 所示。

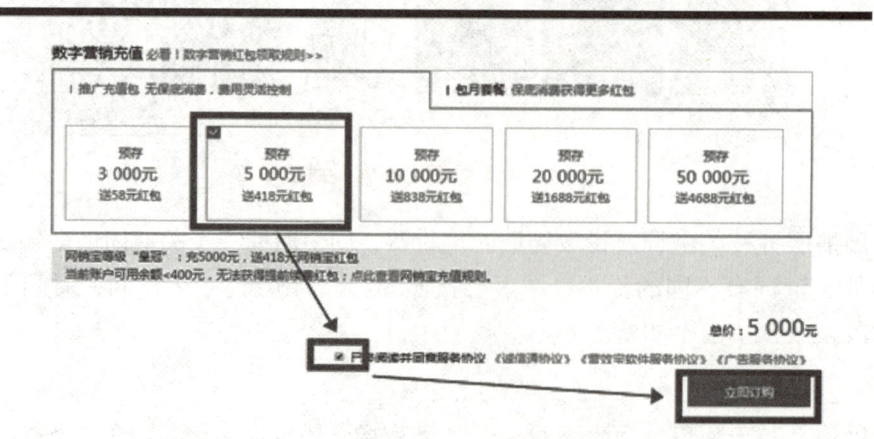

图 8-10 选择充值金额页面

第三步：单击“马上付款”，如图 8-11 所示。

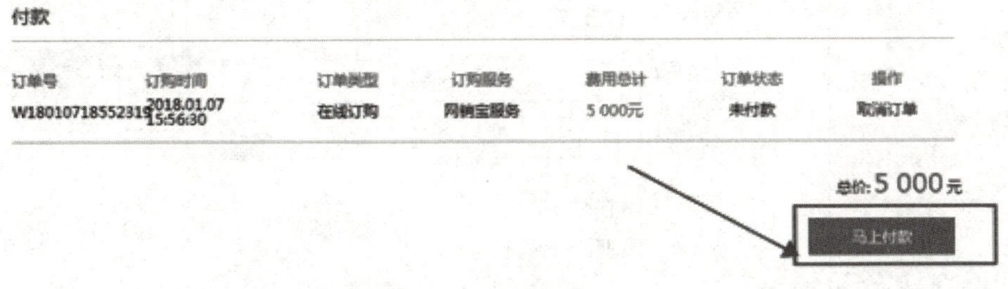

图 8-11　马上付款页面

第四步：选择支付方式，确认充值并付款，如图 8-12 所示，支付成功即可。

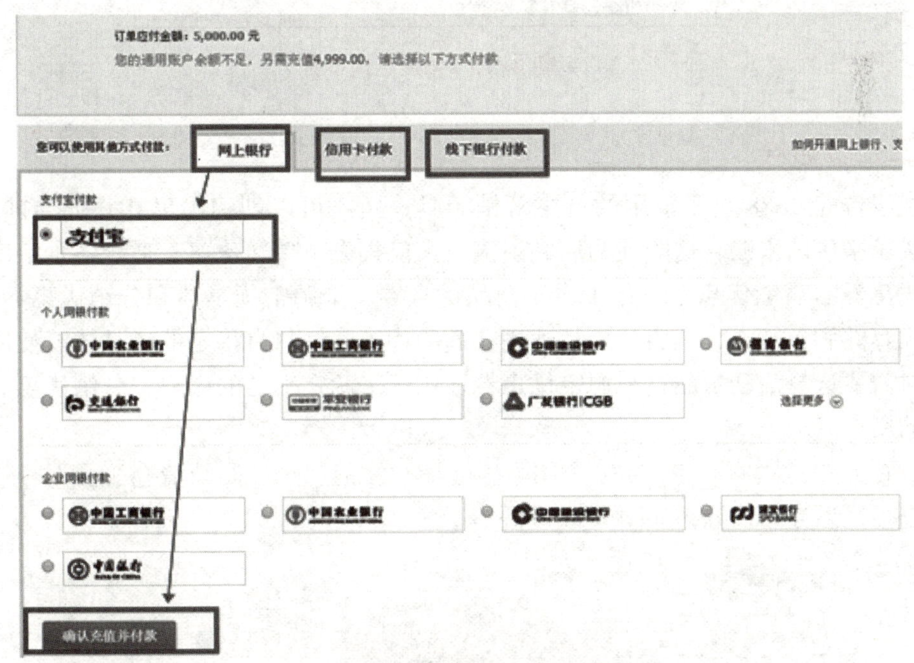

图 8-12　选择支付方式并付款页面

二、限时促销

限时促销是指 1688 卖家在特定的时间内提供产品销售优惠，以达到吸引顾客的目的。卖家进行“限时促销”时，对活动产品以一定折扣或包邮的优惠方式进行促销，活动开始后自动展示促销价，活动结束恢复原价。1688 平台规定不允许对不支持网上订购的供应产品、虚拟产品、加工定制产品创建限时促销；卖家对伙拼等产品信息可以创建限时促销，但买家下单时无法享受优惠。

卖家登录“我的阿里”，选择“营销”→“促销清仓工具”→“限时促销”，即可进行限时促销的设置，如图 8-13 所示。

限时促销设置

*活动名称：不超过5个字

*活动时间：00:00

00:00

*优惠方式：限时折扣

限时包邮（不限购）

*优惠渠道：电脑及手机 仅手机

*优惠货品：请选择

创建活动 返回

图 8-13 限时促销设置

三、优惠券

优惠券是 1688 卖家常用的自主营销工具，卖家可以创建优惠券并把券推广给买家，吸引买家来店内采购，这既能为店铺引流，又能提升下单转化率，适合各种活动的预热营销。优惠券有店铺优惠券、包邮券、商品优惠券、采源宝优惠券和分销优惠券 5 种类型。店铺优惠券和包邮券，全店货品都适用；商品优惠券，只有指定的货品才能使用，创建优惠券时需要选择活动货品；采源宝优惠券适用于采源宝平台的用户；分销优惠券主要针对代销的用户。

设置方法：卖家登录“我的阿里”，选择“营销”→“促销清仓工具”→“优惠券”，即可进行优惠券的设置，如图 8-14 所示。

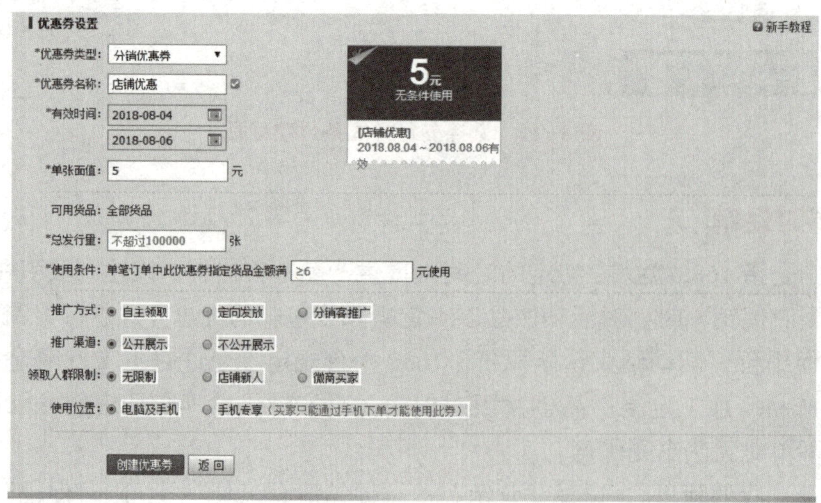

图 8-14 优惠券设置

四、满优惠

满优惠就是买家买满一定数额的商品，卖家给予一定优惠。卖家登录“我的阿里”，选择“营销”→“促销清仓工具”→“满优惠”，即可进行满优惠的设置，如图 8-15 所示。

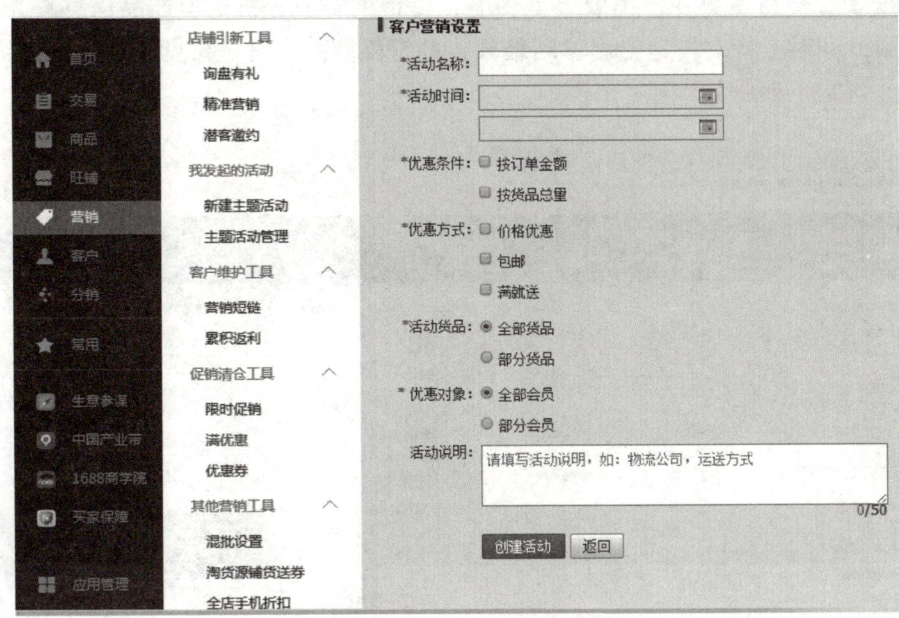

图 8-15　满优惠设置

五、询盘管理

询盘管理工具能为卖家全面收录来自 1688 网站的询盘，以便供应商对询盘进行跟进，如图 8-16 所示。

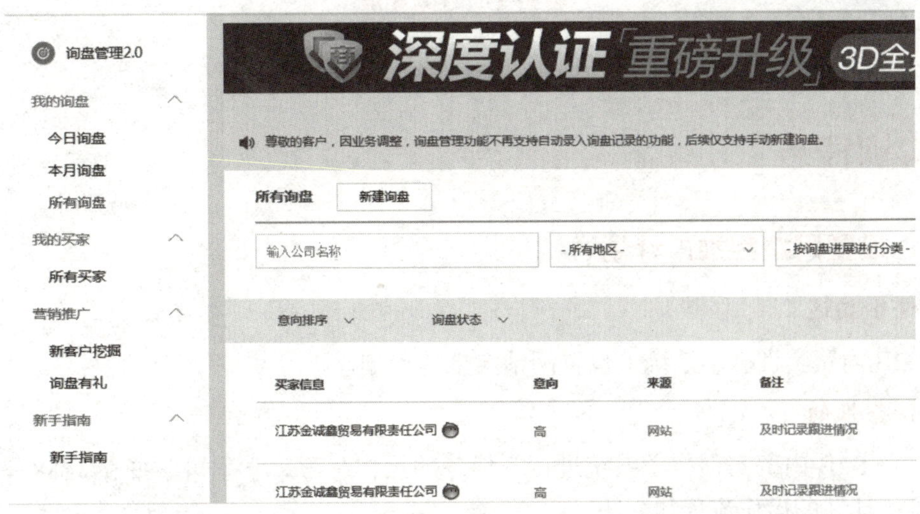

图 8-16　询盘管理

六、生意参谋

生意参谋是1688平台一个很重要的营销分析工具，它能让卖家实时了解本企业旺铺的经营状况。它具有实时直播、访客分析、访客路径、产品排名查询、产品效果、产品诊断、选词助手、交易趋势和营销效果等功能，可帮助企业分析供应产品信息曝光、点击、反馈等效果，同时有针对性地给出诊断结果，并提供解决方案，帮助企业提升店铺经营效果，如图8-17所示。

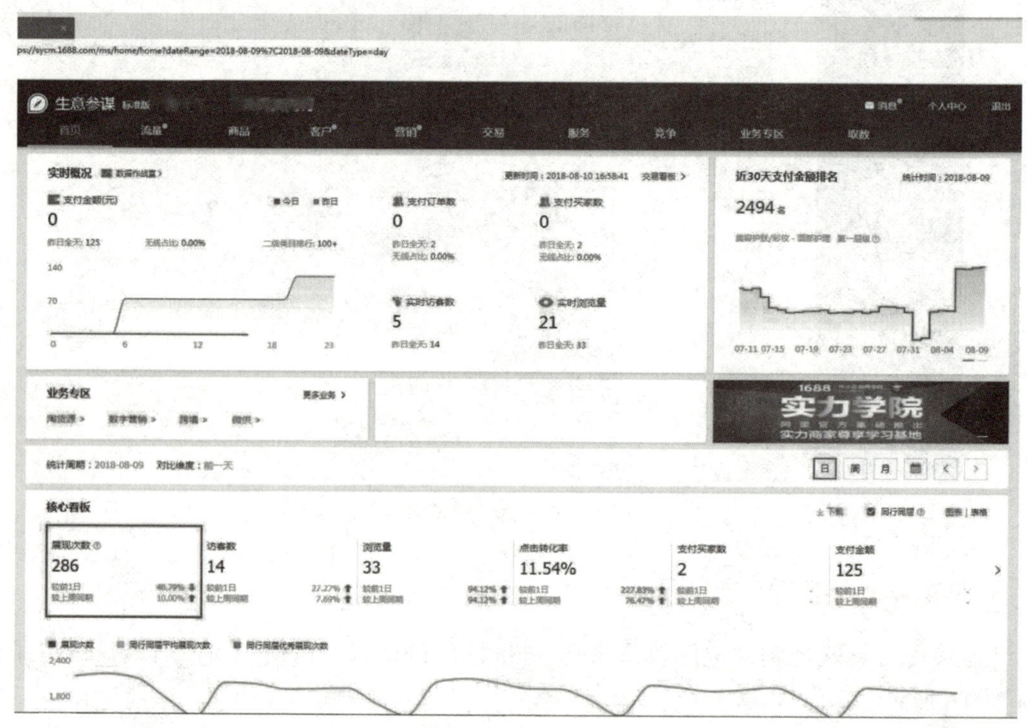

图8-17 生意参谋

实训任务

一、设置网销宝推广计划

1. 任务描述

在B2B内贸实训教学系统上设置网销宝推广计划。

2. 任务目的

通过在B2B内贸实训教学系统进行本任务的操作练习，学生可掌握在1688平台设置网销宝推广计划的操作流程和方法。

3. 操作流程

（1）购买排名。

步骤一：在浏览器中输入实训教学系统网址，单击“登录”按钮，填写账户信息，完成登录。

步骤二：在“我的内贸”后台管理系统“销售”→“增值服务”→“网销宝”模块，单击“购买排名”按钮进入购买排名页面，填写关键词，单击“开始推广”按钮，如图 8-18 所示。

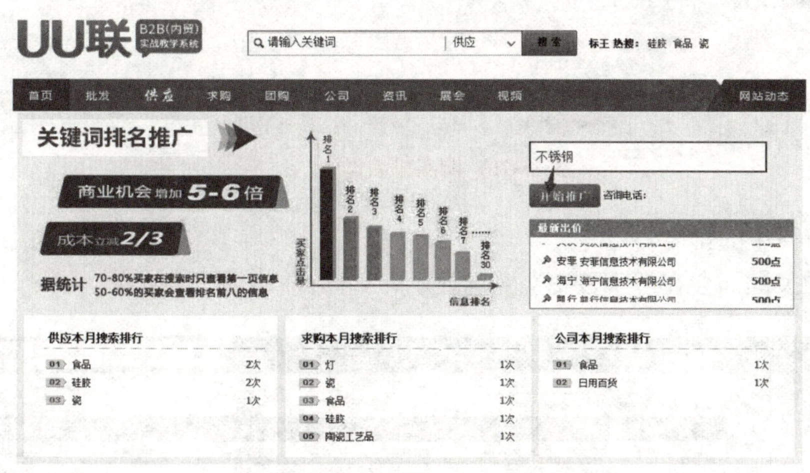

图 8-18　填写关键词并单击“开始推广”按钮

步骤三：进入推广页面，选择要出价的排名推广，单击“我要出价”按钮，如图 8-19 所示。

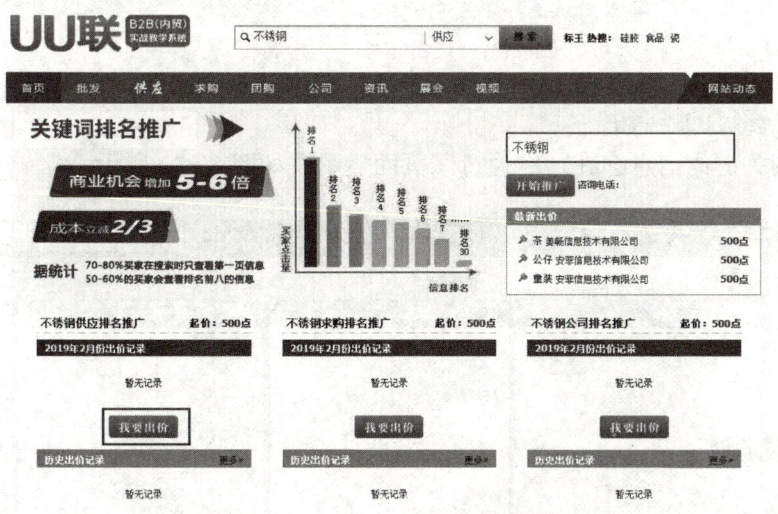

图 8-19　选择要出价的排名推广

步骤四：进入购买详情页面，输入“出价”“购买时长”“信息 ID”等内容，单击“确定购买”按钮，购买成功，如图 8-20 所示。

图 8-20 购买排名详情

（2）查看审核中的排名。

购买成功的关键词会在“审核中”页面显示，如图 8-21 所示。

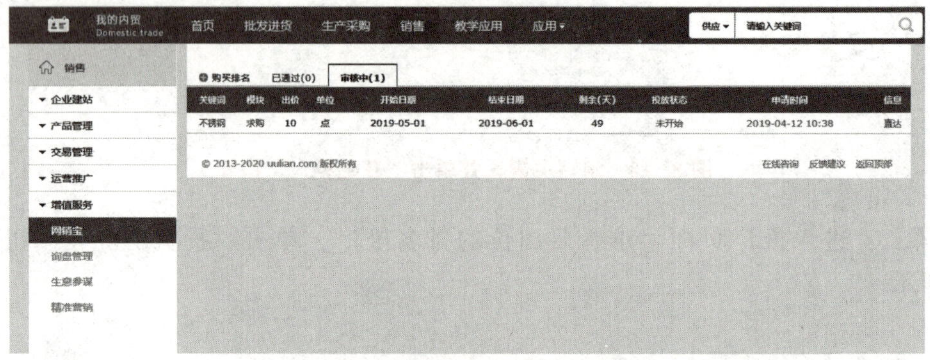

图 8-21 查看审核中的排名

（3）查看已通过的排名。

通过审核的关键词信息会在“已通过”页面显示，如图 8-22 所示。

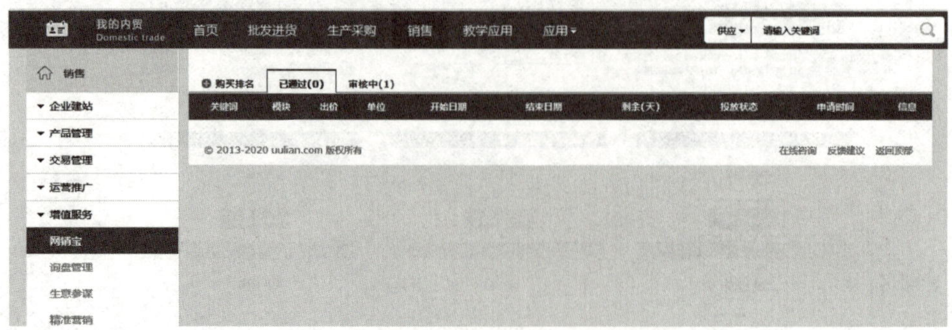

图 8-22 查看已通过的排名

二、设置和管理限时促销

1. 任务描述

在 B2B 内贸实训教学系统上设置和管理限时促销。

2. 任务目的

通过在 B2B 内贸实训教学系统进行本任务的操作练习，学生可掌握在 1688 平台设置和管理限时促销的操作流程和方法。

3. 操作流程

（1）设置限时促销。

步骤一：在浏览器中输入实训教学系统网址，单击“登录”按钮，填写账户信息，完成登录。

步骤二：在“我的内贸”后台管理系统“销售”→“营销设置”→“限时促销设置”模块，单击“添加活动”按钮，即可进入“添加活动”页面，设置活动名称、活动时间、限时折扣、限时包邮、优惠货品等信息，其中加“*”号的为必填项，单击“确定”按钮，即可添加成功，如图 8-23 所示。

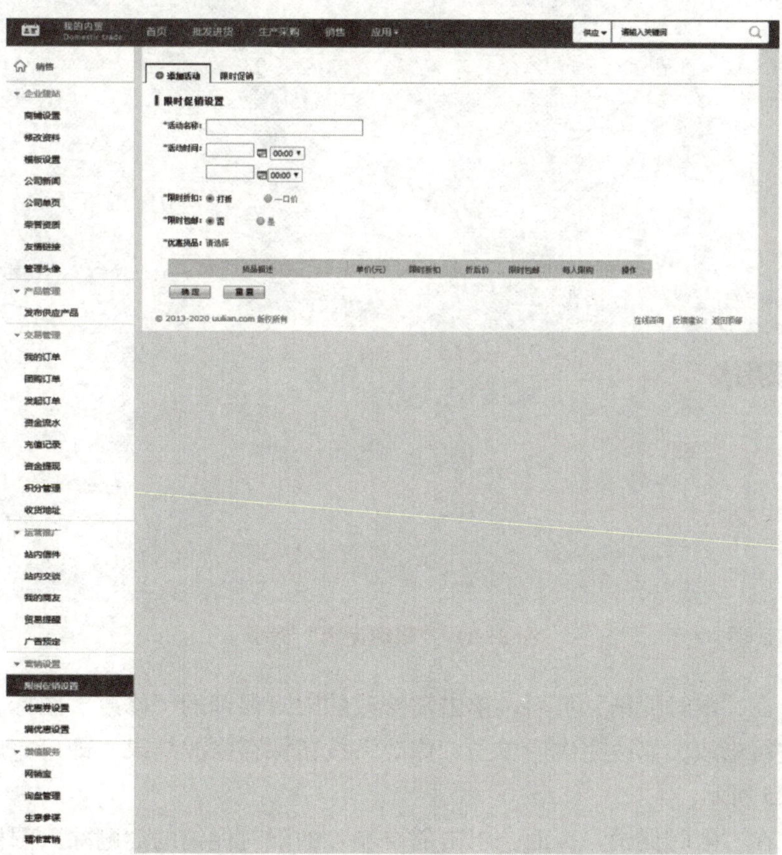

图 8-23　“添加活动”页面

（2）管理限时促销。

步骤一：在“我的内贸”后台管理系统“销售”→“营销设置”→“限时促销设置”模块，单击“限时促销”按钮，即可进入“限时促销”页面，可对促销信息进行修改、删除，如图 8-24 所示。

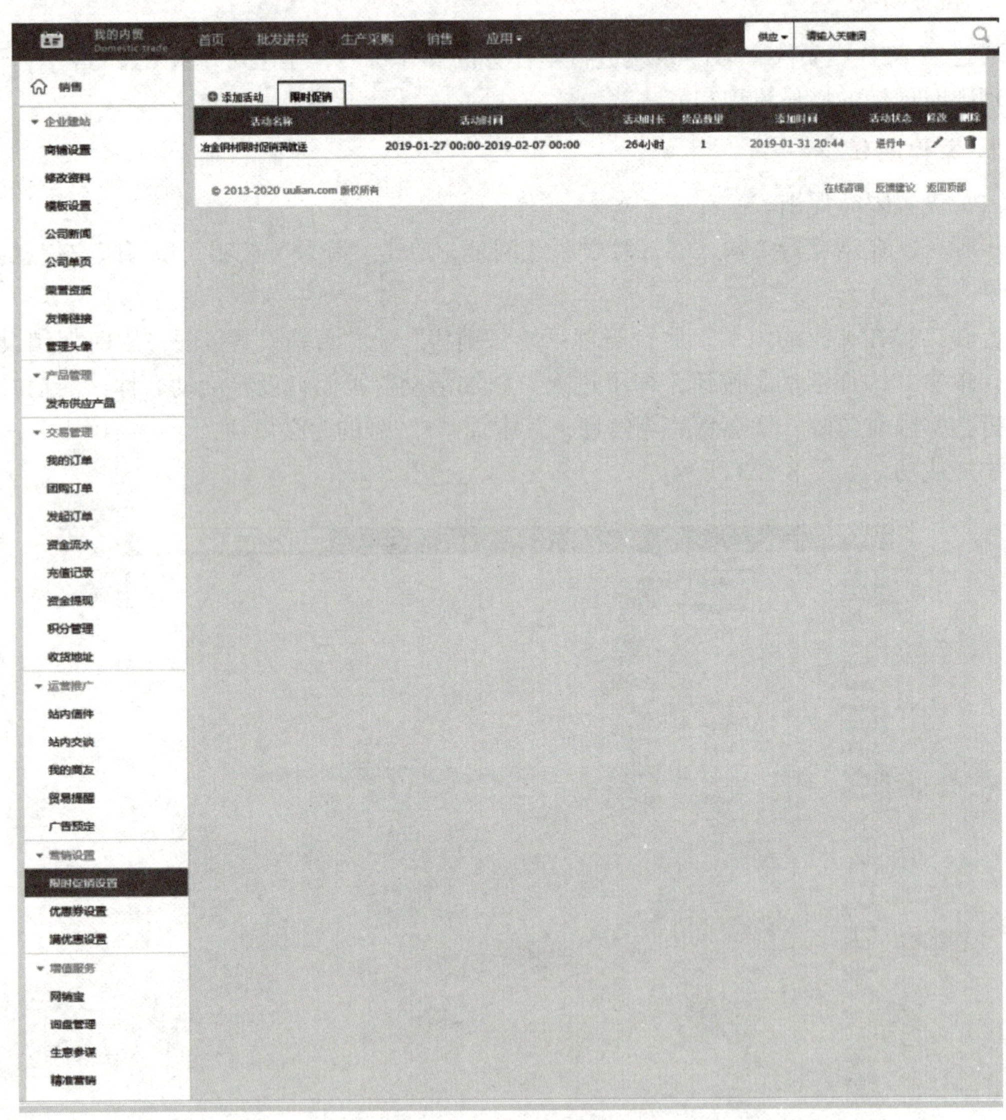

图 8-24 “限时促销”页面

步骤二：在“限时促销”页面，单击需修改的限时促销的“修改”图标，在打开的修改信息窗口进行修改，修改完成后单击“修改”按钮保存修改结果，即可完成信息的修改操作，如 8-25 所示。

步骤三：在“限时促销”页面，单击需要删除的限时促销的“删除”图标，按照相应的提示操作后，该条限时促销即被删除，如图 8-26 所示。

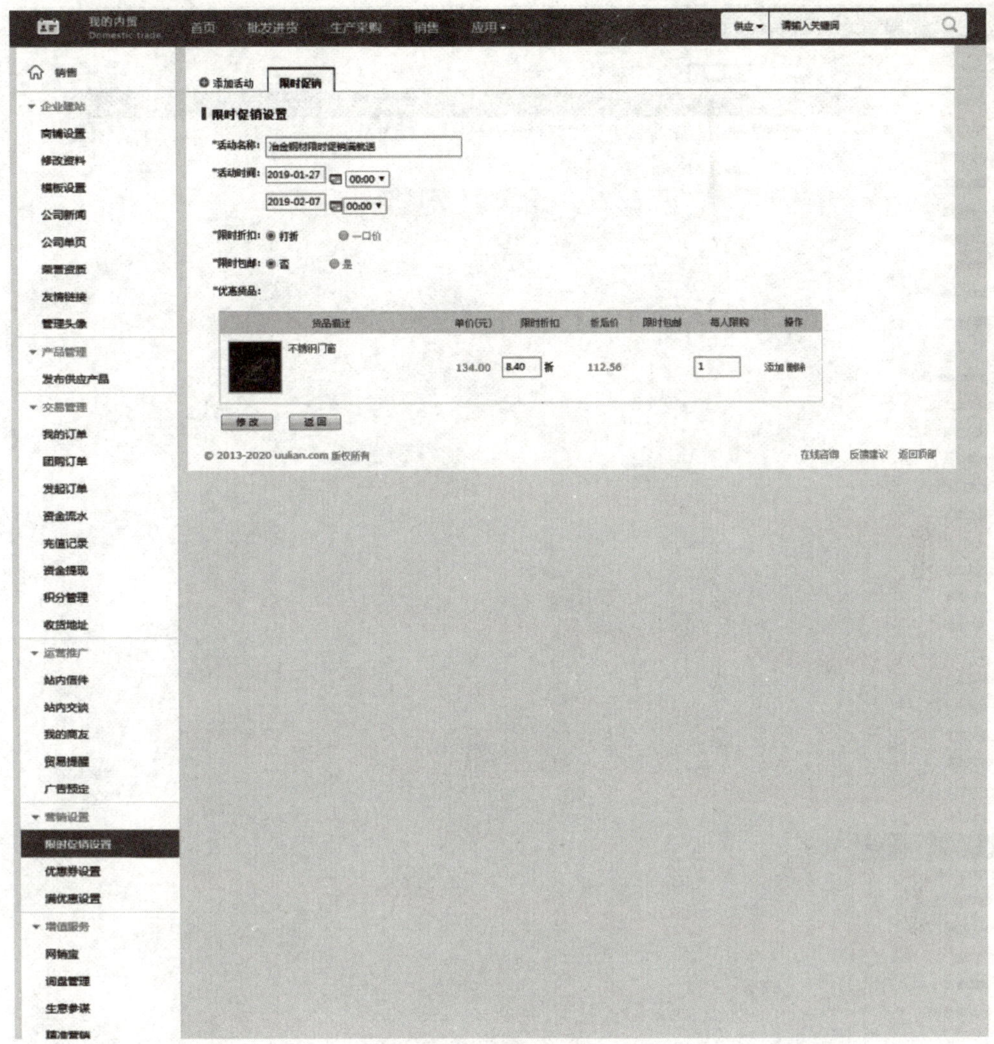

图 8-25　修改限时促销

三、设置优惠券

1. 任务描述

在 B2B 内贸实训教学系统上设置优惠券。

2. 任务目的

通过在 B2B 内贸实训教学系统进行本任务的操作练习，学生可掌握在 1688 平台设置优惠券的操作流程和方法。

3. 操作流程

步骤一：在浏览器中输入实训教学系统网址，单击“登录”按钮，填写账户信息，完成登录。

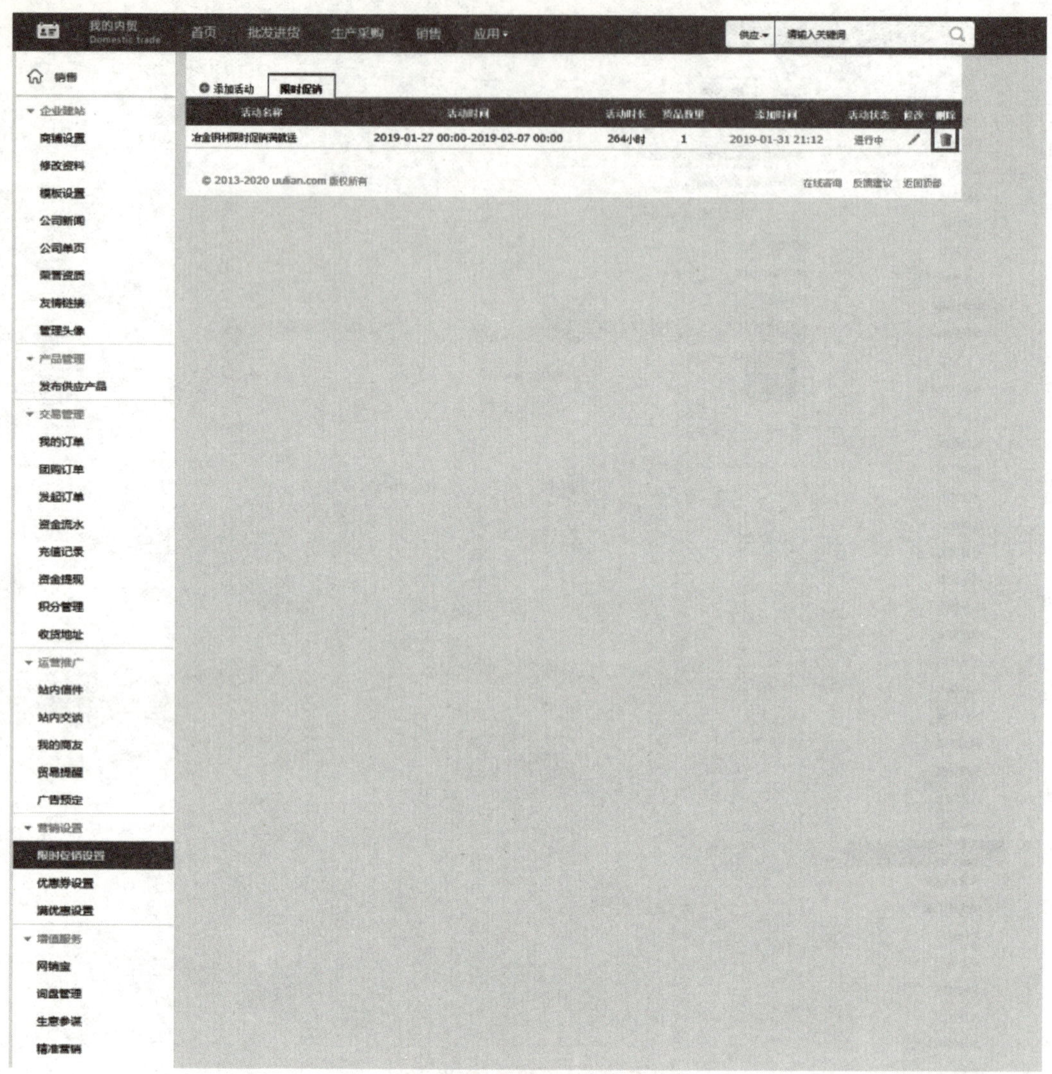

图 8-26　删除限时促销

步骤二：在“我的内贸”后台管理系统“销售”→“营销设置”→“优惠券设置”模块，单击“添加优惠券”按钮，进入“添加优惠券”页面，选择优惠券的类型为店铺优惠券，设置优惠券名称、有效时间、可用货品、单张面值、总发行量、使用条件、推广方式、推广渠道、是否允许转赠等信息，其中加“*”号的为必填项，单击“确定”按钮，店铺优惠券设置操作完毕，如图 8-27 所示。

步骤三：在“我的内贸”后台管理系统“销售”→“营销设置”→“优惠券设置”模块，单击“添加优惠券”按钮，进入“添加优惠券”页面，选择优惠券的类型为商品优惠券，设置优惠券名称、有效时间、可用货品、单张面值、总发行量、使用条件、推广方式、推广渠道、是否允许转赠等信息，其中加“*”号的为必填项，单击“确定”按钮，添加商品优惠券操作完毕，如图 8-28 所示。

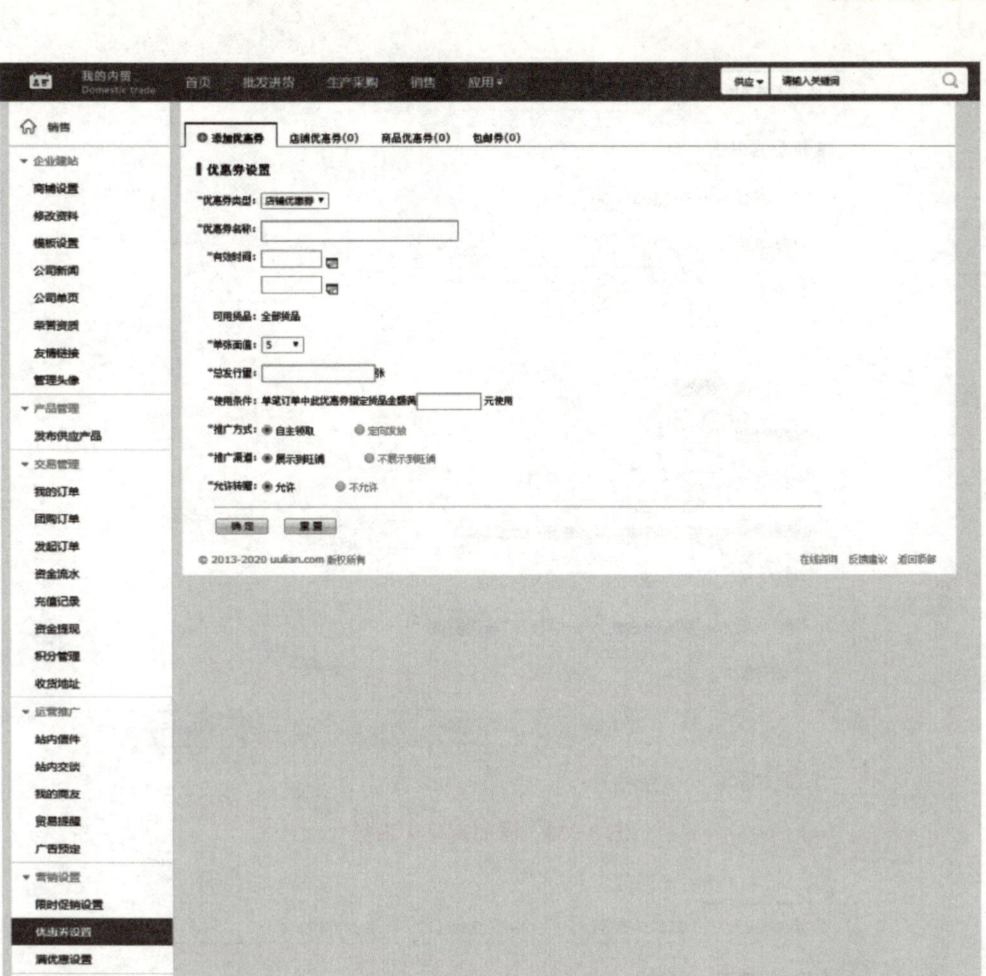

图 8-27　添加店铺优惠券

步骤四：在“我的内贸”后台管理系统“销售”→“营销设置”→“优惠券设置”模块，单击“添加优惠券”按钮，进入“添加优惠券”页面，选择优惠券的类型为包邮券，设置优惠券名称、有效时间、不包邮地区、可用货品、总发行量、使用条件、推广方式、推广渠道、是否允许转赠等信息，其中加“*”号的为必填项，单击“确定”按钮，即可添加成功，如图 8-29 所示。

4. 添加优惠券填写说明

（1）店铺优惠券。

优惠券类型：店铺优惠券。

优惠券名称：店铺优惠券的名称，如 5 元店铺优惠券。

有效时间：使用优惠券的开始时间和结束时间。

可用货品：全部货品都可使用。

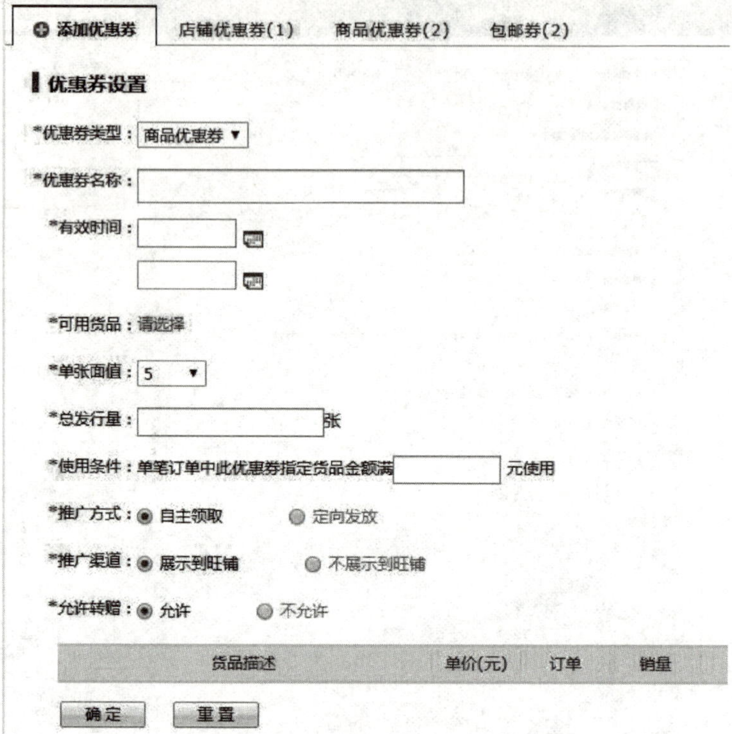

添加优惠券 店铺优惠券(1) 商品优惠券(2) 包邮券(2)

优惠券设置

*优惠券类型：商品优惠券

*优惠券名称：

*有效时间：

*可用货品：请选择

*单张面值：5

*总发行量：张

*使用条件：单笔订单中此优惠券指定货品金额满 元使用

*推广方式：自主领取 定向发放

*推广渠道：展示到旺铺 不展示到旺铺

*允许转赠：允许 不允许

货品描述	单价(元)	订单	销量

确定 重置

图 8-28 添加商品优惠券

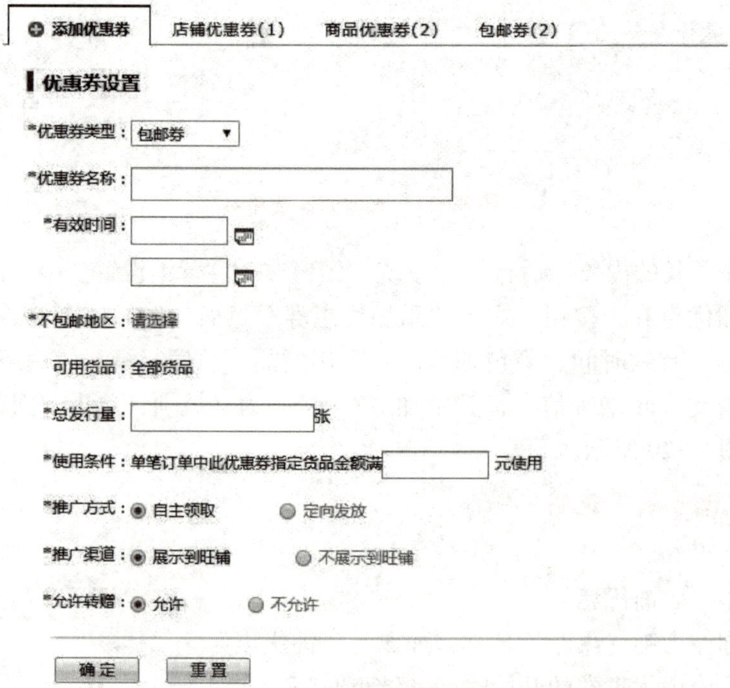

添加优惠券 店铺优惠券(1) 商品优惠券(2) 包邮券(2)

优惠券设置

*优惠券类型：包邮券

*优惠券名称：

*有效时间：

*不包邮地区：请选择

可用货品：全部货品

*总发行量：张

*使用条件：单笔订单中此优惠券指定货品金额满 元使用

*推广方式：自主领取 定向发放

*推广渠道：展示到旺铺 不展示到旺铺

*允许转赠：允许 不允许

确定 重置

图 8-29 添加包邮券

单张面值：优惠券单张金额。

总发行量：总共发行多少张优惠券。

使用条件：单笔订单中此优惠券指定货品金额满 ×× 元使用。

推广方式：1）自主领取，即需要在店铺中自主领取优惠券；2）定向发放，即定向的发放。

推广渠道：1）展示到店铺，即显示到店铺中；2）不展示到店铺，即不显示到店铺中。

允许转赠：1）允许，即允许转赠；2）不允许，即不允许转赠。

（2）商品优惠券。

优惠券类型：商品优惠券。

优惠券名称：商品优惠券的名称，如 5 元商品优惠券。

有效时间：使用优惠券的开始时间和结束时间。

可用货品：可使用商品优惠券购买的货品。

其余信息的含义与店铺优惠券一致。

（3）包邮券。

优惠券类型：包邮券。

优惠券名称：包邮券的名称，如 10 元包邮券。

有效时间：使用优惠券的开始时间和结束时间。

不包邮地区：选择不包邮的区域。

可用货品：全部货品都可使用包邮券。

其余信息的含义与店铺优惠券一致。

四、设置满优惠

1. 任务描述

在 B2B 内贸实训教学系统上设置满优惠。

2. 任务目的

通过在 B2B 内贸实训教学系统进行本任务的操作练习，学生可掌握 1688 平台满优惠设置的操作流程和方法。

3. 操作流程

步骤一：在浏览器中输入实训教学系统网址，单击“登录”按钮，填写账户信息，完成登录。

步骤二：在“我的内贸”后台管理系统“销售”→“营销设置”→“满优惠设置”模块，单击“添加活动”按钮，即可进入“添加活动”页面，设置活动名称、活动时间、优惠条件、优惠方式、活动货品、活动说明等信息，其中加“*”号的为必填项，单击“确定”按钮，即可添加成功，如图 8-30 所示。

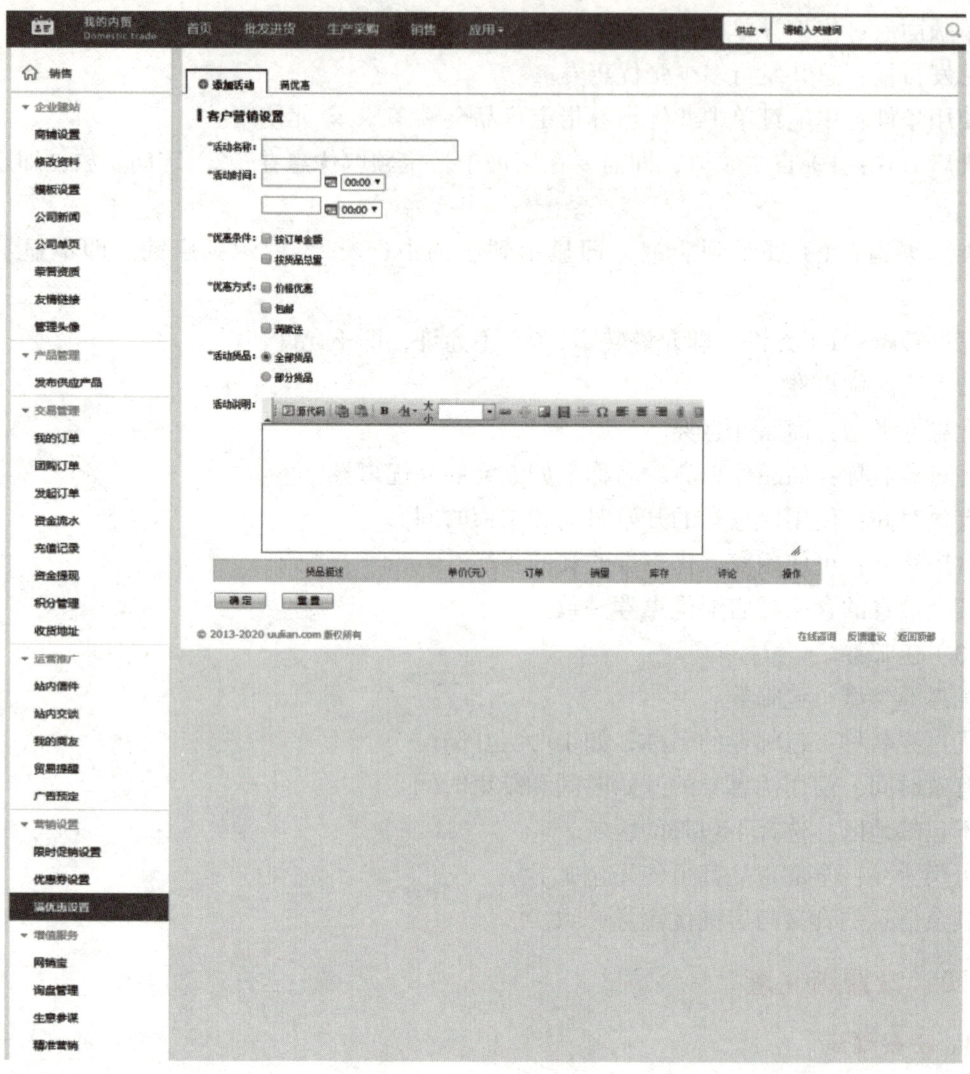

图 8-30　添加活动

4. 添加活动填写说明

活动名称：活动的名称。

活动时间：活动的开始时间和结束时间。

优惠条件：（1）按订单金额，即按订单金额，单笔订单满 ×× 元。（2）按货品总量，即按货品总量，单笔订单满 ×× 件。

优惠方式：（1）价格优惠，即减现金，减 ×× 元；× 折（填写 9 代表 9 折）。（2）包邮，即减后满 ×× 元才可享受免邮；免快递费（可选择不免快递费地区）；免货运运费（可选择不免货运运费地区）。（3）满就送，即优惠券（可选择优惠券）。

活动货品：（1）全部货品。（2）部分货品。

活动说明：活动的详细说明。

五、管理询盘

1. 任务描述

在 B2B 内贸实训教学系统上管理询盘。

2. 任务目的

通过在 B2B 内贸实训教学系统进行本任务的操作练习，学生可掌握在 1688 平台管理询盘的操作流程和方法。

3. 操作流程

步骤一：在浏览器中输入实训教学系统网址，单击“登录”按钮，填写账户信息，完成登录。

步骤二：单击“销售”→“增值服务”→“询盘管理”，如图 8-31 所示，跳转至“询盘管理”页面；在“我的询盘”中可以显示被买家询价的公司信息，如图 8-32 所示，此为今日询盘信息。

图 8-31　询盘管理

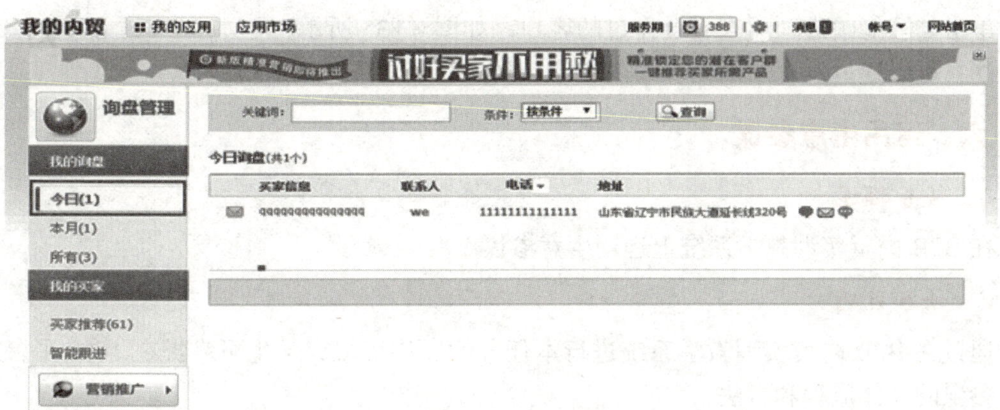

图 8-32　今日询盘信息

（1）今日：显示今天被买家询价的公司信息。

本月：显示一个月内被买家询价的公司信息。

所有：显示所有被买家询价的公司信息。

（2）询盘信息多的时候可以通过“关键词”或“条件”进行查询，如查询“贝汉信息”，在关键词框输入“贝汉信息”，条件选择“公司”，单击“查询”按钮，即可显示查询结果，如图 8-33 所示。

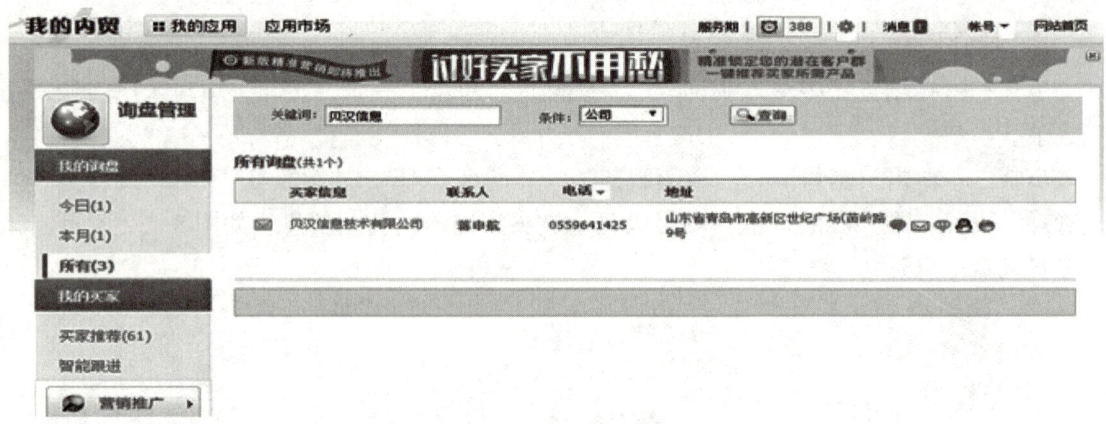

图 8-33 “贝汉信息”查询结果

步骤三：单击“销售”→“增值服务”→“询盘管理”，跳转至“询盘管理”页面，“我的买家”有“买家推荐”“智能跟进”模块。

（1）买家推荐：指在默认情况下，通过这个营销工具可以找到符合它所指定条件的采购方进行营销。

单击“买家推荐”可查看所有的买家信息，如图 8-34 所示。

注：可以通过发送站内信、站内交谈、阿里旺旺与采购商进行沟通。

（2）智能跟进：指的是可以对已经有过合作的客户进行二次营销。

单击“智能跟进”可查看合作过的客户，如图 8-35 所示。

注：可以通过发送站内信、站内交谈、阿里旺旺与采购商进行沟通。

六、运用生意参谋

1. 任务描述

在 B2B 内贸实训教学系统上运用生意参谋。

2. 任务目的

通过在 B2B 内贸实训教学系统进行本任务的操作练习，学生可掌握在 1688 平台运用生意参谋的操作流程和方法。

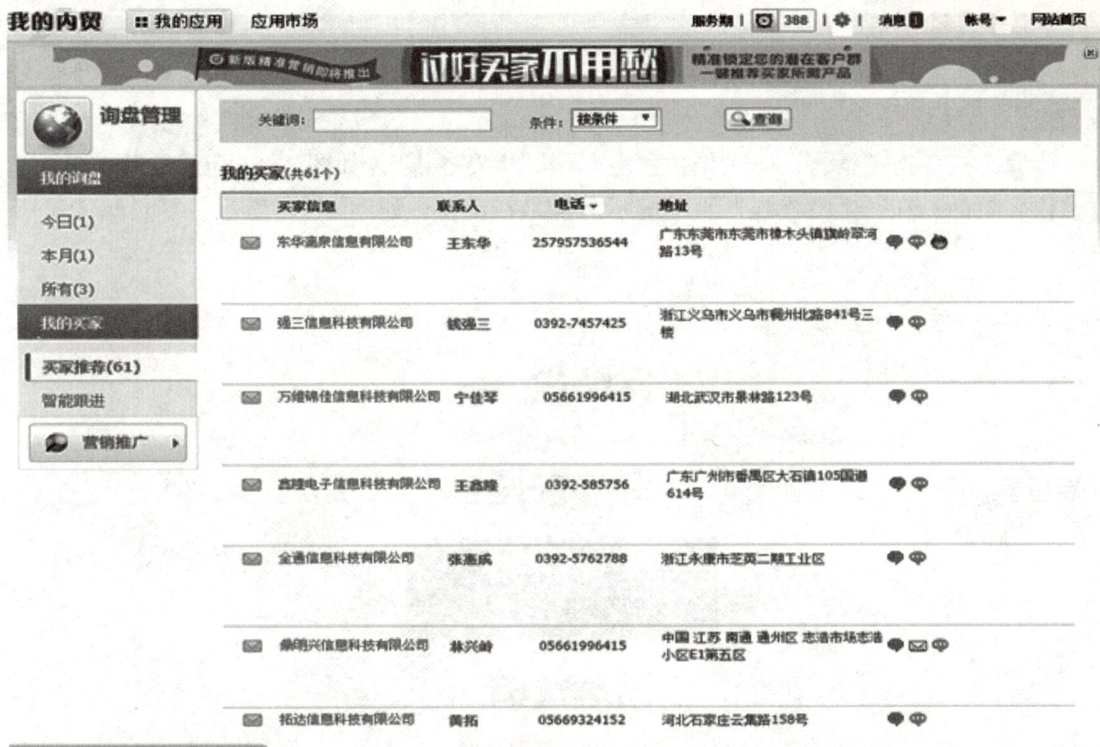

图 8-34　所有买家信息

图 8-35　查看合作过的客户

3. 操作流程

步骤一：在浏览器中输入实训教学系统网址，单击“登录”按钮，填写账户信息，完成登录。

步骤二：单击“销售”→“增值服务”→“生意参谋”，如图 8-36 所示，跳转至“生意参谋”页面；在“生意参谋”页面显示店铺最新动态，如图 8-37 所示。

图 8-36　生意参谋

图 8-37　店铺最新动态

（1）昨日数据。

1）展现次数：用户访问网站时每打开一个页面，就记为 1 个 PV。同一个页面访问多次，浏览量就会累积。

2）访客数：指用户访问 IP 数。

3）较前日↑/↓：指跟前一天的访客数、展现次数或支付金额相比上升或下降了多少百分比。

4）支付金额：指买家购买商品支付的金额。

（2）今日实时直播。

您的店铺买家支付金额：指从 0 点到现在买家购买商品支付的金额。

步骤三：单击“销售”→“增值服务”→“生意参谋”，跳转至“生意参谋”页面；在“生意参谋”页面显示店铺数据概况，如图 8-38 所示。

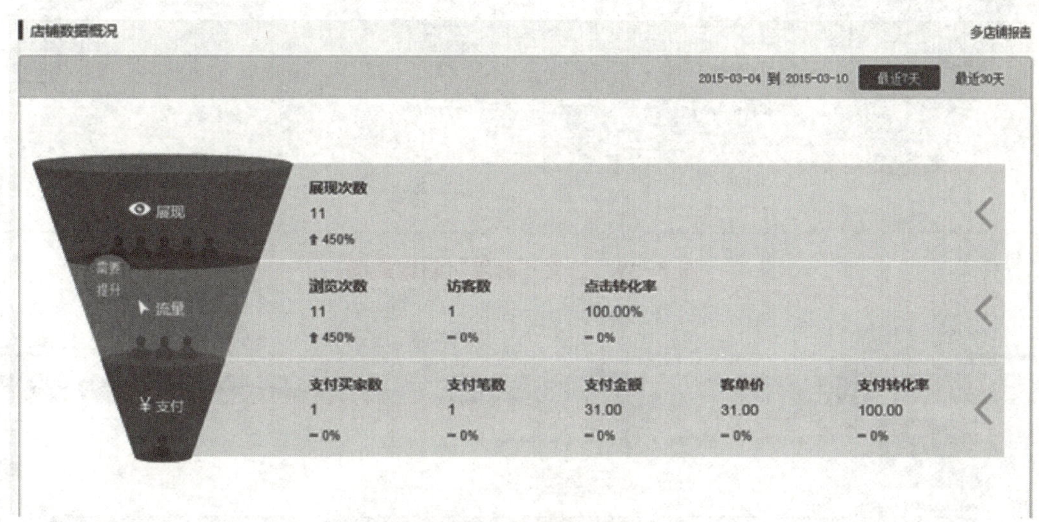

图 8-38　店铺数据概况

（1）浏览次数：用户访问网站时每打开一个页面，就记为 1 个 PV。同一个页面访问多次，浏览量就会累积。

（2）访客数：指用户访问 IP 数。

（3）↑/↓：指跟前一天的访客数、支付金额等相比上升或下降了多少百分比。

（4）点击转化率 = 订单数 / 访客数。

（5）支付买家数：指来店铺买东西的客户数量。

（6）支付笔数：指买家购买商品的数量。

（7）支付金额：指买家购买商品支付的金额。

（8）客单价：指在一定时期内，每位顾客消费的平均价格。客单价 = 销售总额 / 顾客总数，或者是客单价 = 销售总金额 / 成交总笔数。

（9）支付转化率 = 支付笔数 / 访客数。

卖家可查询最近 7 天或最近 30 天的店铺数据情况。

步骤四：单击“销售”→“增值服务”→“生意参谋”，跳转至“生意参谋”页面；在“生意参谋”页面，如要查看“流量”的数据图，在页面单击“流量”最右侧的左向箭头，如图 8-39 所示，就会显示浏览次数的趋势图，如图 8-40 所示。

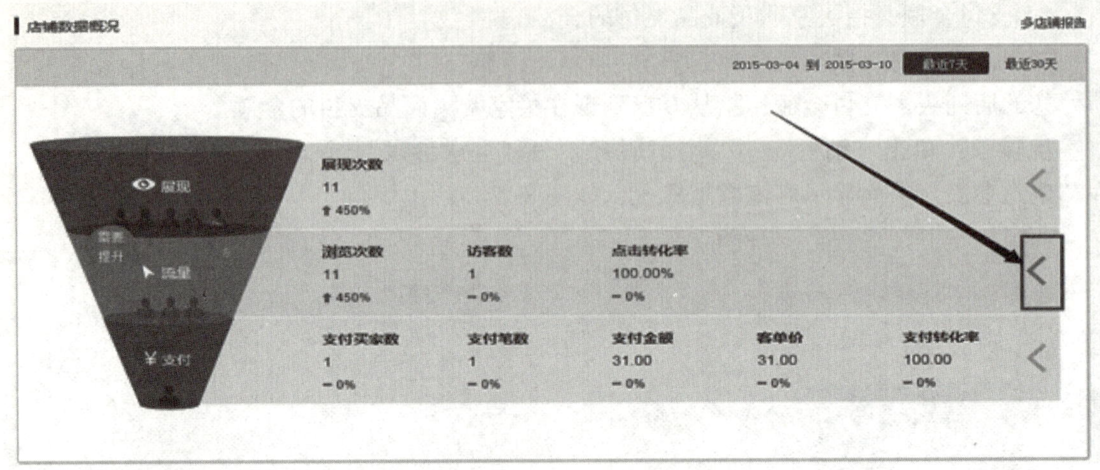

图 8-39　查看“流量”的数据图

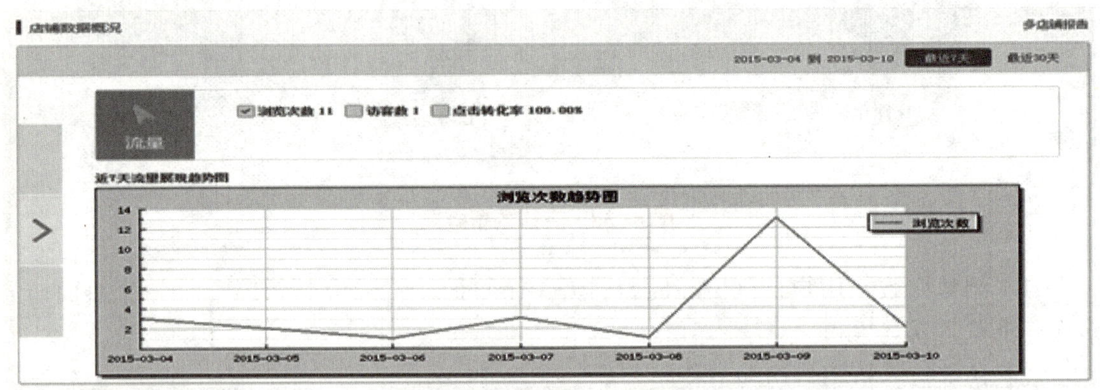

图 8-40　浏览次数趋势图

（1）系统默认显示最近 7 天的数据，单击“最近 30 天”会跳转至相应的数据图，如图 8-41 所示。

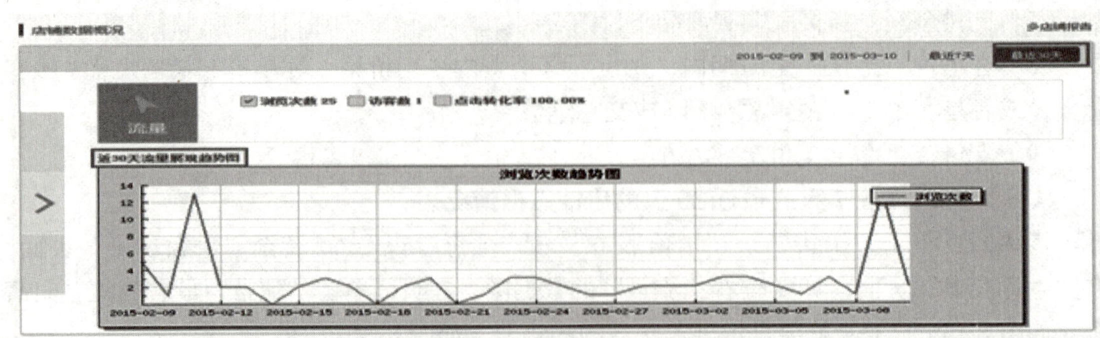

图 8-41　最近 30 天浏览次数趋势图

（2）如要选择别的数据图，只需在复选框中打钩，就会跳转到相应的数据页面，如图 8-42 所示，此为访客数趋势图。

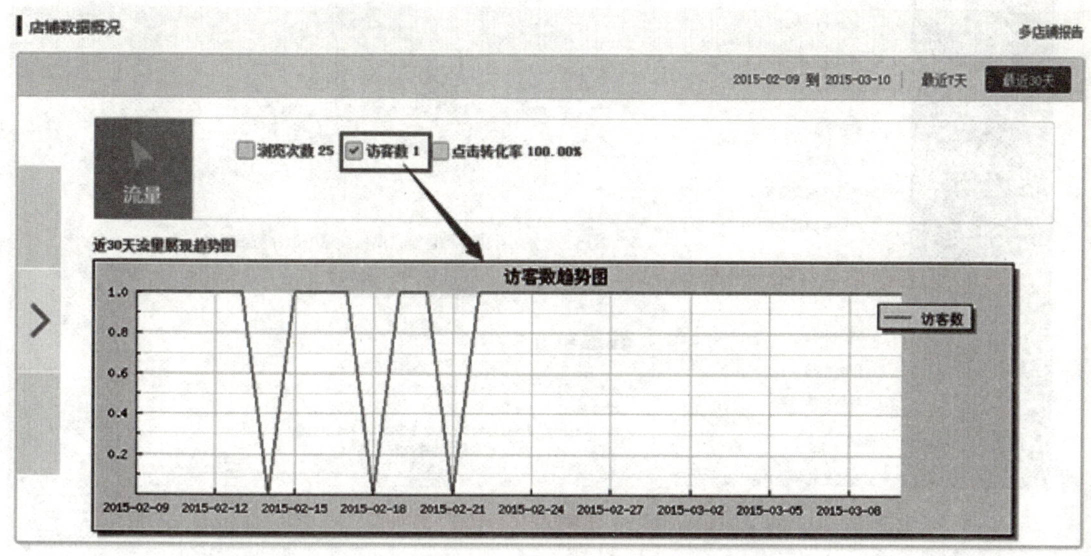

图 8-42 访客数趋势图

拓展学习——在 1688 平台上设置商品推荐和分享商品

在 1688 平台上，商品推荐和分享商品是很有用的两个商品营销推广工具，以下是这两个营销推广工具的使用和操作方法。

一、设置商品推荐和商品推荐组合

设置商品推荐组合的目的在于利用销量好的商品为销量一般的商品引流，以提高销量一般的商品的下单转化率。

设置商品推荐和商品推荐组合的方法和操作步骤如下：

步骤一：登录“我的阿里”，将鼠标移到“商品”并单击它，进入“通用产品管理”页面，如图 8-43 所示。

步骤二：将鼠标移到“商品推荐设置”并单击它，进入商品推荐设置页面，如图 8-44 所示，单击“添加推荐”，选择一款销量较好的商品。

步骤三：在推荐商品下填写一个推荐语（推荐理由）之后，单击“新增组合”按钮，上传组合推荐的关联商品，在关联商品下填写推荐语（推荐理由），到此，一个商品推荐组合设置完毕，如图 8-45 所示。

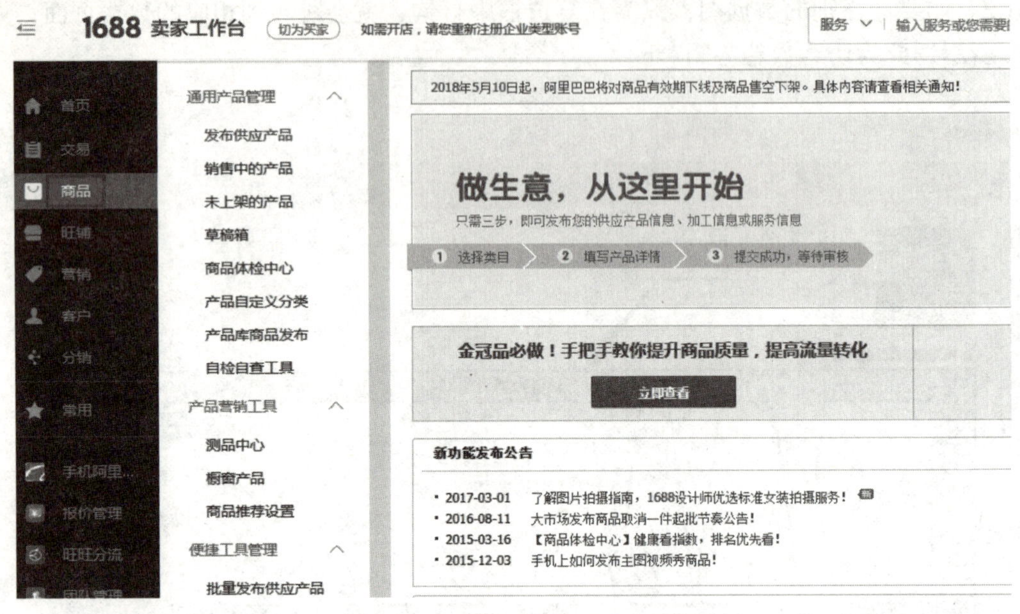

图 8-43 “通用产品管理”页面

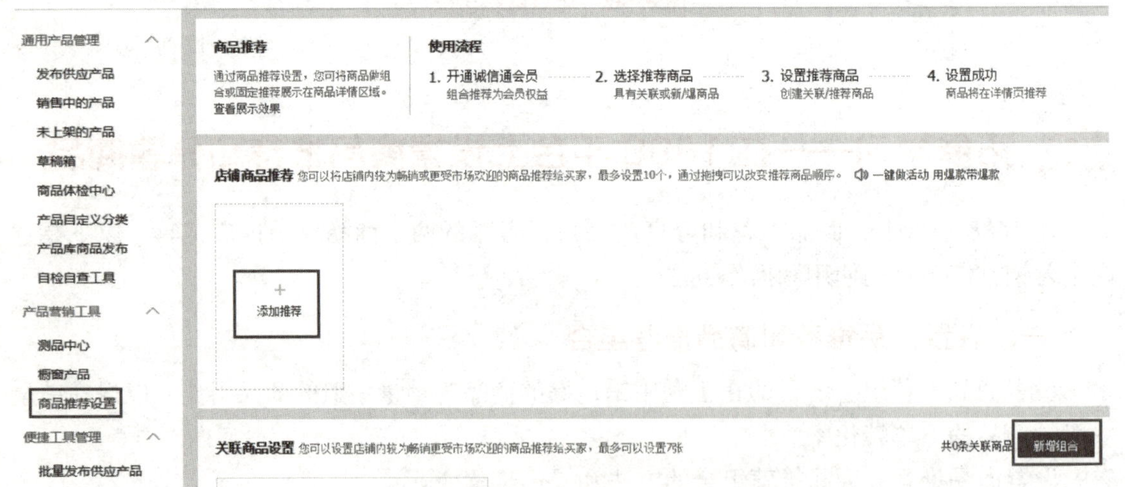

图 8-44 商品推荐设置页面

如图 8-45 所示，页面上方的店铺商品推荐为固定推荐分组，下方关联商品设置为关联推荐分组。供应商可以对商品进行分组展示管理，每组商品可以设置一个推荐语，推荐语将展示在产品详情页。供应商还可以为关联推荐写一个标题，该标题不会在 1688 网站前台展示，设置该标题主要是便于供应商管理关联推荐分组。

固定推荐分组的商品顺序与产品详情页面展示顺序一致，即从左到右。如需调整顺序，可拖动商品改变排序。

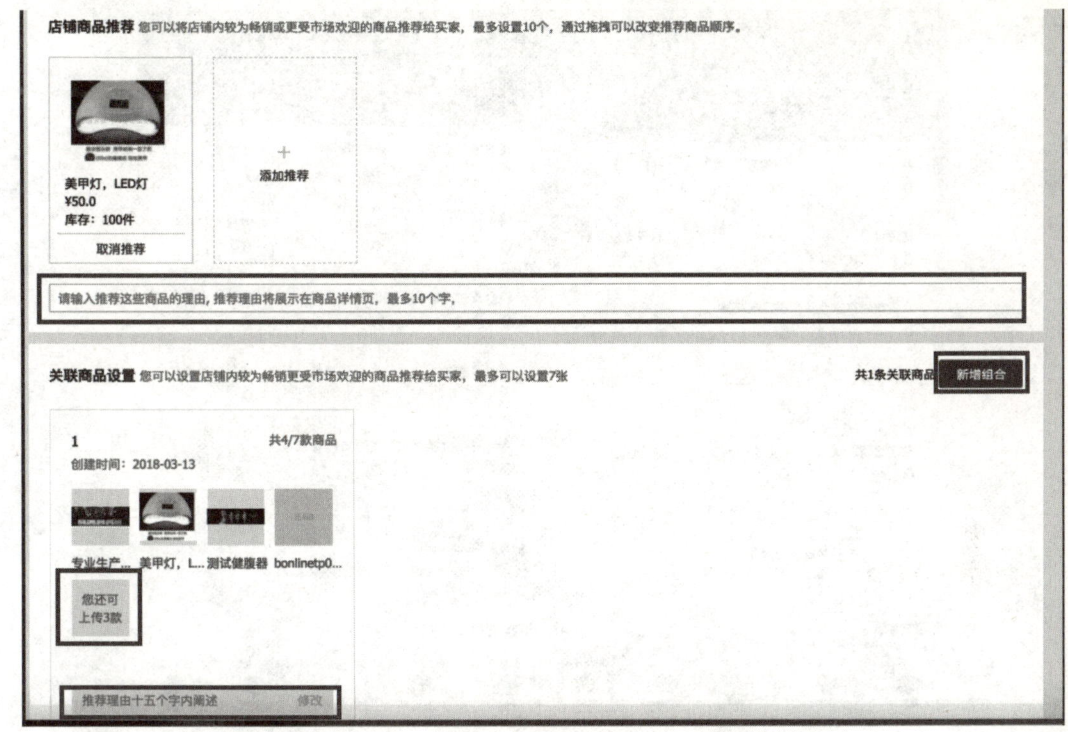

图 8-45　设置商品推荐组合页面

二、分享商品

在 1688 平台的 PC 端，供应商可以将商品链接复制并发送给自己的买家，让买家将商品链接分享给有需求的购买者。

在 1688 平台的无线端，供应商可以通过手机阿里进行商品分享，操作方法如下：

打开手机阿里（阿里巴巴 App），单击“我的”，再单击左上方头像，单击“我的旺铺”，选择需要分享的商品。单击商品页面右方的“分享”按钮，选择需要分享的通道进行分享即可，如图 8-46～图 8-48 所示。

目前，可分享的途径和操作方法如下：

（1）复制口令：复制后将口令发送给被分享人。

（2）存至相册：将分享页面保存至相册，将相册中的图片发送给被分享人。

（3）微信好友：单击跳转到微信，将口令发送给被分享人。

（4）朋友圈：单击跳转到微信朋友圈，将含有二维码的产品图片发送至朋友圈分享。

（5）QQ：单击跳转到 QQ，将口令发送给被分享人。

（6）钉钉：单击跳转到钉钉，将口令发送给被分享人。

（7）新浪微博：单击跳转到微博发送页面，将商品标题和商品链接发送到微博。

（8）QQ 空间：单击跳转到 QQ 空间，将口令发送至 QQ 空间分享。

（9）短信：单击跳转到短信发送页面，将口令发送给被分享人。

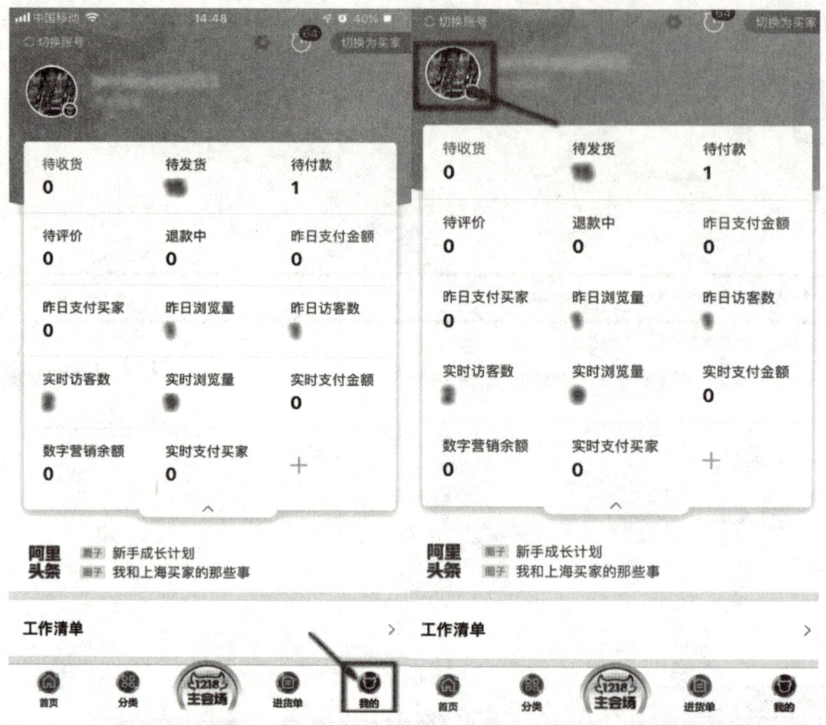

图 8-46 手机阿里→“我的”→左上方头像

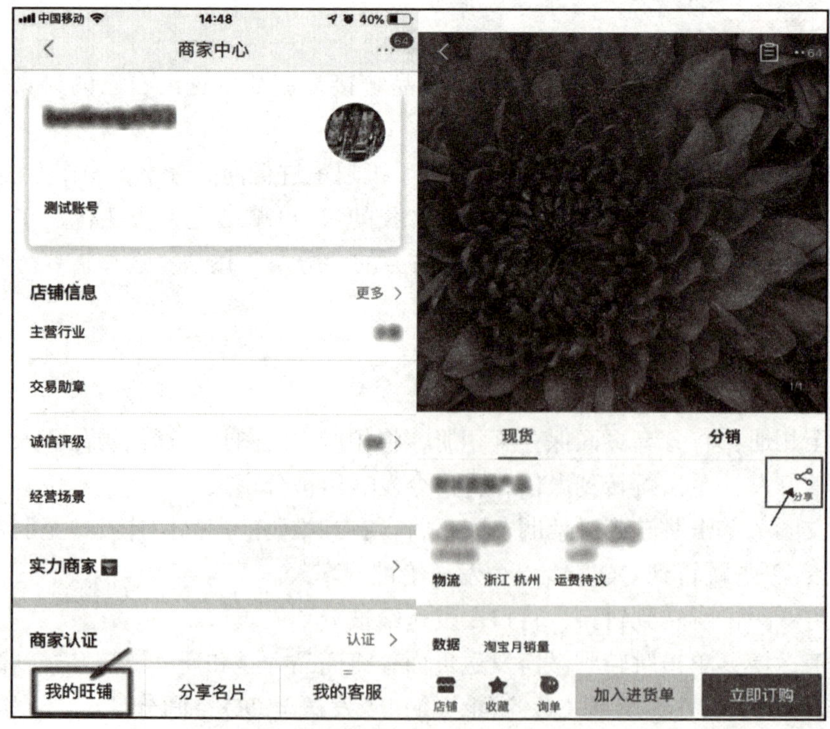

图 8-47 “我的旺铺”→“分享”

图 8-48　手机阿里分享途径

习题

1. 什么是网销宝?
2. 网销宝有哪些服务产品?
3. 网销宝服务产品的定位是什么?
4. 什么是限时促销?
5. 1688 平台规定不允许什么产品创建限时促销?
6. 什么是优惠券?
7. 怎么设置优惠券?
8. 什么是满优惠?
9. 怎么设置满优惠?
10. 询盘管理工具有何作用?
11. 什么是生意参谋?
12. 生意参谋有哪些功能?

交易管理

知识准备

一、发起订单

在 1688 平台上，当买卖双方对商品交易信息进行沟通、洽谈与磋商，基本达成交易共识后，卖方登录“我的阿里”后台系统，沿着“交易”→“卖家下单工具”的操作路径，单击“发起订单”即可进行发起订单操作，如图 9-1 所示。

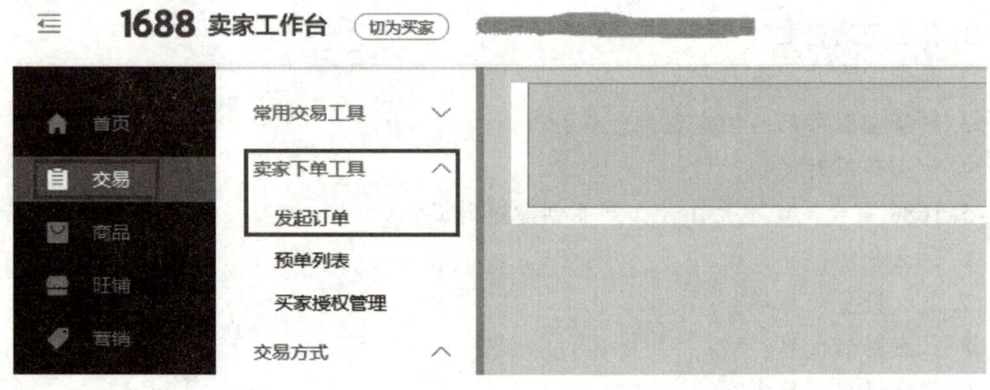

图 9-1　卖家发起订单入口

二、发货

买家登录“我的阿里”后台系统，确认订单并完成付款后，卖家登录“我的阿里”，沿着“交易”→“常用交易工具”→“发货管理”的操作路径，选择相应订单即可对该订单进行发货操作，如图 9-2 所示。

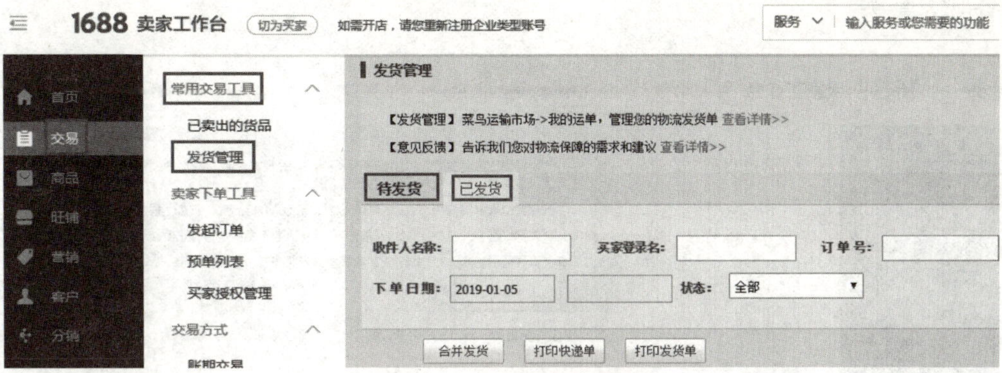

图 9-2 卖家发货管理页面

三、退款退货

在 1688 平台交易不成功，卖家登录“我的阿里”，沿着“交易”→“退款维权”的操作路径，单击“退款退货管理”，可以进行退款和退货的有关操作，如图 9-3 所示。

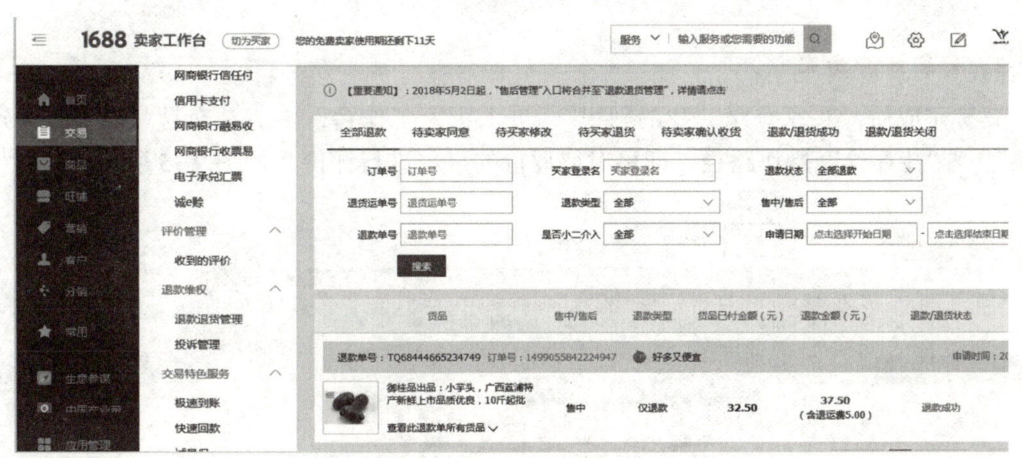

图 9-3 退款退货管理页面

四、管理已卖出货品

卖家登录“我的阿里”，沿着“交易”→“常用交易工具”→“已卖出的货品”的操作路径，进入“已卖出的货品”页面，在此页面可以对已卖出的货品进行查看、发货、退款、评价等操作，如图 9-4 所示。

五、交易评价

阿里巴巴网站的买家和卖家在成功完成在线交易（包括支付宝担保交易、分阶段付款交易、货到付款交易等）后，对每一笔交易，交易双方均有权对对方的交易情况做出评价，评价记录是阿里巴巴用户交易状况的重要标记，买卖双方在进行交易评价时应保证公正、客观、真实。

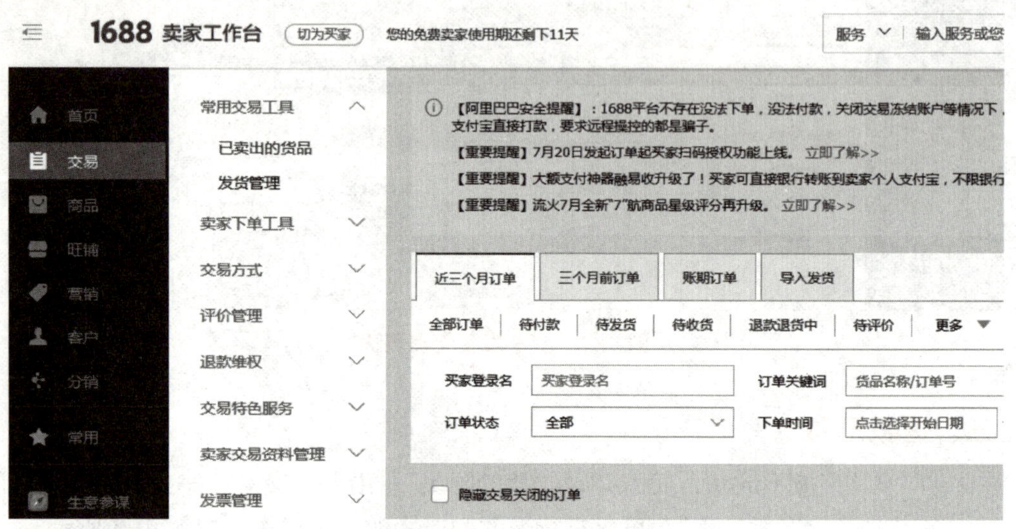

图 9-4 “已卖出的货品”页面

1. 买家评价卖家

交易完成后，买家登录“我的阿里”，进入买家工作台，沿着“交易”→“已买到的货品”→“待评价”操作路径，即可对待评价的订单进行评价，如图 9-5 所示。

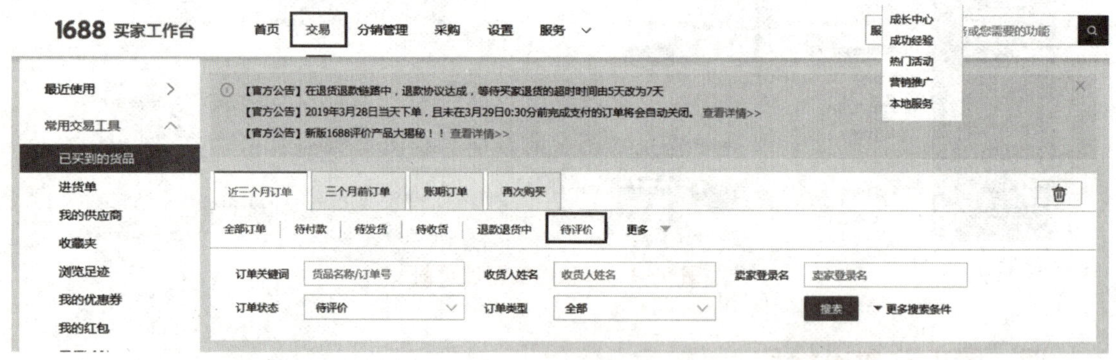

图 9-5 买家的待评价订单页面

2. 卖家评价买家

交易完成后，卖家登录“我的阿里”，进入卖家工作台，沿着“交易”→“已卖出的货品”→“待评价”操作路径，即可对待评价的订单进行评价，如图 9-6 所示。

3. 买家查看收到和做出的评价

交易完成后，买家登录“我的阿里”，进入买家工作台，沿着“交易”→“评价管理”→“做出的评价”的操作路径，可以查看收到和做出的评价，如图 9-7 所示。

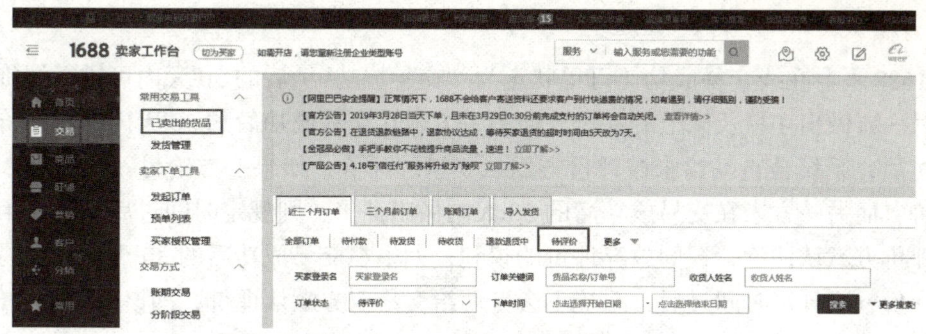

图 9-6 卖家的待评价订单页面

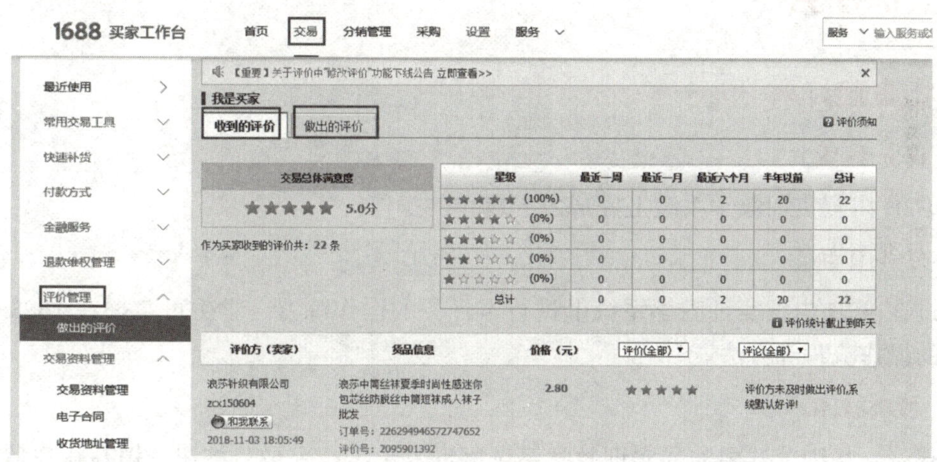

图 9-7 买家的评价管理页面

4. 卖家查看收到和做出的评价

交易完成后，卖家登录“我的阿里”，进入卖家工作台，沿着“交易”→“评价管理”→“收到的评价”的操作路径，可以查看收到和做出的评价，如图 9-8 所示。

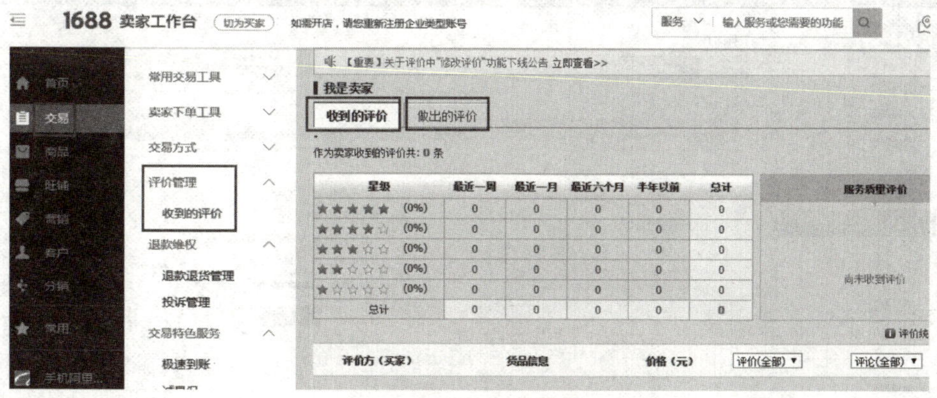

图 9-8 卖家的评价管理页面

5. 评价规则

在 1688 平台在线交易成功（订单状态为“交易成功”）后的 30 天内可进行评价。如果一方给另一方做出 4 星及以上的评价，而另一方未在交易成功后的 30 天内做出评价，则规定时间过后，系统会自动给未被评价方默认 5 星的评价；如果一方给另一方做出 3 星及以下的评价，而另一方未在交易成功后的 30 天内做出评价，则规定时间过后，系统不会自动给未被评价方默认评价，视同放弃评价的权利；如果在交易成功后的 30 天内，交易双方都未做出评价，则规定时间过后，系统不会自动给交易双方默认评价，即该交易无评价。

实训任务

一、发起订单

1. 任务描述

在 B2B 内贸实训教学系统上完成发起订单的操作。

2. 任务目的

通过在 B2B 内贸实训教学系统上进行本任务的操作练习，学生可掌握在 1688 平台发起订单的操作流程和方法。

3. 操作流程

步骤一：在浏览器中输入实训教学系统网址，单击“登录”按钮，填写账户信息，完成登录。

步骤二：在“我的内贸”后台管理系统“销售”→“交易管理”模块，单击“发起订单”按钮，进入“发起订单”页面，在买家会员名框中输入买家会员名，单击“搜索”按钮，会显示出会员信息，单击“下一步”按钮，卖家发起订单，如图 9-9 所示。

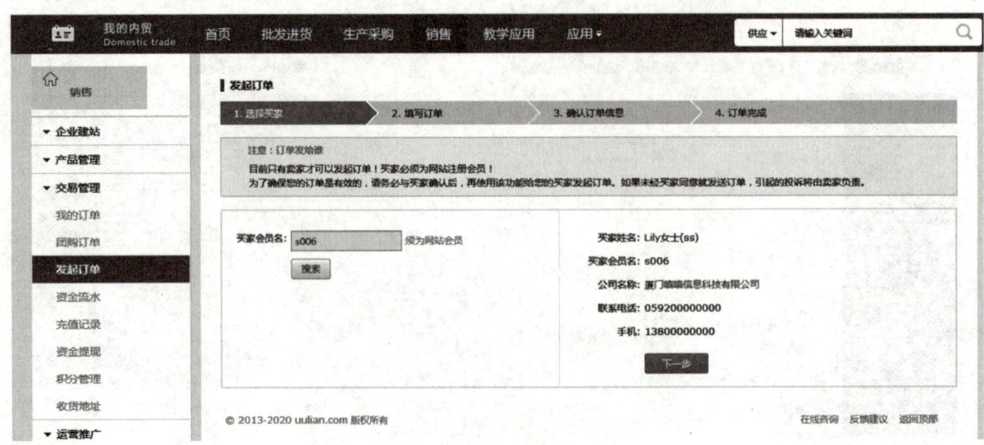

图 9-9 发起订单

步骤三：填写订单。选中买家需要的商品加入订单中，如图9－10所示，订单加入成功，单击“订单中的货品”，如图9－11所示，跳转到“订单中的货品”页面，如图9－12所示，单击“预览”按钮，结算订单。

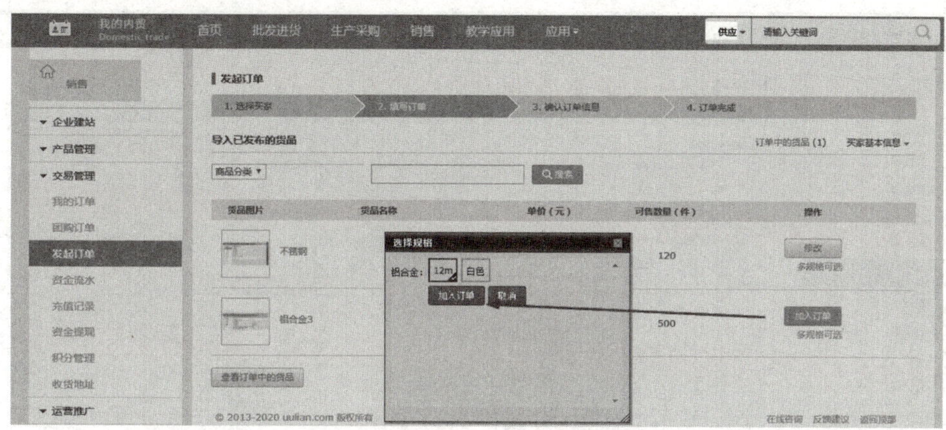

图9－10　加入订单

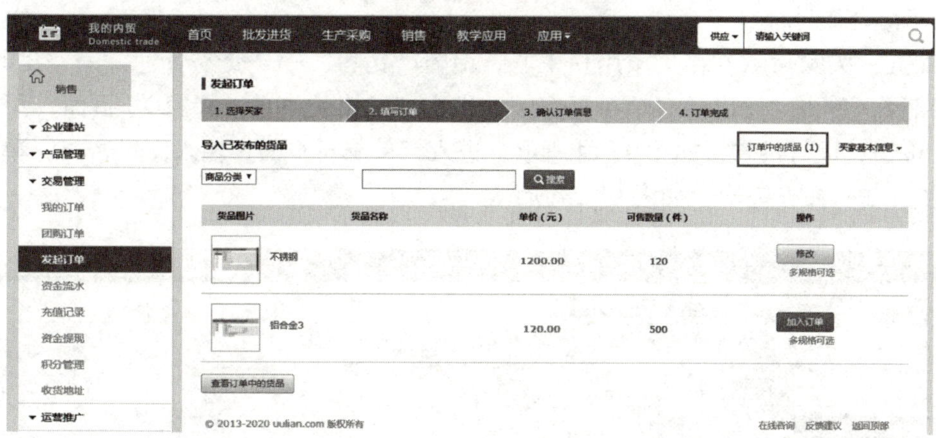

图9－11　单击“订单中的货品”

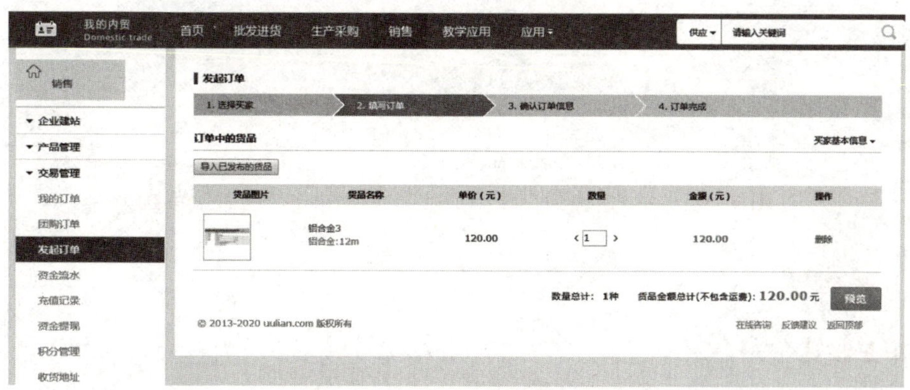

图9－12　“订单中的货品”页面

步骤四：确认订单信息。进入“确认订单信息”页面确认买卖双方基本信息、收货地址、订单信息等，单击“提交订单”按钮，按照相应的提示操作，订单提交成功，如图 9-13 所示。

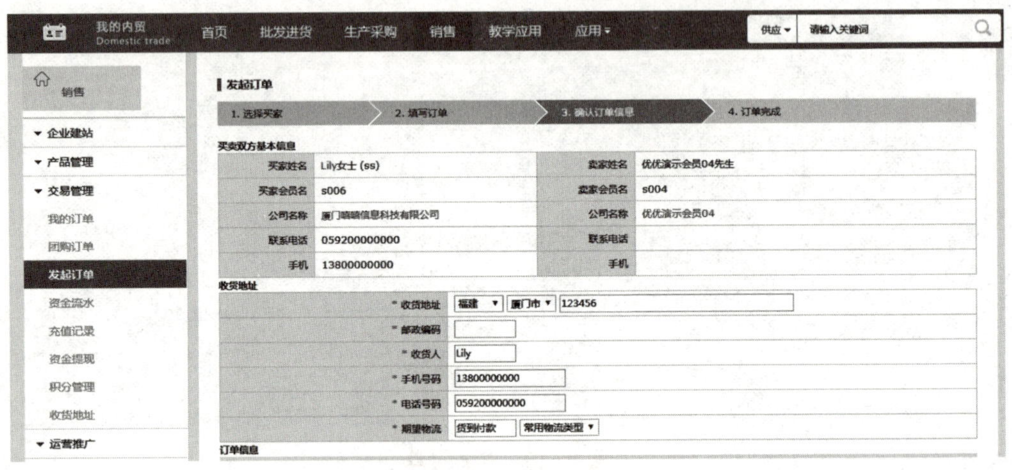

图 9-13　确认订单信息

步骤五：买家付款。在买家用户中心，沿着“销售”→“交易管理”→“我的订单”的操作路径，单击“发出的订单（买家）”，进入“发出的订单（买家）”页面，买家单击“付款”按钮，进行付款，如图 9-14 所示；进入订单支付页面，输入支付密码，单击“确定”按钮，支付操作完毕，如图 9-15 所示。

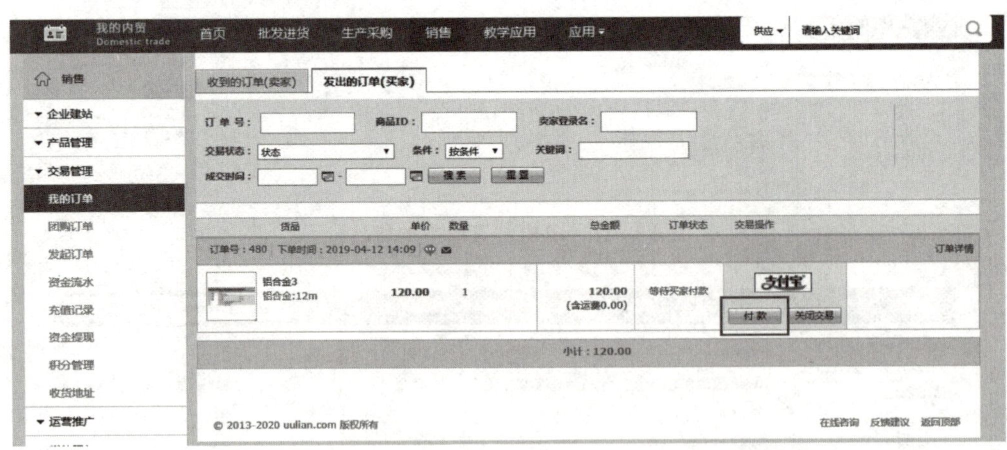

图 9-14　在“发出的订单（买家）”页面单击“付款”按钮

二、发货

1. 任务描述

在 B2B 内贸实训教学系统上完成卖家发货的操作。

图 9-15　订单支付

2. 任务目的

通过在 B2B 内贸实训教学系统进行本任务的操作练习，学生可掌握在 1688 平台完成发货的操作流程和方法。

3. 操作流程

步骤一：在浏览器中输入实训教学系统网址，单击“登录”按钮，填写账户信息，完成登录。

步骤二：在“我的内贸”后台管理系统，沿着“销售”→“交易管理”→“我的订单”的操作路径，单击“收到的订单（卖家）”按钮，进入“收到的订单（卖家）”页面，单击“确认发货”按钮，如图 9-16 所示。

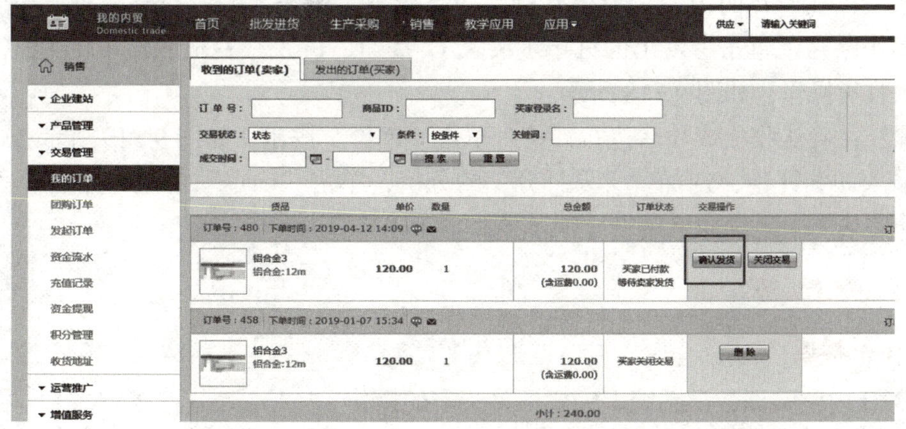

图 9-16　在“收到的订单（卖家）”页面单击“确认发货”按钮

步骤三：进入确认发货页面，输入物流类型、物流号码等信息，单击“确定”按钮，卖家确认发货操作完毕，如图 9-17 所示。

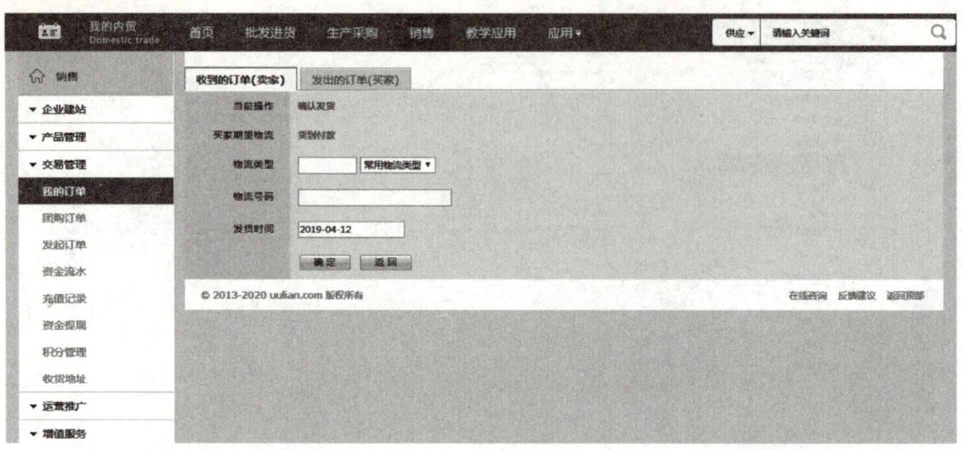

图 9-17　确认发货

三、评价卖家

1. 任务描述

在 B2B 内贸实训教学系统上完成评价卖家的操作。

2. 任务目的

通过在 B2B 内贸实训教学系统上进行本任务的操作练习，学生可掌握在 1688 平台评价卖家的操作流程和方法。

3. 操作流程

步骤一：在浏览器中输入实训教学系统网址，单击“登录”按钮，填写账户信息，完成登录。

步骤二：在“我的内贸”后台管理系统，沿着“销售”→“交易管理”→“我的订单”的操作路径，单击“发出的订单（买家）”按钮，进入“发出的订单（买家）”页面，进行确认收货操作，如图 9-18 所示。

步骤三：确认收货成功后进行评价，单击“评价”按钮，如图 9-19 所示，进入评价页面，输入详细评论，选择“交易打分”的分值，单击“确定”按钮，如图 9-20 所示，评价操作完毕。

四、评价买家

1. 任务描述

在 B2B 内贸实训教学系统上完成评价买家的操作。

2. 任务目的

通过在 B2B 内贸实训教学系统上进行本任务的操作练习，学生可掌握在 1688 平台评价买家的操作流程和方法。

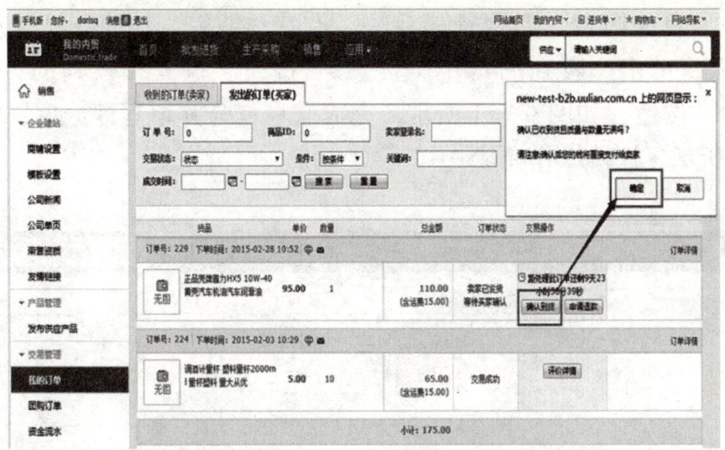

图 9-18 确认收货

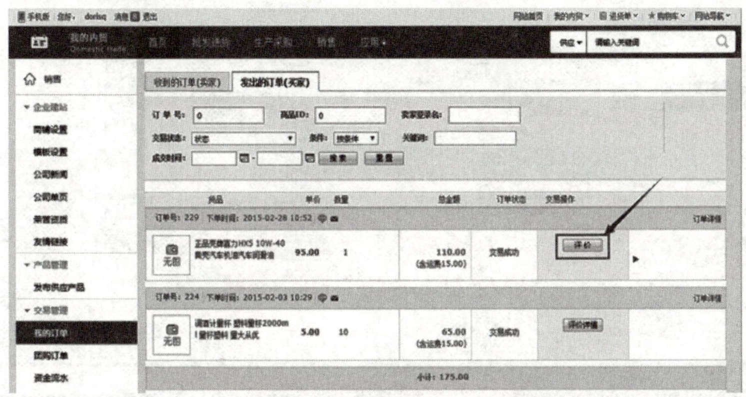

图 9-19 单击“评价”按钮

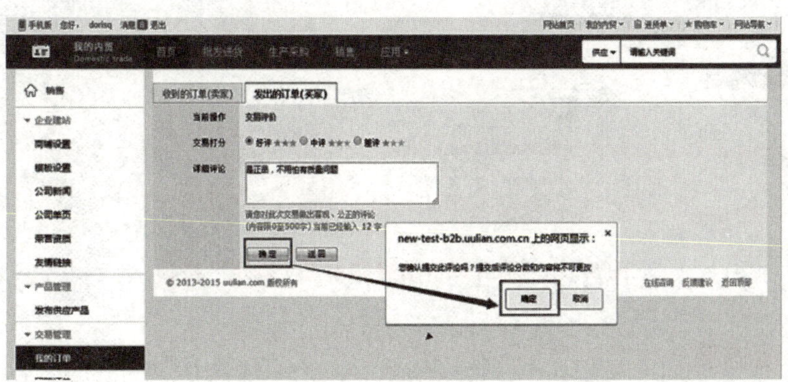

图 9-20 输入评价信息并单击“确定”按钮

3. 操作流程

步骤一：在浏览器中输入实训教学系统网址，单击“登录”按钮，填写账户信息，完成登录。

步骤二：在“我的内贸”后台管理系统，沿着“销售”→“交易管理”→“我的订单”的操作路径，单击“收到的订单（卖家）”按钮，进入“收到的订单（卖家）”页面，单击“评价”按钮，如图 9-21 所示，完成交易打分并填写评论后，单击“确定”按钮，如图 9-22 所示，评价操作完成。

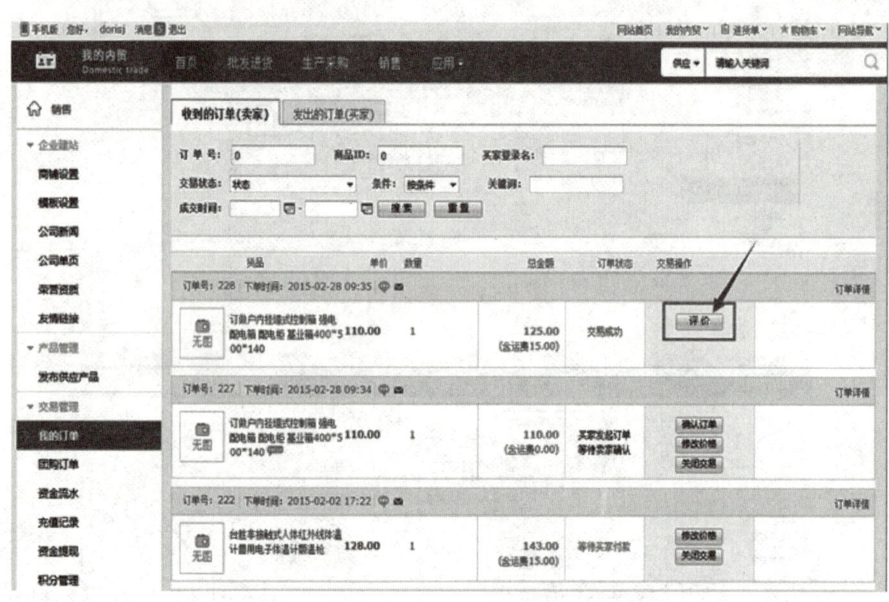

图 9-21　单击“评价”按钮

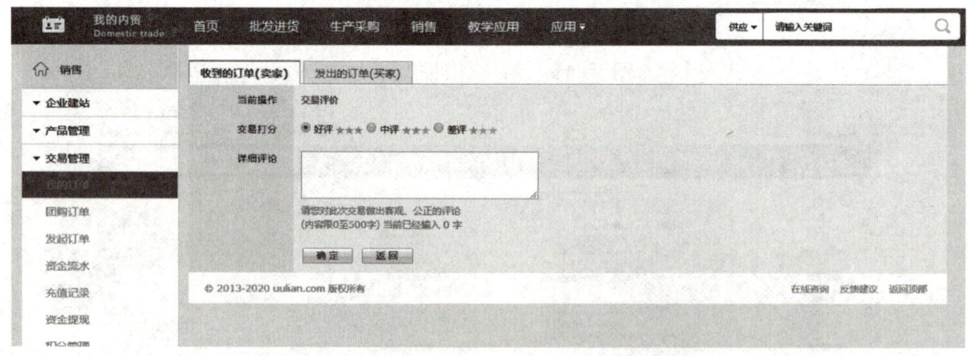

图 9-22　输入评价信息并单击“确定”按钮

五、申请退款

1. 任务描述

在 B2B 内贸实训教学系统上完成申请退款的操作。

2. 任务目的

通过在 B2B 内贸实训教学系统进行本任务的操作练习，学生可掌握在 1688 平台申请退款的操作流程和方法。

3. 操作流程

步骤一：在浏览器中输入实训教学系统网址，单击“登录”按钮，填写账户信息，完成登录。

步骤二：在“我的内贸”后台管理系统，沿着“销售”→“交易管理”→“我的订单”的操作路径，单击“发出的订单（买家）”按钮，进入“发出的订单（买家）”页面，在卖家已发货状态的订单后，单击“申请退款”按钮，如图 9-23 所示。

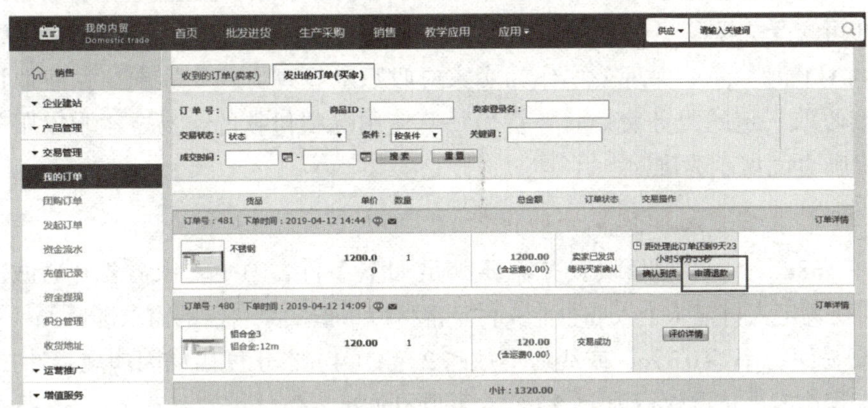

图 9-23 单击“申请退款”按钮

步骤三：进入申请退款页面，填写理由及证据、支付密码等信息，如图 9-24 所示，单击“确定”按钮，退款申请提交完成，等待网站处理。

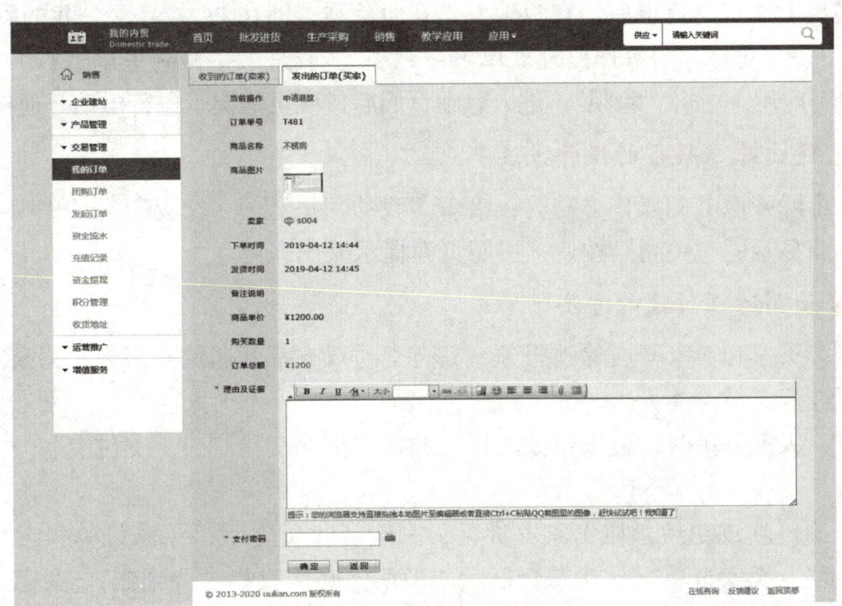

图 9-24 输入退款申请信息

拓展学习——1688平台的特色支付和交易服务

一、特色支付服务——赊呗

1. 什么是赊呗

在1688平台上，买家无须立即支付现金，可享受先购货后付款的采购服务，即赊呗服务。

赊呗是阿里蚂蚁金服旗下商融（上海）商业保理有限公司为1688平台买卖双方在赊销赊购交易中提供的金融服务。买家在采购时，可以使用赊呗额度进行支付，无须立即支付现金，即可享受先购货后付款的采购服务；而卖家则可以在还款日足额收到买家的该笔货款。商融（上海）商业保理公司作为卖家应收账款管理方代卖家向买家收取该笔货款。赊呗对卖家收取一定的服务费，服务费为每笔使用赊呗付款的交易金额乘以服务费费率，该费率以赊呗页面展示为准。

2. 在1688平台开通赊呗服务的条件

卖家在1688平台开通赊呗服务需要满足如下条件：（1）卖家需要开通诚信通服务；（2）卖家需要绑定支付宝（个人或企业支付宝都可以，按卖家自己的需求选择）；（3）店铺近90天在线交易纠纷率≤0.3%，或纠纷笔数<2笔；（4）本年度店铺因违规累计扣分不超过36分且无知识产权严重侵权行为；（5）符合赊呗开通准入条件。

买家在1688平台开通赊呗服务需要满足如下条件：（1）买家需要绑定个人支付宝（不支持企业支付宝）；（2）买家在网商银行无不良记录。

3. 卖家开通赊呗服务的操作方法

卖家满足上述基本要求后，有两种方式开通赊呗，即在PC端登录“我的阿里”，沿着“卖家中心”→“交易”的操作路径，单击“赊呗”，或进入手机阿里单击右下角“我的”，找到“赊呗”应用，单击“赊呗”，进入赊呗页面后按照页面提示进行申请开通操作即可。

4. 卖家退出赊呗服务的操作方法

卖家退出赊呗服务的操作方法为：沿着“我的阿里”→“交易”→“赊呗”的操作路径，单击页面显示的“关闭”按钮，按照页面提示操作即可。

5. 买家使用赊呗付款的方法

第一步：买家和卖家开通赊呗服务。只有交易双方都开通赊呗服务，买家才能在交易时使用赊呗进行支付。

第二步：买家下单时，进入付款流程，选择“担保交易”→“支付宝”→“赊呗”进行付款。

第三步：付款成功后，在卖家发货且买家确认收货之后，买家订单状态页面会显示“已确认收货”，卖家订单交易状态会显示“买家已确认收货，待到账”。买家于次月1日会根据前一个月确认收货的订单出具账单，于次月5日还款。

第四步：已确认收货的订单，次月 5 日会自动全额转入卖家绑定的支付宝账户里。订单交易状态显示为“交易成功”。

二、特色交易服务——极速到账

1. 什么是极速到账

极速到账服务是阿里巴巴为卖家提供的一种特色交易方式。卖家开通极速到账服务后，将获得阿里巴巴授予的信用额度（可享受款项极速到账的限额），当买家的订单金额≤卖家当前可用的信用额度时，买家支付后，该笔订单款项将即时到达卖家的支付宝账户，无须再等待买家确认收货后才能收到款项，能够让卖家快速回笼资金。

如果遇到货品出现问题买家发起了退款退货请求，当卖家确认了买家的退款请求后，将从卖家的支付宝账户中扣款并支付给买家。如果双方无法达成一致，可以申请维权小二介入协调解决。如果买家对此种交易方式存在疑虑，可以考虑与其他卖家进行交易。

卖家冻结缴存的买家保障保证金最多只能有 3 000 元用于极速到账的额度，其他可通过提升信用额度和诚易保的额度来实现信用额度增加。例如：某个卖家充值 5 000 元作为买家保障的保证金，并有 1 万元的授信额度，那么实际极速到账的额度是 1.3 万元。

每笔极速到账交易在买家支付完成后，将会占用卖家可用的信用额度，交易完成后，被占用的信用额度将恢复。发生退款时，若卖家的支付宝账户余额不足，将会从卖家的买家保障保证金中扣除用于退款。扣除后卖家需要及时补缴，否则将影响买家保障服务的正常使用。

2. 开通极速到账服务需要具备的条件

（1）开通诚信通会员 6 个月及以上；

（2）加入买家保障；

（3）通过支付宝实名认证；

（4）近 90 天纠纷率小于 0.06%。

3. 极速到账的好处

（1）买家付款极速到账，快速回笼资金；

（2）保障买家资金安全，消除其下单顾虑；

（3）多样化交易方式，巩固新老买家。

4. 开通极速到账服务的操作方法

登录“我的阿里”，进入“卖家中心”，沿着“交易”→“交易特色服务”的操作路径，单击“极速到账”，即可申请开通极速到账服务，如图 9-25 所示。

5. 极速到账信用额度的影响因素

卖家开通极速到账服务后，将获得阿里巴巴授予的信用额度，当订单交易金额高于信用额度可用余额时，将无法继续通过极速到账服务进行交易。信用额度为卖家的买家保障保证金余额（仅限自缴保证金部分）、诚易保授信额度等极速到账信用额度之和。

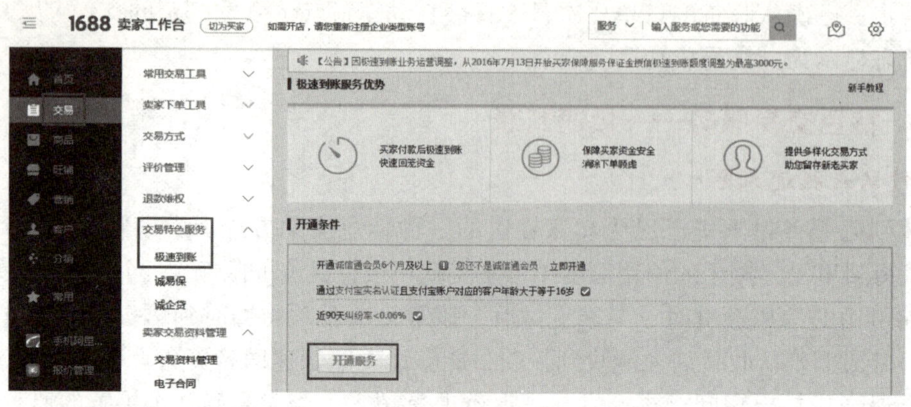

图 9-25　极速到账服务开通页面

6. 如何提升极速到账的信用额度

（1）卖家及时通知买家尽快确认收货，确认收货后该笔订单占用的额度会恢复。

（2）通过增加冻结的保证金提升信用额度。

（3）当卖家已开通极速到账且交易等级达到 5A 时，可申请提升信用额度，当卖家的额度申请成功后，信用额度会立即增加。

（4）开通极速到账金融服务，如诚易保。

习题

1. 在 1688 平台上，卖家怎样发起订单？
2. 在 1688 平台上，卖家怎样发货？
3. 在 1688 平台上，怎样退款和退货？
4. 在 1688 平台上，卖家怎样管理已卖出的货品？
5. 在 1688 平台上，买家怎样对交易完成订单进行评价？
6. 在 1688 平台上，卖家怎样对交易完成订单进行评价？
7. 在 1688 平台上，买家怎样查看收到或做出的评价？
8. 在 1688 平台上，卖家怎样查看收到或做出的评价？
9. 在 1688 平台上，在线交易成功后多少天内可以进行评价？
10. 在 1688 平台上，未评价的规则如何？
11. 什么是赊呗？
12. 什么是极速到账？
13. 1688 平台有哪些特色支付服务？
14. 1688 平台有哪些特色交易服务？

参考文献

[1] 甘志兰 . 网络贸易经营实务 . 北京：中国人民大学出版社，2019.
[2] 李琪 . 网络贸易理论与实务 . 北京：清华大学出版社，2010.
[3] 沈凤池，刘德华 . 中小企业网络创业 . 北京：北京理工大学出版社，2016.
[4] 贾少华，金文进 . 网络贸易 . 北京：高等教育出版社，2014.
[5] 张仙锋 . 网络贸易 . 北京：中国铁道出版社，2011.
[6] 成先海 . 网络贸易实务 . 北京：机械工业出版社，2010.

图书在版编目（CIP）数据

网络贸易综合实训教程 / 甘志兰主编. —北京：中国人民大学出版社，2020.3
21世纪高职高专规划教材. 电子商务系列
ISBN 978-7-300-27801-8

Ⅰ. ①网… Ⅱ. ①甘… Ⅲ. ①网络贸易-高等职业教育-教材 Ⅳ. ①F713.36

中国版本图书馆 CIP 数据核字（2020）第 004228 号

21世纪高职高专规划教材·电子商务系列
网络贸易综合实训教程
主编　甘志兰
Wangluo Maoyi Zonghe Shixun Jiaocheng

出版发行	中国人民大学出版社		
社　　址	北京中关村大街31号	**邮政编码**	100080
电　　话	010-62511242（总编室）		010-62511770（质管部）
	010-82501766（邮购部）		010-62514148（门市部）
	010-62515195（发行公司）		010-62515275（盗版举报）
网　　址	http://www.crup.com.cn		
经　　销	新华书店		
印　　刷	北京七色印务有限公司		
规　　格	185mm×260mm　16开本	**版　　次**	2020年3月第1版
印　　张	12.5	**印　　次**	2020年3月第1次印刷
字　　数	272 000	**定　　价**	32.00元

版权所有　侵权必究　　印装差错　负责调换